职业教育建筑类专业系列教材

建筑企业基础会计

主　编　王泓玉
副主编　周念念
参　编　靳瑞强

机械工业出版社

本书根据《国家职业教育改革实施方案》（国发〔2019〕4号），依据《企业会计准则》《施工企业会计核算办法》和现行税收法律法规编写而成，共分九章，主要内容包括：概述，会计记账基础知识，会计科目、账户和复式记账，建筑企业主要经济业务的核算，会计凭证，会计账簿，财产清查，会计核算程序，财务报表。书中配有小知识、练一练和小总结等模块。另外还单独提供课后习题册，以配合教学使用，也方便学生练习、强化学习效果和提高动手能力。

本书可作为职业院校工程管理类专业教材，也可作为一、二级建造师考试参考书和在职工程管理人员学习、培训用书。

为方便读者学习，本书配套有电子课件、习题答案、"会计的产生与发展"课前学习资料及"会计电算化"财务处理操作视频等资源，凡使用本书作为教材的老师可登录机械工业出版社教育服务网www.cmpedu.com注册下载。教师也可加入"机工社职教建筑QQ群：221010660"索取相关资料，咨询电话：010-88379934。

图书在版编目（CIP）数据

建筑企业基础会计/王泓玉主编 . —北京：机械工业出版社，2019.10（2021.7重印）

职业教育建筑类专业系列教材

ISBN 978-7-111-63578-9

Ⅰ.①建… Ⅱ.①王… Ⅲ.①建筑业－工业会计－高等职业教育－教材 Ⅳ.①F407.967.2

中国版本图书馆CIP数据核字（2019）第185276号

机械工业出版社（北京市百万庄大街22号　邮政编码100037）
策划编辑：王莹莹　沈百琦　　责任编辑：沈百琦　刘思海
责任校对：张　力　李　杉　　封面设计：马精明
责任印制：李　昂
北京捷迅佳彩印刷有限公司印刷
2021年7月第1版第2次印刷
184mm×260mm・14.5印张・345千字
1901—2900册
标准书号：ISBN 978-7-111-63578-9
定价：39.00元

电话服务　　　　　　　　　网络服务
客服电话：010-88361066　　机　工　官　网：www.cmpbook.com
　　　　　010-88379833　　机　工　官　博：weibo.com/cmp1952
　　　　　010-68326294　　金　书　　　网：www.golden-book.com
封底无防伪标均为盗版　　　机工教育服务网：www.cmpedu.com

前　言

本书根据《国家职业教育改革实施方案》（国发〔2019〕4号）进行编写。本书以"适度、够用"为原则，注重实际操作，充分体现"做中教、做中学"。本书特点如下：

一、依据现行法律法规编写

本书依据《企业会计准则》《施工企业会计核算办法》和国家现行税收法律法规进行编写。

二、体现产教融合、校企合作"双元"育人

对于基础会计课程的学习，一般都是以工业企业的经济业务核算为例阐明会计的基本理论、基本知识与实际操作技能，而基础会计作为工程管理类专业的专业基础课程来讲，为了给后续的专业课程学习打下良好的基础和起到相辅相成的作用，就需要在教学内容上与本专业的主要专业课程相一致才能充分发挥其作用。

因此，本书在经济业务的内容选择上以建筑施工企业施工生产的经济活动业务内容和工程成本核算为例，进行会计专业基本知识、基本方法和基本技能的讲述与运用。这样，学生在有限的时间内，不仅学习了会计专业的基本知识，掌握了初步进行会计核算的能力，而且了解了建筑企业经济业务的特点，掌握了建筑企业经济业务核算的技能。

三、实用、好用，适应"互联网+职业教育"的发展需求

本书内容设置丰富多样，为了更好地理解教材，增加了"小知识""练一练""小总结"等知识点，每章节后配有实训练习题，并以活页的形式装订成册，以巩固学生对知识的掌握和实际运用的能力，还以图片形式增加了实际经济活动中常用的单据内容。此外，在第八章中增加了"会计电算化"账务处理流程的操作讲解，以配合书中案例的手工记账，使抽象、晦涩的专业知识化为形象、易懂的实践内容。

本书由河北城乡建设学校王泓玉任主编，河北城乡建设学校周念念任副主编，河北建工集团有限责任公司靳瑞强参加编写。其中，第一～第三章、第七章、第八章由王泓玉编写，第四章由王泓玉与靳瑞强共同编写，第五章、第六章、第九章由周念念编写。全书由王泓玉统稿。

由于编者水平有限，书中不妥之处在所难免，敬请各位专家、读者批评指正。

配套资源下载地址

编　者

目　录

前言

第一章　概述 ……………………………… 1
　第一节　会计概述 ……………………… 1
　第二节　企业的经济活动 ……………… 6
　第三节　会计的基本假设 ……………… 11
　第四节　会计信息的使用者 …………… 13
　本章小结 ………………………………… 14

第二章　会计记账基础知识 …………… 15
　第一节　会计要素 ……………………… 15
　第二节　会计核算方法 ………………… 21
　第三节　会计信息与会计循环 ………… 24
　第四节　会计恒等式 …………………… 25
　本章小结 ………………………………… 30

第三章　会计科目、账户和复式记账 … 31
　第一节　会计科目与账户 ……………… 31
　第二节　会计记账方法 ………………… 36
　第三节　总分类账户与明细分类账户
　　　　　的平行登记 ………………… 49
　本章小结 ………………………………… 54

**第四章　建筑企业主要经济业务的
　　　　　核算** …………………………… 55
　第一节　资金筹集业务的核算 ………… 57
　第二节　供应过程的核算 ……………… 63
　第三节　施工生产过程的核算 ………… 67
　第四节　工程结算过程的核算 ………… 78
　第五节　利润形成和分配的核算 ……… 85
　第六节　建造合同收入 ………………… 92
　第七节　工程成本计算 ………………… 98
　本章小结 ………………………………… 117

第五章　会计凭证 ……………………… 118
　第一节　会计凭证概述 ………………… 118
　第二节　原始凭证 ……………………… 118
　第三节　记账凭证 ……………………… 123
　第四节　会计凭证的传递、装订和
　　　　　保管 …………………………… 127
　本章小结 ………………………………… 129

第六章　会计账簿 ……………………… 130
　第一节　会计账簿概述 ………………… 130
　第二节　账簿的使用规则 ……………… 136
　第三节　账簿的设置和登记 …………… 137
　第四节　对账和结账 …………………… 139
　本章小结 ………………………………… 140

第七章　财产清查 ……………………… 141
　第一节　财产清查概述 ………………… 141
　第二节　财产清查结果的处理 ………… 145
　本章小结 ………………………………… 147

第八章　会计核算程序 ………………… 148
　第一节　会计核算程序概述 …………… 148
　第二节　记账凭证会计核算程序 ……… 148
　第三节　科目汇总表核算程序 ………… 182
　本章小结 ………………………………… 187

第九章　财务报表 ……………………… 188
　第一节　财务报表概述 ………………… 188
　第二节　财务报表的编制 ……………… 189
　本章小结 ………………………………… 193

参考文献 ………………………………… 194

附录　建筑企业基础会计习题册 ……… 195

第一章 概述

本章学习要点：

1. 了解会计的概念。
2. 了解会计的对象。
3. 能够解释会计的基本职能及各职能之间的相互关系。
4. 能说出会计岗位的划分。

第一节 会计概述

课前学习：会计的产生与发展（参见配套资源"会计"的产生与发展）

一、什么是会计

你听说过"会计"吗？有一部分人听说过，有一部分人对此完全陌生。

听说过的人这样说：某某在单位财务部门做会计，甚至说某某是他们单位财务部门的会计（人员）。其实，这样的说法意思为会计是从事某种工作的人员，是一种职业、一种工作，而不是一个学科。

也有人说：会计就是记账的，算账的。这样的说法不全面，因为只看到了会计人员所做的一些具体的工作，没有涉及会计学科的本质。

还有人说：会计就是算钱的、数钱的。这说的也是会计人员的工作内容，这样的说法也是不全面的，也只是看到了会计人员工作（图1-1）的性质仅与钱有关，依然没有涉及会计学科的本质。

图1-1 会计工作

会计学科是专门研究用以指导人们进行会计工作的理论与方法的一门应用性学科。那么从会计学科的角度讲，会计是什么呢？

会计是社会经济发展到一定阶段的产物，是适应社会生产力的发展和经济管理需要而产生和发展的。经济的发展、企业规模的扩大，不仅越来越依赖会计信息，而且也促进了会计理论、方法和技术的进步，推动了会计的发展。尤其是随着商品经济的发展和市场竞争的出现，要求通过管理对经济活动进行严格的控制和监督，会计由单纯的记账、算账、办理账务业务，对外报送会计报表等，发展为参与事前经营预测、决策，对经济活动进行事中控制、监督，开展事后分析、检查的经济管理活动。反过来，会计方法、技术的发展又推动了社会经济的进一步发展。可见，会计无论是过去、现在或将来，都是人们对经济活动进行管理的活动，是经营管理必不可少的工具和重要的组成部分，因此，任何社会的经营管理活动，都离不开会计，经济越发展，管理越要加强，会计就越重要。

会计是人们的一种主观活动，是人们有意识地对客观经济活动过程做出的反映。因此，会计的含义可以表述为：会计是以货币为主要的计量单位，借助于专业的技术方法，对某一特定主体单位的经济活动进行核算与监督，向有关方面提供会计信息，参与经营管理，旨在提高经济效益的一种经济管理活动。简言之：会计是以货币为主要计量单位，对某一特定主体的经济活动进行核算和监督的一种经济管理活动。

从会计的定义，我们可以看出会计的含义：

首先，会计是以货币计量为基本形式的经济计算。在商品生产和商品交换等经济活动中的财产物资都是以价值形式表现的，因而会计是利用价值形式对财产物资进行管理的。它要对特定经济主体的经济过程以货币为主要计量尺度进行连续、系统、全面、综合的计算。

其次，会计是一个以核算和监督为基本职能的经济信息系统。它将一个主体分散的经济活动转化成一组客观的数据，提供有关主体的经营业绩、经营状况以及企业资金、所有权、收入、成本、利润、债权、债务等信息。任何人都可以通过会计提供的信息了解企业的基本情况，并作为其决策的依据。

再次，会计是一项经济管理工作。在商品经济条件下，如果说会计是一个信息系统，主要是对企业外部的有关信息的使用者而言，那么说会计是一项经济管理活动，则主要是对企业内部而言。

二、会计的职能

会计的职能指会计在经济管理过程中所具有的功能。

《中华人民共和国会计法》对会计的基本职能表述为：会计核算与会计监督。

（一）会计的核算职能

会计的核算职能，又称为会计的反映职能，就是为经济管理搜集、处理、存储和输送各种会计信息。

第一，会计主要是从数量方面通过确认、计量和报告反映特定主体单位的经济活动情况，通过一定的核算方法，为经济管理提供数据资料。

1）会计确认，指依据一定的标准辨认哪些数据能输入、何时输入会计信息系统及如何进行报告的过程。会计确认解决的是定性问题，用以判断企业发生的经济活动是否属于会计核算的内容，应在何时、通过哪些会计要素在会计账簿中予以记录的问题。

2）会计计量，指在会计确认的基础上确定具体金额，即以多少金额在会计账簿中予以记录的问题。会计计量解决的是定量问题。

3）会计报告，是确认和计量的结果，即通过报告，对确认、计量的结果进行归纳和整理，以财务报告的形式提供给会计信息的使用者。

第二，反映职能应包括事前、事中和事后的反映，贯穿于经济活动的全过程。

1）事前核算，是根据已有的会计信息和相关资料，对特定主体的生产经营活动过程及其发展趋势进行判断、预计和估计，找到会计方面的预定目标，作为下一期开展经济活动的计划指标；并在决策中，利用会计信息，帮助主管人员选择决策方案，形成经济决策。

2）事中核算，是在经济计划执行的过程中对经济活动进行控制，使活动过程按计划或预期的目标进行。

3）事后核算，是会计的基础工作，从会计工作的现状看，会计的核算职能主要是从数量方面综合反映特定主体已经发生或已经完成的各项经济活动。它的主要核算形式是记账、算账、报账、分析和考核，它们把个别的、大量的经济业务，通过分类、计算、记录和汇总转化为一系列的会计经济信息，使其正确、综合、系统地反映特定主体单位的经济活动过程和结果，为经营管理提供所需要的数据资料。

传统的会计核算主要是事后核算，随着管理要求的提高，会计的核算职能已经拓展到事前与事中领域。

第三，会计对实际发生的经济活动进行核算，要以凭证为依据，要有完整、连续的记录，并按经济管理的要求，提供系统的数据资料，以便于全面掌握经济活动情况，考核经济效果。

（二）会计的监督职能

会计的监督职能，又称为会计的控制职能，指通过调节、指导、控制等方式，对特定主体的客观经济活动的真实性、合法性和合理性（即有效性）进行审查与考核，并采取措施，施加一定的影响，以实现预期的目标。

会计监督的方法是通过对经济活动进行事前、事中的监督与干预，使之符合国家的法律、法规，以保证国家财经制度的贯彻执行，保护企业财产安全。

会计监督的目的在于改善经营管理，就是要从本单位的经济效益出发，使每项经济活动能够合理地使用资金，防止损失和浪费，促进增产节约，提高经济效益。

1）真实性审查，指检查各项会计核算是否根据实际发生的经济事项进行。

2）合法性审查，指保证各项经济业务符合国家的有关法律法规，遵守财经纪律，执行国家的各项方针政策，杜绝违法乱纪的行为。

3）合理性审查，也称为有效性审查，指检查各项财务收支是否符合特定对象的财务收支计划、是否有利于预算目标的实现、是否有奢侈浪费行为、是否有违背内部控制制度要求等现象，为增收节支、提高经济效益严格把关。

> **小总结**：会计核算职能与会计监督职能之间的关系十分密切，两项基本职能相辅相成、辨证统一。对经济活动进行会计核算的过程，同时也是实行会计监督的过程。
>
> 　　会计核算是会计监督的基础，没有会计核算所提供的各种信息，会计监督就失去了依据，监督也就无法进行，只有在对经济活动进行正确核算的基础上，会计监督才有真实可靠的资料作为依据；而会计监督又是会计核算职能的保障，是会计核算的延续和深化，如果只有会计核算没有会计监督，就难以保证会计核算所提供信息的真实性和可靠性，也难以保证经济活动的合法性。只有进行严格的监督，核算所提供的数据资料信息才能在经济管理活动中发挥应有的和有效的作用。
>
> 　　从会计核算和会计监督在会计职能中的地位来看，两者都是基本职能，但会计核算是最基本的职能，处于主要地位，而会计监督则存在于会计核算的过程之中。

三、会计的目标

会计目标也称会计目的，是要求会计工作完成的任务或达到的标准，也称为财务报告的目标。

我国《企业会计准则》中对会计核算的目标做了明确规定：会计的目标是向财务会计报告使用者提供与企业财务状况、经营成果和现金流量等有关的会计信息，反映企业管理层受托责任的履行情况，有助于财务会计报告使用者做出经济决策。

小知识

会计学科分类

会计学（科）：是专门研究会计工作的理论与方法的一门应用性学科。它是从会计实践中抽象出来，反过来又用以指导会计工作实践的理论。会计学属于经济科学，它运用一系列经济理论和范畴来建立它的概念和方法，分担着经济管理的一个特定方面。

（一）按服务对象划分

会计按照服务对象划分为：财务会计与管理会计。

1) 财务会计，是对已发生的经济业务进行确认与计量、记录和报告的会计。阐明会计处理各项资产、负债和所有者权益以及收入、费用和利润的基本理论和方法。其重点在于报告财务状况和运营状况。

2) 管理会计，是对未来的经济业务进行预测、决策和控制的会计。阐明如何结合企业经营管理，综合地利用企业会计信息的基本理论和方法。其重点在于企业内部管理。

（二）按学科层次划分

会计按照学科层次划分为：初级会计学、中级会计实务学和高级财务会计学。

1) 初级会计学，是财务会计学的起点，又称为基础会计学、会计学原理、会计学基础或基础会计，是阐明会计的基础知识、基本方法和技术的学科。具体来说，会计学原理主要阐述的是会计的基本理论、基本知识和基本方法，包括会计的对象、性质、任务和原则，是学习会计学的基础。会计学原理是现代会计学的一个分支，有时也被称为"簿记学"或"初级会计"。

2) 中级会计实务学，又称为专业会计，它依据会计原理，结合国民经济各行业特点，研究各行业的会计理论与业务，分为工业企业会计、商品流通会计、金融证券会计、保险企业会计、施工企业会计、房地产业会计、邮电通讯会计、农业企业会计、旅游餐饮会计、医疗卫生会计、交通运输会计、文化教育会计、物业管理会计等。

3) 高级财务会计学主要研究会计史。会计历史是研究会计产生和发展的过程及其规律的学科。

会计岗位的划分

会计工作岗位指一个单位会计机构内部根据业务分工而设置的职能岗位。会计工作岗位可以一人一岗、一人多岗（但出纳人员不得兼管稽核，会计档案保管和收入、费用、债权、债务账目的登记工作）、一岗多人。

会计工作岗位包含：

1) 总会计师（或行使总会计师职权）岗位。
2) 会计机构负责人（会计主管人员）岗位。
3) 出纳岗位。
4) 稽核岗位。
5) 资本核算岗位。
6) 收入、支出、债权、债务核算岗位。
7) 工资核算、成本费用核算、财务成果核算岗位。
8) 财产物资的收发、增减核算岗位。
9) 总账岗位。
10) 对外财务会计报告编制岗位。
11) 会计电算化岗位。
12) 会计档案管理岗位（会计机构内会计档案管理）。对于会计档案管理岗位，在会计档案正式移交之前，属于会计岗位；正式移交档案管理部门之后，不再属于会计岗位。档案管理部门的人员管理会计档案，不属于会计岗位。

会计职务分工主要解决不相容职务分离的问题。所谓不相容职务分离，指那些由一个人担任，既可能发生错误和弊端又可掩盖其错误和弊端的职务。

四、会计的特点

由于会计核算方法是会计方法的基本环节，因此，它的特点主要体现在会计核算方面，主要有三个基本特点。

（一）会计核算以货币为主要计量尺度，具有综合性

会计要反映和监督会计内容，需要运用多种计量尺度，包括实物尺度（如千克、米、件等）、劳动尺度（如工时、工日等）和货币尺度，以货币尺度为主。实物尺度和劳动尺度能够具体反映各项财产、物资的增减变动情况和生产过程中的劳动消耗，对核算和经济管理都是必要的，但这两种尺度不具备统一性和可比性，都不能综合反映会计的内容。只有借助于统一的货币尺度，作为综合计量尺度，通过会计的记录就可以全面、系统地反映和监督会计主体的财产物资、财务收支、生产过程中的劳动消耗和成果，并计算出最终财务成果。所

以，在会计核算过程中虽已经运用了实物尺度和劳动尺度进行记录，还必须以货币尺度综合地加以反映。

（二）会计核算具有完整性（全面性）、连续性和系统性

会计对经济业务的核算必须是完整、连续和系统的。所谓完整，指会计核算对属于会计核算内容的全部经济业务都必须加以记录，不允许遗漏其中的任何一项，不能任意取舍，要做到全面完整。所谓连续，指对各种经济业务应按其发生的时间，顺序、不间断地进行记录和核算。所谓系统，指对各种经济业务要进行分类核算和综合核算，并对会计资料进行加工整理，以取得系统的会计信息。

（三）会计核算要以凭证为依据，采用一系列科学的、专门的会计方法，并严格遵循会计规范

会计记录和会计信息讲求真实性和可靠性，这就要求企业、行政和事业单位发生的一切经济业务，都必须取得或填制合法的凭证，以凭证为依据，按照经济业务发生的先后顺序，采用一系列科学的、专门的会计方法，全面、连续、分类系统地进行会计核算，为会计信息的使用者提供必要的经济信息。这些专门的核算方法，相互联系、相互配合，构成了一个完整的会计方法体系，以全面反映经济活动的过程及其结果，这是会计和其他经济核算的不同点。各个核算阶段都必须严格遵循会计工作规范，以保证会计记录和会计信息的真实性、可靠性和一致性。

第二节　企业的经济活动

一、企业的基本概念

企业指以盈利为目的，运用各种生产要素（即各种经济资源、材料、机器等），向市场提供商品或服务，实行自主经营、自负盈亏、独立核算的法人或其他社会经济组织，如美国的高科技公司苹果公司和可口可乐公司、韩国最大的跨国企业集团三星集团、我国的河北制药（集团）有限公司等。

企业存在三类基本组织形式：独资企业、合伙企业、公司。公司制企业是现代企业中最主要、最典型的组织形式。

建筑企业又称为建筑安装企业或施工企业，指具有独立法人资格，从事建筑产品生产活动的自主经营、独立核算、自负盈亏的经济实体。基本任务是生产（建造）建筑安装产品，如工业与民用建筑物、设备安装、道路桥梁等工程的施工和安装活动，以满足人们生产和生活的需要。

二、什么叫经济活动

（一）经济与生产的基本概念

1）经济，指社会物质生产、流通、分配和交换等活动。

2）生产，指人们从事创造社会物质财富的活动和过程。是将投入转化为产出的活动，或是将生产要素进行组合以制造产品的活动。

（二）生产类型

生产类型指根据生产过程的不同特点划分的类别。根据不同的划分标准，可以划分为不同的生产类型。

按生产计划的来源划分，可分为订货型生产和备货型生产。订货型生产是根据用户提出的具体订货要求后，才开始组织生产，如造船、建筑等。备货型生产是在对市场需要量进行预测的基础上，有计划地进行生产。备货型生产的产品一般为标准产品或定型产品，如电脑、服装、食品、电动机等。

（三）经济活动

经济活动指在一定的社会组织与秩序之下，人类为了求生存而经由劳动过程或支付适当代价以取得各种生产和生活资料的一切活动。

经济活动是需要资源的。

（四）建筑企业的经济活动

如果想成立一家企业，首先必须拥有一定的"本钱"，即企业的资本金。资本金指企业的各种投资者以实现盈利和社会效益为目的，为企业进行生产经营活动而投入的资金。《中华人民共和国公司法》规定，投资人（股东）必须缴纳足额的资本金。不同的公司形式，《中华人民共和国公司法》对投资者出资额的多少有具体的最低出资额限制规定。这部分资金必须到工商行政管理部门办理注册登记手续，以检验是否达到了成立某类公司最低出资额的要求，达到标准方可办理工商登记，领取营业执照。企业在工商局登记的资金叫注册资金。

在企业成立的过程中，经济活动也就随之产生了。例如，到工商行政管理部门申请资金注册登记和领取营业执照（图1-2），到公安局申请刻制企业公章，到税务部门办理税务登记证（图1-3），到银行申请开立银行基本存款账户（图1-4），这个账户就是一个企业办理日常收支业务所使用的账户。银行基本存款账户相当于个人使用的银行卡，用钱、收钱使用的账号。

图1-2　企业法人营业执照图

图1-3 企业纳税税务登记证

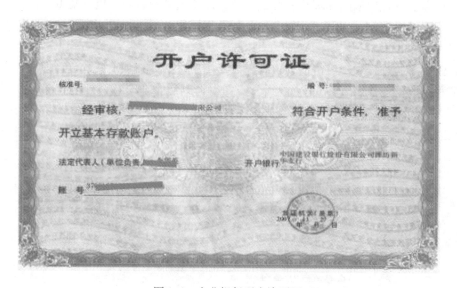

图1-4 企业银行开户许可证

 小知识

成立建筑企业的条件

建筑业企业资质等级标准是建筑业企业资质的一个分级标准。《中华人民共和国建筑法》第十三条规定:"从事建筑活动的建筑施工企业、勘察单位、设计单位和工程监理单位,按照其拥有的注册资本、专业技术人员、技术装备和已完成的建筑工程业绩等资质条件，划分为不同的资质等级，经资质审查合格，取得相应等级的资质证书后，方可在其资质等级许可的范围内从事建筑活动。"新注册的建筑公司只能申请最低级即三级，例如总承包资质。

企业的注册资金是生产经营的物质基础。当企业设立以后开始正常营业活动时，企业的经济活动就进入正常的生产经营阶段。

在日常生产经营过程中，一个建筑企业的经济活动沿着供应、施工生产、工程结算（销售）三个过程，发生一系列经济活动，这些经济活动表现为四种形态的资金运动。

1. 三个过程

1）供应过程，是施工生产的准备阶段。在供应过程中，企业用货币资金购买施工生产所需的各种材料物资，形成必要的物资储备，货币资金转换为储备资金。

2）施工生产过程，是从材料物资投入施工生产到建筑产品完工的过程，是建筑企业生产经营活动的中心环节。在施工生产过程中，一方面要发生各项施工生产费用（材料费、人工费、机械使用费等），另一方面要把各项施工生产费用按成本核算对象进行归集和分配，形成建筑工程成本。在这一过程中，储备资金转变为生产资金，随着施工生产过程的进行，未完工程逐步成为已完工程，生产资金转化为成品资金，即可转入工程结算过程，与建设单位结算工程价款。

3）工程结算（销售）过程，是建筑企业把已完工程或竣工工程"销售"（点交）给建设单位，并办理工程价款结算，收取工程款的过程。在这一过程中，建筑企业将已完工程或竣工工程交给建设单位，收回工程价款，将成品资金转化为货币资金（增值的）。建筑企业通过建筑产品的"销售"，收取货币资金，不仅补偿了各项成本费用，而且还实现了企业的资金积累，以保证企业再生产活动的顺利进行。建筑企业实现的利润，首先要向国家上交所得税，及时转化为国家的财政收入，税后利润再根据国家规定进行分配：一部分以投资回报的形式分配给投资者，另一部分以内部积累的形式留存企业，形成企业的盈余公积和未分配利润等留存收益。

2. 四种形态

在资金运动过程中，企业的资金经历或呈现四种占用形态：

一是货币资金形态。企业存在银行的款项和存放在保险柜里的现金都属于资金占用形态，我们称这些占用形态为货币资金形态。

二是储备资金形态。企业以盈利为目的进行生产经营，要进行施工生产就要储备物资、购买原材料等，为生产做充分的准备。当企业用现金或银行存款购买了原材料并存放在施工现场的仓库里时，货币资金就转化到原材料等物资上，我们称原材料等物资所占用的资金为储备资金形态。

三是生产资金形态。企业将原材料等物资，从仓库发出到施工现场进行建筑产品的生产。这样，被原材料等物资所占用的储备资金就转化到工程施工生产上，我们称正在施工中的建筑产品所占用的资金为生产资金形态。

四是成品资金形态。在施工生产过程中，只要某分部分项工程完成了预算定额规定的工作内容，即已完工程，就可以与建设单位办理工程价款结算。这样，生产资金就转化到已完工程上，我们称已完工程所占用的资金为成品资金形态。

最后，企业将已完工程与建设单位进行工程款的结算，取得工程结算收入，收回现金或银行存款，这样，成品资金就转化为货币资金形态。

小总结：企业的资金在生产经营过程中，就是这样从货币形态开始，在生产中不断转变为储备资金形态、生产资金形态、产品资金形态，最后，又回到货币资金形态，完成一个资金的周转过程。

企业资金就是这样沿着供应、施工生产、工程结算这三个过程周而复始地不断循环，经历四种形态的变化，就是资金的周转与循环。资金在循环周转的过程中，达到增值、赚取利润的目的。企业的资金周转过程如图1-5所示。

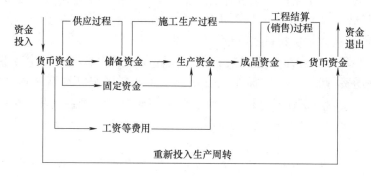

图1-5　企业资金周转过程

 小知识

施工机械设备要求

进入施工现场的施工机械要有出厂合格证和质量检测报告，需要备案的要进行备案，平时要注意保养和校验。施工生产至少保证以下设备到位：①挖掘机；②铲车；③塔吊；④搅拌机。

资　金

资金表现为各种经济资源，如具有实物形态的房屋、机器设备、现金、银行存款、材料、商品等；还有不具备实物形态的专利权、商标权、应收款项等。

三、会计对象

企业的各项经济活动都与会计工作相关，但相关的内容不全是会计工作的内容。会计的对象指会计核算和监督的具体内容，是会计主体在生产经营过程中能够以货币表现的经济活动，即资金运动或价值运动。因此，可以说，凡是特定主体能够以货币表现的经济活动，都是会计核算和监督的内容，也就是会计对象。换言之，特定主体中发生的经济活动只有确定为会计对象，会计人员才能根据专门的会计方法对其进行会计处理。例如，特定主体单位的行政管理部门通过银行存款支付购买办公用品的费用，毋庸置疑是可以用货币表现的经济业务，所以，这项经济活动就是会计对象。

简言之，会计对象就是企业经济活动的资金运动方面。不能以货币来表现的经济活动，不属于会计对象。如企业制订了一项销售计划，虽然属于经济活动，但没有资金运动，无法计量，所以不能作为会计对象。

因此，会计对象的特点是能够以货币计量的，能引起企业（会计主体）资产、负债、所有者权益等会计要素增减变动的经济事项。

> **练一练**：在购买原材料、签订经济合同、报销差旅费、制订生产计划、商务谈判等活动中，指出哪项属于会计对象范畴。

第三节 会计的基本假设

一、什么是会计基本假设

会计基本假设，也叫会计核算的基本前提，是企业进行会计确认、计量和报告的基本前提，是对会计核算工作所处的时间、空间和环境等所做出的合理设定。会计基本假设包括会计主体假设、持续经营假设、会计分期假设和货币计量假设。

在会计工作中，由于其所处的经济环境十分复杂，存在很多不确定因素，对单位复杂多样的经济业务，会计人员难以做出确定的判断和合理的估计，就无法进行恰当的会计处理。因此，为了保证会计工作的正常进行和会计信息的质量，就需要先假定一些基本前提条件，对会计核算的范围、内容、基本程序和方法做出基本假定。会计假设虽然有人为假定的一面，但是并不因此而影响其客观性。事实上，作为进行会计活动的必要前提条件，会计假设是会计人员在长期的会计实践中逐步认识、总结而形成的，是科学合理的判断，绝不是毫无根据的猜想或简单武断的规定。离开了会计假设，会计活动就失去了确认、计量、记录、报告的前提基础，会计工作就会陷入混乱甚至难以进行。

二、会计基本假设的内容

（一）会计主体假设

进行会计核算，首先要明确其服务的对象，即为谁核算的问题，因为会计的各种要素，如资产、负债、所有者权益、收入、费用和利润等都是与特定的经济实体（即会计主体）相联系的，一切核算工作都是站在特定的会计主体的立场上进行的。

1）会计主体，指会计核算服务的特定对象，是在经营上或经济上具有独立性或相对独立性的某个特定单位。如果是盈利性的经济组织，就是一家企业；如果是非盈利性的单位，就是一个事业、机关、团体单位。会计主体假设把会计处理的数据和提供的信息，严格地限制在这一特定的空间范围内。

2）会计主体假设，指假设会计所核算的是一个特定的企业或单位的经济活动，它的作用在于界定不同会计主体会计核算的范围。对企业来说，它要求会计核算区分自身的经济活动与其他企业单位的经济活动；区分企业的经济活动与企业投资者的经济活动。企业的会计记录和会计报表涉及的只是会计主体范围内的经济活动，而不核算反映企业投资者的经济活动，也不核算其他企业或其他经济主体的经济活动。

会计主体假设对会计核算范围从空间上进行了有效界定，有利于正确反映一个经济实体所拥有的财产和需承担的债务，有利于计算其经营收益，提供正确的财务会计信息。

（二）持续经营假设

持续经营，指会计主体的生产经营活动将无期限持续经营下去，在可预见的将来不会停业也不会倒闭进行结算。在持续经营前提下，会计确认、计量和报告应当以企业持续、正常的生产经营活动为前提。

企业会计核算所采用的一系列会计核算原则和会计处理方法，都是建立在会计主体持续经营的前提下的。企业是否持续经营，会对会计原则、会计方法的选择上产生很大差别。一般情况下，企业的会计核算应当假定企业将会按照当前的规模和状态继续经营下去。明确这个基本假设，就意味着会计主体将按照既定用途使用资产，按照既定的合约条件清偿债务，会计人员就可以在此基础上选择会计原则和会计方法。

由于企业在生产经营过程中所处的政治、经济环境存在诸多不确定性的因素，任何企业的经营都存在着不能持续经营的风险，企业一旦进入停业、倒闭阶段，之前所采用的会计处理方法、原则就应当改变了。例如，如果判断企业会持续经营，就可以假定企业的固定资产会在持续经营的过程中长期发挥作用，并服务于生产经营过程，固定资产就可以根据其使用寿命合理地选用会计方法进行折旧核算；如果判断企业不会持续经营，例如清理固定资产，就应当改按其他方法进行处理了。

（三）会计分期假设

会计分期假设是从持续经营假设引申出来的，也可说持续经营客观上要求会计分期。

从时间上来看，企业的经营活动是持续不断、连续进行的，但是，会计为了确定盈亏和编制财务报告，及时为企业管理者和会计信息的使用者提供资料，就必须将持续不断的经营过程分为若干个连续的、长短相同的期间，这就是会计分期。会计分期一般按照日历时间划分，通常分为年度和中期。这里的会计年度采用的是公历年度，即从每年的1月1日至12月31日为一个会计年度。中期，指短于一个完整的会计年度的报告期间，可以分为月度、季度、半年度，这是一种人为的划分。这是因为，无论是企业的生产经营决策还是企业投资者的投资决策、债权人的信贷决策都需要企业会计核算提供及时的经济信息，而不可能等到全部经营过程完结之后再考察经营成果和财务状况，这就需要进行会计分期，以便能够及时地对企业的经济业务进行确认、计量和报告，体现企业的财务状况、经营成果和现金流量。所以，划分会计分期作为会计核算的基本前提是由持续经营和及时提供会计信息的要求决定的。

会计分期假设意义重大，由于会计分期才产生了本期与以前期间、以后期间的差别，便于对不同期间的信息进行比较、分析和判断，进而出现了应收、应付、折旧、摊销等会计处理方法。

（四）货币计量假设

货币计量假设指会计主体在会计确认、计量和报告时应以货币作为统一的计量尺度，记录和反映企业生产经营过程和经营成果。

货币计量指企业在核算经济活动的过程中，要以货币为统一的、主要的计量单位来反映。我们知道，会计主体的经济活动是多种多样、错综复杂的。为了实现会计目的，必须综合反映会计主体的各项经济活动，这就要求有一个统一的计量尺度。在会计核算中之所以选择货币为基础进行计量，是由货币本身属性决定的。货币是一切商品的一般等价物，是衡量商品价值的共同尺度，具有计量价值的特点。其他计量单位，如重量、长度、台、件等，只能从一个侧面反映企业的生产经营情况，无法在总量上进行汇总和比较，不便于会计计量和经营管理。只有选择货币尺度进行计量才能充分反映企业的生产经营情况，所以，会计基本准则规定，会计确认、计量和报告选择货币作为计量单位。

在有些情况下，统一采用货币计量也有一定的缺陷。所以，会计在选择货币作为统一的计量尺度的同时，也要以实物量度和时间量度等作为辅助的计量尺度。

> **小总结：**会计基本假设是会计工作的基础，具有非常重要的作用。它们之间相互依存、相互补充。首先是会计主体，有了会计主体假设的前提，会计核算才有了明确的空间范围，使会计核算和监督能够有针对性地进行，从而避免了将企业财产和投资者个人财产相混淆，而且也区分了本企业和其他企业的业务；其次是明确会计核算和监督的时间范围，即持续经营假设。会计核算和监督是在企业持续经营的基础上进行的，但持续经营假设界定了一个首尾相连永无停止的时间范围，所以为便于定期算账、结账、报账，才有了会计分期假设，持续经营与会计分期确立了会计核算的时间长度；最后，在会计核算和监督的过程中为便于计量提出了货币计量假设。

第四节　会计信息的使用者

会计信息是反映企业财务状况、经营成果以及资金变动的财务信息，是记录会计核算过程和结果的重要载体，是反映企业财务状况、评价经营业绩、进行再生产或投资决策的重要依据。

会计信息的使用者包括企业管理者、投资者或潜在投资者、企业的债权人、政府及其相关部门和社会公众。

一、企业管理者

企业管理者是会计信息的重要使用者，他们需要借助会计信息和其他企业信息等相关信息来管理企业，对企业进行控制、做出财务决策。

二、投资者或潜在投资者

投资者或潜在投资者进行投资的最终目的是增加财富，使财富最大化，而财富的大小最终是由其投资企业的价值大小决定的，在经营权与所有权相分离的情况下，他们通常关心企业的盈利能力和发展能力，需要通过会计信息了解企业的经营活动状况，评估投资收益，判断投资风险并做出是否调整投资、更换管理层和加强企业的内部控制等决策。

三、企业债权人

企业债权人包括银行、非银行金融机构（信托投资公司等）、债券购买者及其他提供贷款的单位或个人。债权人把资金贷给企业，其目标是到期收回本金，并获得约定的利息收入，所以债权人主要关心的是企业的偿债能力，期望到期如约收回自己的本金和利息。

四、政府及其相关部门

政府对几乎所有的企业实行程度不等的管理权，所以政府要通过企业的会计信息，了解企业所承担的义务情况，如纳税情况，以获取对宏观经济管理、制定宏观经济政策等有用的信息。

五、社会公众

社会公众也关心企业的生产经营活动，包括企业对所在地区经济做出的贡献，如增加就业、刺激消费、提供社区服务等。因此，在会计信息中提供有关企业发展前景及其能力、经营效益等方面的信息，可以满足社会公众的信息需要。

本 章 小 结

序 号	内 容
1	本章阐明会计是为了满足人们对经济活动的客观记录需要而产生的，并随着经济的发展而发展主要内容包括会计的概念、会计的职能、会计的特点以及会计的对象、会计的基本假设和会计的目标
2	会计是以货币为主要计量单位，对某一特定主体的经济活动进行核算和监督的一种经济管理活动
3	会计的职能是核算和监督
4	会计具有以货币作为统一计量尺度来高度综合反映和监督会计内容的特点，以及具有完整性、连续性和系统性并采用专业的会计方法来反映和监督会计内容的特点
5	会计的对象指会计核算和监督的具体内容，是会计主体在生产经营过程中能够以货币表现的经济运动，即资金运动或价值运动
6	会计的目标是为会计信息的使用者提供与企业财务状况、经营成果和现金流量等有关的资料信息
7	会计的基本假设是对会计核算工作所处的时间、空间和环境等所做出的合理设定。包括会计主体、持续经营、会计分期和货币计量四个基本假设
8	会计信息的使用者包括企业管理者、投资者或潜在投资者、企业债权人、政府及其相关部门和社会公众

第二章 会计记账基础知识

本章学习要点：

1. 了解会计要素的概念。
2. 能熟练地说出会计各要素的具体内容。
3. 能解释会计基本等式。
4. 能根据会计平衡公式中各要素之间的关系，分析不同经济业务类型对会计要素的影响。

第一节 会计要素

会计要素又叫会计对象要素，是从会计核算的角度解释构成企业经济活动的必要因素，是对会计对象按经济内容的特点所做出的基本分类，是会计核算和监督的具体内容，是会计核算对象的具体化。构成企业经济活动的会计要素可以分为资产、负债、所有者权益、收入、费用和利润六大要素。各类要素的特征不同，但都具有一个共同的特征，即都可以用货币表现。因此，会计要素又可以表述为企业以货币表现的经济活动。

一、资产

（一）资产的概念

俗话说"巧妇难为无米之炊"，任何企业要进行生产经营活动，必须拥有一定的物质资源，如货币资金、厂房、机器设备以及各种材料、动力等。这些物质资源具有不同的形态，但它们都具有以下特征：

1）必须是企业过去的交易或事项形成的，包括购买、生产、建造行为或其他交易、事项。如企业购买的机器设备、生产的产品等。

2）资产作为一项资源，应为企业拥有或控制。企业虽然不享有某项资源的所有权，但该资源能被企业控制，企业也能够从这些资产中获取经济利益，如从外单位融资租赁来的机器、设备，这样的资源也是企业的资产。

3）预期会给企业带来经济利益，如企业购入的挖掘机。

> **小总结：**概括来说，资产是企业过去的交易或者事项形成的、由企业拥有或者控制的、预期会给企业带来经济利益的资源，如图2-1、图2-2所示。

图2-1 挖掘机　　　　　　　　　图2-2 房屋

（二）资产的组成内容

资产是会计要素中最主要的要素。按照资产的流动性，可分为流动资产和非流动资产。

 小知识

所谓"流动性"指某种资产变为现金或被耗用的难易程度。变现快，说明流动性相对较强；变现慢，说明流动性相对较弱。

资源指凡是能被人所利用的物质。

1. 流动资产

流动资产，指在一年（含一年）或者一个正常营业周期内变现或被耗用的资产，主要包括库存现金、银行存款、应收及预付款项、存货等。

1）库存现金，指由企业出纳人员保管并存放在企业财务部门保险柜里的现钞（即钞票）。主要包括人民币和各种外币。

2）银行存款，指企业存放在银行或其他金融机构的货币资金。

3）应收及预付款项，指企业在日常生产过程中发生的各种债权，包括应收账款、预付账款、应收票据、其他应收款等。它们一般会在一年内回收。

4）存货，一般指企业在日常活动中持有以备出售的产成品或商品、处于生产过程中的在产品、在生产过程或提供劳务过程中耗用的材料和物料等。它们一般可以在一年内被耗用掉或售出，同时收回款项。对于施工企业，指在日常生产经营过程中持有的以备勘察、施工需要或提供劳务过程中将耗用的材料或物品，包括主要材料、周转材料、机械配件、其他材料、低值易耗品和未完工程等。

2. 非流动资产

非流动资产，是相对于流动资产而言的，指超过一年或超过一个营业周期才可以变现或耗用的资产，主要包括固定资产和无形资产等。

1）固定资产，指企业为生产产品、提供劳务、出租或经营管理而持有的，使用寿命超过一个会计年度的房屋、建筑物、机械、运输工具以及其他与生产、经营有关的设备、器具、工具等。它们取得的目的是使用而不是为了出售，只有在若干年后报废清理或转让、变卖时才能收回部分现金。

2）无形资产，指企业拥有或者控制的、没有实物形态的可辨认的非货币性资产，如专利权、非专利技术、商标权等。

资产的组成内容如图 2-3 所示。

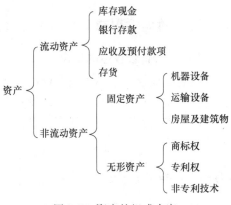

图 2-3　资产的组成内容

二、负债

（一）负债的概念

负债是企业在现行条件下已承担的义务，如向其他单位购入货物而没有付款，将来要用库存现金、银行存款或商品等偿还或通过为债权人提供劳务来抵偿。简单来说，负债是企业欠他人的债务。未来发生的交易或者事项形成的义务，不属于现时义务，不应当确认为负债。

因此，负债指企业过去的交易或者事项形成的、预期会导致经济利益流出企业的现时义务。

（二）负债的组成内容

负债按偿还期限的长短分为流动负债和非流动负债。

1. 流动负债

流动负债，指将在一年（含一年）或者超过一年的一个正常营业周期内偿还的债务，如短期借款、应付票据、应付账款、预收账款、应付职工薪酬、应付股利、应交税费、其他应付账款等。

1）短期借款，指借款期限在一年内的银行借款。

2）应付票据，指企业因购买材料、商品和接受劳务等而开出并承兑的票据。

3）应付账款，指应付给供应单位的购买材料物资的款项。

4）预收账款，指按照购销双方协议约定，企业向购货单位、建设单位预收的款项。

5）应付职工薪酬，指应支付给员工的各种薪酬等。

6）应付股利，指应付给投资者的股利或利润。

7）应交税费，指应向国家缴纳的各项税费。

8）其他应付账款，指除上述负债以外的其他各项应付、暂收的款项。

2. 非流动负债

非流动负债，指除流动负债以外的负债，如长期借款、应付债券等。

1）长期借款，指借款期限在一年期以上的银行借款。

2）应付债券，指企业发行的一年以上的债券。

负债的组成内容如图 2-4 所示。

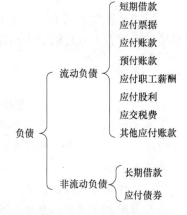

图 2-4　负债的组成内容

三、所有者权益

（一）所有者权益的概念

所有者权益，又称为股东权益，指企业资产扣除负债后由所有者享有的剩余权益，其金额为资产减去负债后的余额，即投资者对企业净资产的所有权。

所有者权益的来源包括所有者投入的资本、直接计入所有者权益的利得和损失、留存收益等。

 小知识

利得指由企业非日常活动所形成的、会导致所有者权益增加、与所有者投入资本无关的经济利益的流入。

损失指企业非日常活动所发生的、会导致所有者权益减少、与向所有者分配利润无关的经济利益的流出。

直接计入所有者权益的利得和损失，指会导致所有者权益发生增减变动的、不应计入当期损益、与所有者投入资本或者向所有者分配利润无关的利得或者损失。

（二）所有者权益的组成内容

所有者权益包括实收资本（或股本）、资本公积、盈余公积和未分配利润等。

1. 实收资本

实收资本，指投资者按照企业章程或合同、协议的约定，实际投入企业并依法进行注册的资本。它是企业注册登记的法定资本总额的来源。投资者投入资本的形式可以有多种，如投资者可以用现金投资，也可以用非现金资产投资，符合国家规定比例的，还可以用无形资产投资。例如，创立一个注册资本为1 000万元的公司，投资者就要以现金、实物、无形资产等方式投入价值1 000万元的资产，这样公司就收到了1 000万元的投资，即为该公司的实收资本。

2. 资本公积

资本公积，是企业收到的投资者的出资额超出其在注册资本（或股本）中所占份额的部分，以及直接计入所有者权益的利得和损失等。资本公积包括资本溢价（或股本溢价）和直接计入所有者权益的利得和损失等。

 小知识

资本公积和实收资本的区别与联系

资本公积和实收资本虽然都属于所有者权益，但两者是有区别的。实收资本是投资者对企业的投入，并通过资本投入来谋求一定的经济利益；而资本公积则有其特定的来源，由所有投资者共同享有。

例：某建筑公司的注册资本为600万元，于2015年1月由甲、乙、丙三个股东共同投资，每人出资200万元，分别占有三分之一的股份。两年后，公司经过苦心经营，取得了可观的回报，股东们想扩大投资规模，增加注册资本到800万元。此时，一位朋友丁找上门来，表示要加入该公司。公司原有出资人甲、乙、丙经过协商，同意接纳他，每人占有四分之一的股份即200万元。但是，这位朋友丁的出资额要大于200万元，经过测算丁的出资额应为250万元。其中，200万元作为注册资本，其余大于丁在公司所占股份份额200万元的部分50万元则作为资本溢价，由全体股东甲、乙、丙、丁共同享有。

实收资本（或股本）的构成比例是确定所有者参与企业经营决策的基础，也是企业进行利润分配或股利分配的依据，同时还是企业清算时确定所有者对净资产的要求权的依据。实收资本是企业永久性的资金来源，是保证企业持续经营和偿还债务的最基本的物质基础，是企业抵御各种风险的缓冲器。

资本公积的用途主要是用来转增资本（或股本）。资本公积不体现各所有者的占有比例，也不能作为所有者参与企业经营决策或进行利润分配（或股利分配）的依据。

3. 盈余公积

盈余公积，指企业按规定从净利润中提取的各种公积金。

4. 未分配利润

未分配利润，指企业实现的净利润经过弥补亏损、提取盈余公积和向投资者分配利润后留存在企业的、历年结存的利润。

盈余公积和未分配利润统称为留存收益。

所有者权益组成内容如图 2-5 所示。

图 2-5　所有者权益的组成内容

> **练一练**：三年前几个合伙人共同出资注册创立了一家公司，共筹集资金500万元（其中合伙人投资400万元，从银行借款100万元），用以建造厂房、购买设备和材料，形成公司的资产。经过三年的苦心经营，企业已拥有资产800万元，需要偿还各种债务200万元。请计算，三年后公司的净资产为多少？企业留存收益又是多少？

小知识

所有者权益和负债的区别

所有者权益与负债虽然都表明企业资产的归属权，通称权益，但其性质不同。

负债是债权人的权益，债权人享有负债的索偿权，债务到期，债权人要收回本金和利息，不参加企业分红，对企业经营也无决策权。它所反映的是作为债务人的企业与债权人的关系。

所有者权益是投资人对企业净资产的所有权，企业可以长期占用而不需要归还，也不会被任意抽回，所有者按其出资比例享有企业经营决策权，分享企业收益并承担经营风险和亏损。它所反映的是产权关系，即企业的净资产归谁所有。

在企业破产清算时，要先偿还负债，剩余的资产才能归还投资者。

四、收入

（一）收入的概念

收入，指企业在日常活动中形成的、会导致所有者权益增加的、与所有者投入资本无关的经济利益的总流入。

收入的特征：

1）收入是从企业的日常活动中形成的经济利益的流入，如企业工程结算、提供劳务等活动。如果是从偶然发生的交易或事项中产生的收入，如取得合同罚款收入，虽然也能给企业带来经济利益，但由于不属于企业的日常活动，只能是利得，故不属于收入的范畴。

2）收入的取得必定会导致经济利益的流入。它可能表现为资产的增加，如增加银行存款、应收账款等。

3）收入只包括本企业经济利益的流入，不包括第三方或客户代收的款项，如增值税、代收的利息等。

4）收入能导致企业所有者权益的增加。

（二）收入的组成内容

收入按其性质可分为销售商品（工程结算）、提供劳务和让渡资产使用权等取得的收入。收入的组成内容如图 2-6 所示。

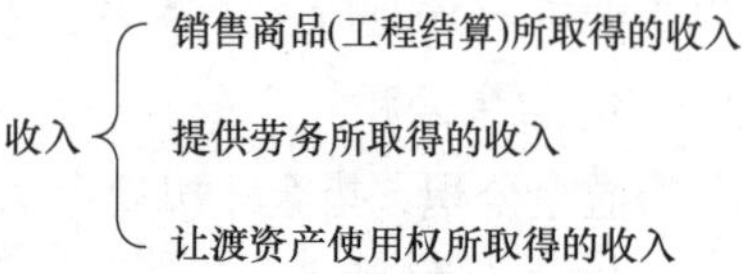

收入 { 销售商品(工程结算)所取得的收入 / 提供劳务所取得的收入 / 让渡资产使用权所取得的收入 }

图 2-6　收入的组成内容

五、费用

（一）费用的概念

费用，指企业在日常活动中发生的、会导致所有者权益减少的、与向所有者分配利润无关的经济利益的总流出。

有投入才有产出。生产就是投入一定的人工、材料、机器、设备等资源而取得一定的产品，即企业要进行生产经营活动并取得收入，必须相应地发生一定的费用。如要销售产品，必须先生产出产品，为此，要消耗各种材料，支付工人工资，生产车间为组织管理生产也要发生各项制造费用；行政管理部门要支付各种管理费用；为销售产品要支付销售费用；筹集生产经营资金要支付财务费用；还会发生与生产经营没有直接关系的营业外支出。此外，企业应缴纳的所得税也是一项费用。总之，费用的种类繁多，表现形式多样，但其本质是资产的转化形式，是耗费的资产。

费用的特征：

1）费用是为取得收入而付出的一种代价。

2）费用表现为经济利益的流出，或者说是收入的一种扣除。

（二）费用的组成内容

费用按照功能分类，分为从事经营业务发生的成本、管理费用、销售费用和财务费用等。

1）从事经营业务发生的成本，指企业为施工生产、提供劳务等发生的可归属于工程成本、劳务成本等的费用。

2）管理费用，指企业行政管理部门为组织和管理生产经营活动而发生的费用。

3）销售费用，指企业为销售商品而发生的费用。

4）财务费用，指企业为筹集资金而发生的费用。

费用的组成内容如图2-7所示。

六、利润

企业一定时间内的全部收入减去全部费用后的盈余，就是企业一定时期生产经营活动的最终结果，如果收入大于费用，即利润；如果收入小于费用，即亏损。

图 2-7　费用的组成内容

具体来说，利润指企业在一定会计期间的经营成果，包括收入减去费用后的净额、直接计入当期利润的利得和损失等。

1）收入减去费用后的净额，指营业收入减去营业成本、税金及附加，再减去销售费用、管理费用和财务费用，再加上投资收益后的金额。其中，投资收益指企业对外投资所取得的收益，减去发生的投资损失后的净额。

2）直接计入当期利润的利得和损失，指应当计入当期损益的，会导致所有者权益发生增减变动的，与所有者投入资本或者与向所有者分配利润无关的利得或者损失，具体表现为营业外收支净额。营业外收支净额指企业发生的与其生产经营活动无直接关系的各项收入和各项支出。

小总结：总结六大要素之间的关系，见表2-1。

表 2-1　六大要素之间的关系

资产 = 负债 + 所有者权益	收入 - 费用 = 利润
资金运动的静态表现	资金运动的动态表现
表明资产的来源与归属	表明经营成果与相应期间收入和费用的关系
编制资产负债表的依据	编制利润表的基础

第二节　会计核算方法

会计的方法，是履行会计职能、完成会计任务、实现会计目标的方式，是会计管理的手段。会计的方法具体包括会计核算方法、会计分析方法和会计检查方法，本书主要介绍会计核算方法。

一、会计核算方法的内容

会计核算方法，也称为会计记录的方法，就是对经济活动进行完整、连续、系统地反映和监督所应用的专门方法或手段，是整个会计方法体系的基础。主要包括以下方法：设置账户（会计科目）、复式记账、填制和审核凭证、登记账簿、成本计算、财产清查、编制会计报表七种方法。具体见表2-2。

表 2-2　会计核算方法的内容

会计核算方法	概　　念	内容链接
设置账户	是对会计对象具体内容进行科学分类的一种专门核算方法	第三章
复式记账	是指对发生的每一笔经济业务，都以相等的金额同时在两个或两个以上相互联系的账户中进行双重平衡登记的一种记账方法	第三章
填制和审核凭证	是为了保证会计记录的真实、完整和可靠，审查经济活动是否合理、合法而对原始凭证进行专门审核并据此填制记账凭证以及审核记账凭证的方法	第五章
登记账簿	这是将经济业务的内容连续、系统、全面地记录在账页上的一种专门方法	第六章
成本计算	是按照一定的成本计算对象来归集已发生的各项费用，从而确定各个成本计算对象的总成本和单位成本的一种专门方法	第四章第七节
财产清查	就是通过盘点实物、核对账目、查明各项财产物资和往来款项的实有数，以保证账实相符的一种专门方法	第七章
编制会计报表	是根据账簿记录，以表格的形式反映某一会计主体在一定时期内的财务状况和经营成果的一种专门方法	第九章

（一）设置账户

设置账户是对会计核算和会计监督的具体内容进行科学分类的一种专门方法。会计所核算和监督的内容是复杂多样的，如财产物资就有各种不同的存在形态，如建筑物、机器设备等；又如为了取得这些财产物资所需的资金也来自不同的渠道，有银行贷款，有投资者投入等。

为了对它们进行系统的核算和监督，就必须根据会计对象的具体内容和经济管理的要求，对其进行科学的分类，事先将其划分为若干个分类核算的项目即会计科目，并在账簿中为每一个会计科目开设一个具有一定结构内容的账户，以便通过账户分门别类地登记各种经济业务，取得所需要的各种不同性质的会计信息。

（二）复式记账

复式记账指对发生的每一笔经济业务，都以相等的金额同时在两个或两个以上相互联系的账户中进行双重平衡登记的一种记账方法。任何一项经济业务的发生都有其来龙去脉，如企业的银行存款少了 80 000 元，去向是什么？或者是购买了原材料，或者是上交了应交的税金等。采用复式记账就是对发生的每一笔经济业务既要在有关账户中登记其来源，又要在有关账户中登记其去向。这样就可以反映经济业务内容的全貌，又便于进行试算平衡，检查会计记录的正确性。

（三）填制和审核会计凭证

会计凭证是记录经济业务、明确经济责任并据以作为记账依据的书面证明。任何单位发生的任何会计事项，都必须填制或取得原始凭证，原始凭证经审核无误后才能据以填制记账凭证。

（四）登记账簿

账簿是由具有一定格式、相互联结的账页组成的簿籍。登记账簿就是根据审核无误的会计凭证，用复式记账的方法，将经济业务的内容连续、系统、全面地记录在账页上的一种专门方法。通过登记账簿就能将一定时期内零星的、分散的经济业务进行汇总，连续、系统地反映每一类经济活动完整的信息资料,从而了解经济活动发生、发展、变化的全过程。

(五) 成本计算

成本计算是按照一定的成本计算对象来归集已发生的各项费用,从而确定各该成本计算对象的总成本和单位成本的一种专门方法。凡是独立核算的企业都必须进行成本计算。例如,施工企业对工程项目的实际成本正确地进行成本计算,是其进行工程结算和正确计算利润的前提。

(六) 财产清查

财产清查就是通过盘点实物、核对账目、查明各项财产物资和往来款项的实有数,以保证账实相符的一种专门方法。企业必须定期或者不定期地对各项财产物资和往来款项进行清查、盘点和核对。

(七) 编制会计报表

编制会计报表是根据账簿记录,以表格的形式反映某一会计主体在一定时期内的财务状况和经营成果的一种专门方法。编制会计报表,就是在账簿记录的基础上对会计核算资料的进一步加工、整理。

二、会计核算方法体系

以上会计核算的方法各有其特定的含义和作用,但它们不是孤立存在的,在实际工作中,它们彼此联系、相互配合地加以运用,共同构成了一个完整的会计核算方法体系。

一般来说,在经济业务发生后,首先要根据经济业务内容取得或填制会计凭证并加以审核,这是会计核算的最初环节;按照规定的会计科目,在账簿中设置账户,并根据审核无误的记账凭证,运用复式记账法登记账簿,这叫记账,是会计核算的中心环节;对生产经营过程中发生的各项费用进行成本计算,这叫算账,是对初级会计信息资料进行加工的过程;通过财产清查将财产物资的实存数与账存数加以核对;最后,在账实相符的基础上编制会计报表,这个是报账过程,是会计核算的最终环节,也是会计核算的最终产品。会计核算方法体系如图2-8所示。

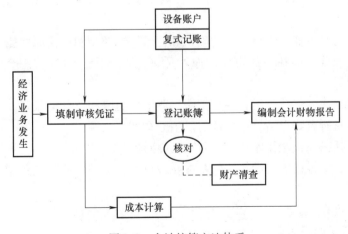

图2-8 会计核算方法体系

以上各种方法有些是交叉重复进行的，但基本是按照以上顺序，相互配合地加以运用，以实现满足会计信息使用者的需要。

第三节　会计信息与会计循环

一、什么是会计信息

会计信息是一个企业最重要的经济信息，它是通过会计人员运用会计核算的一系列专门方法对本单位发生的经济业务进行会计处理所提供的反映企业经营状况、经营成果以及资金变动的财务数据资料，是信息的使用者进行预测决策的重要依据。

二、什么是会计循环

在会计信息的产出过程中，会计人员要对发生的经济业务进行会计确认、会计计量、会计记录等处理，会计报告是会计工作的最终产品。习惯上，人们把这种依次发生、周而复始的一系列会计核算过程称为会计循环。这是一个按照一定步骤每月反复运行的程序，是在经济业务发生时，从填制和审核会计凭证开始，到登记账簿，直至编制财务会计报告，即完成一个会计期间会计核算工作的过程。

每个企业在某一个会计期间（通常是一个月）发生的经济业务，会计人员都要将这一时期发生的所有经济业务，通过填制和审核记账凭证、设置账户、登记账簿、进行成本核算和财产清查，直至编制会计报表等一系列的步骤和方法加以处理。这些会计处理程序以一个会计期间的期初（如月初即每月的 1 日，年初即每年的 1 月 1 日）为起点，以其期末（即当月的最后一天或当年的最后一天，即 12 月 31 日）为终点，并且在各个会计期间内，这些工作周而复始地不断循环进行。在企业持续经营的情况下，不会停止，因此称其为会计循环。这个循环意味着这些程序必须在每一个月持续重复，在合理的会计期间（如一个月）准备新的、更新的财务报表。

会计循环从会计核算的具体内容来看，是按照一定的步骤反复运行的会计程序，具体包括以下内容：

1）对于发生的经济业务进行初步的确认和记录，即填制和审核原始凭证。

2）填制记账凭证，即在经过审核的原始凭证的基础上，通过编制会计分录填制记账凭证。

3）登记会计账簿，包括登记各种日记账、明细分类账和总分类账。

4）结账，即将所有账户结算出本期的发生额和期末余额。

5）对账，包括账证核对、账账核对和账实核对。

6）试算平衡，即根据借贷记账法的基本原理进行全部总分类账户的借方总额与贷方总额的试算平衡。

7）编制会计报表。

会计循环示意图如图 2-9 所示。

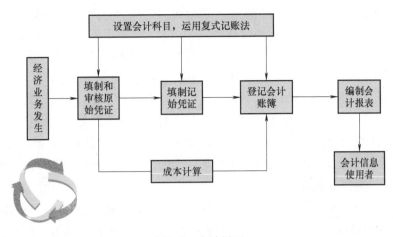

图 2-9 会计循环

第四节 会计恒等式

一、会计要素的相互关系

根据前面所述，我们已经了解到资产、负债、所有者权益、收入、费用、利润六大会计要素是对会计对象所做的基本分类，同时也掌握了每个会计要素的内容。为了给以后各章的学习打下基础，以便更好地掌握会计的基本方法与基本技能，在这里很有必要先探讨一下各会计要素之间的相互关系。

（一）资产与权益

我们已经知道，任何一家企业，无论其规模大小，要想进行正常的生产经营活动，必须拥有一定结构和数量的资产。这些资产分布在企业生产经营活动需要的各个方面，表现为不同的存在形式，如现金、银行存款、厂房、机器、设备、房屋、原材料等资产。企业的这些用于生产经营活动的表现为特定存在形式的资产，都有着一定来源渠道，一部分是企业的所有者投入的，当企业所有者投入企业的资产不足以满足企业的生产活动需要时，就需要通过举债的形式从债权人处借入资产，这是企业资产的另一种来源渠道。由此可见，企业的资产总额等于投资者投入的资产和债权人借入的资产总额。投资者和债权人将其拥有的资本供给企业使用，就相应地享有一种要求权，所有者投入的部分属于所有者的权益，债权人借入的部分属于债权人的权益（也称作负债），两者统称为权益。

可以看出，资产与权益是相互依存的，是同一资金的两个方面，是从不同的角度观察和分析的结果，资产说明企业拥有或控制的经济资源的运用情况，权益说明企业拥有或控制的经济资源的来源情况，两者在总额上必然是一种相等的关系。

资产与权益之间存在着相互依存的关系，资产不能离开权益存在，权益也不能离开资产而存在；没有无资产的权益，也没有无权益的资产。从数量上看，有一定数额的资产，就必然有一定数额的权益；反之，有一定数额的权益，也必定有一定数额的资产，在任何情况下，资产与权益都保持着数额相等的关系，通常我们用数学公式将它表述为：

$$资产 = 权益 \\ = 债权人权益 + 所有者权益 \\ = 负债 + 所有者权益 \quad (2\text{-}1)$$

我们称这个公式为会计恒等式、会计平衡公式、会计等式或会计方程式，它是将资产、负债和所有者权益这三个会计要素的内在经济关系利用数学公式做出的概括表达。它是指明各会计要素之间的基本关系的恒等式，反映企业在生产经营过程中，在某一特定日期的财务状况。这种关系是企业的创办日或经营中的某一天的情况，反映企业资金的静态运动形式。

（二）收入、费用与利润

任何企业的生产经营活动都是以营利为目的的，都是要获取利润。要想获取利润，就必然需要不断地开展经营活动。企业在生产经营活动中，一方面要发生各种费用，另一方面也会取得各种收入，收入减去费用，其差额部分就是利润；反之，如果费用超过了收入，其差额部分就是亏损。它们之间的数量关系用公式表述为：

$$收入 - 费用 = 利润（或亏损） \quad (2\text{-}2)$$

这个公式称为经营成果等式，是对会计基本等式的发展和补充。它表明了企业在一定会计期间的经营成果与相应的收入和费用之间的关系，说明了企业实现利润的过程。实际上，它反映的是企业资金的动态运动形式，是编制利润表的依据。

收入和费用相抵减的结果，若为利润，则所有者权益一定增加；若为亏损，则所有者权益一定减少，将公式（2-1）和公式（2-2）结合起来，还可以得到如下公式：

$$资产 = 负债 + 所有者权益 + 利润（或亏损） \quad (2\text{-}3)$$

利润归属于所有者权益，这时，上述公式又恢复到最基本的形式，即：

$$资产 = 负债 + 所有者权益$$

以上公式说明虽然资产、负债、所有者权益、收入、费用和利润六个会计要素的性质、内容各不相同，但它们却存在着相互依存的内在联系。

> **小总结**：资产、负债和所有者权益三项会计要素是组成资产负债表的会计要素，也称为资产负债表要素，是复式记账法的理论依据，也是编制资产负债表的依据，在会计核算中地位极其重要。资产是资金的占用形态，负债和所有者权益是与资产相对应的取得途径，它们是反映企业财务状况的会计要素，反映了在任何一个时点上，企业资产、负债与所有者权益之间都保持着数量相等的平衡关系。
>
> 收入、费用和利润三项会计要素是组成利润表的会计要素，也称为利润表要素，是编制利润表的依据。收入是经济活动中经济利益的总流入，费用是经济活动中经济利益的总流出，收入与费用相配比，即形成经济活动的利润，利润是资金运用的成果，它们是反映企业的生产经营成果的会计要素。

二、经济业务对会计恒等式的影响

企业日常发生的经济业务是多种多样的，如购进原材料、购入机器设备、接受投资、支付费用等，但无论企业在生产经营过程中发生什么样的经济业务，引起资产、负债和所有者权益这三个会计基本要素在数量上发生怎样的增减变化，都不会破坏会计恒等式的平衡关系。

经济业务对会计恒等式的影响，可以从资产负债表中具体体现出来，所以会计恒等式也称为资产负债表等式。下面通过举例来说明。

企业发生的经济业务对会计恒等式的影响有以下几种情况。

【例1】 某建筑公司2018年1月1日的资产负债表（表2-3）如下：

表2-3 资产负债表（2018年1月1日）

资产		权益（负债+所有者权益）	
项目	金额	项目	金额
银行存款	3 000 000	短期借款	3 500 000
应收账款	2 500 000	资本公积	5 000 000
存货	6 000 000	实收资本	11 500 000
固定资产	8 500 000		
总计	20 000 000	总计	20 000 000

从表2-3可以看出，该公司所拥有的资产一方，流动资产（银行存款、应收账款、存货）为11 500 000元，固定资产为8 500 000元，资产总额为20 000 000元；权益一方，负债（短期借款）为3 500 000元，筹集的资本金为11 500 000元，资本公积为5 000 000元，权益总额为20 000 000元，资产与权益总额相等。

假定该公司当月发生了如下经济业务：

1) 业务1：1月6日，公司接受投资人甲投入大型施工机械一台，价值200 000元。

说明：

这项经济业务发生后，使资产方的固定资产项目增加了200 000元，由原来的8 500 000元增加到了8 700 000元；使权益方的实收资本项目增加了200 000元，由原来的11 500 000元增加到了11 700 000元。由于资产与权益双方有关项目都以相等的金额增加，因此，双方总额仍然相等。这项经济业务所引起的会计要素有关项目的变化见表2-4。

表2-4 资产负债表（2018年1月6日）

资产		权益（负债+所有者权益）	
项目	金额	项目	金额
银行存款	3 000 000	短期借款	3 500 000
应收账款	2 500 000	资本公积	5 000 000
存货	6 000 000	实收资本	(11 500 000+200 000) 11 700 000
固定资产	(8 500 000+200 000) 8 700 000		
总计	20 200 000	总计	20 200 000

由此可见，当一项经济业务发生后，资产与权益双方有关项目以相等的金额同时增加，双方总额相等，资产与权益总额仍然保持平衡关系。

2) 业务2：1月11日，公司以银行存款偿还短期借款1 000 000元。

说明：

这项经济业务发生后，使资产方的银行存款项目减少了1 000 000元，由原来的3 000 000元减少到了2 000 000元；使权益方的短期借款项目减少了1 000 000元，由原来的3 500 000元减少到了2 500 000元。由于资产与权益双方有关项目都以相等的金额减少，因此，双方总额仍然相等。这项经济业务所引起的会计要素有关项目的变化见表2-5。

表2-5 资产负债表（2018年1月11日）

资　产		权益（负债＋所有者权益）	
项　目	金　额	项　目	金　额
银行存款	(3 000 000－1 000 000) 2 000 000	短期借款	(3 500 000－1 000 000) 2 500 000
应收账款	2 500 000	资本公积	5 000 000
存货	6 000 000	实收资本	11 700 000
固定资产	8 700 000		
总计	19 200 000	总计	19 200 000

由此可见，当一项经济业务发生后，资产与权益双方有关项目以相等的金额同时减少，双方总额相等，资产与权益总额仍然保持平衡关系。

3）业务3：1月15日，公司以银行存款购入钢筋、水泥等材料共花费1 000 000元。

说明：

这项经济业务发生后，使资产方的存货项目增加了1 000 000元，由原来的6 000 000元增加到7 000 000元；使资产方的银行存款项目减少了1 000 000元，由原来的2 000 000元减少到了1 000 000元。因为这项经济业务所引起的增减变化是发生在同一类资产项目之内，虽然使有关项目的金额发生了变化，但增减金额是相等的，变化总数为0，所以不会影响总额的变动。这项经济业务所引起的会计要素有关项目的变化见表2-6。

表2-6 资产负债表（2018年1月15日）

资　产		权益（负债＋所有者权益）	
项　目	金　额	项　目	金　额
银行存款	(2 000 000－1 000 000) 1 000 000	短期借款	2 500 000
应收账款	2 500 000	资本公积	5 000 000
存货	(6 000 000＋1 000 000) 7 000 000	实收资本	11 700 000
固定资产	8 700 000		
总计	19 200 000	总计	19 200 000

由此可见，当一项经济业务只涉及资产方有关项目之间的金额增减变化时，资产总额不会发生变动。同时，由于它不涉及权益方的项目，因而权益总额也不会发生变动，所以双方总额仍然相等，仍然保持平衡关系。

4）业务4：1月25日，经批准，公司以资本公积500 000元转增资本。

说明：

这项经济业务发生后，使权益方的实收资本项目增加了500 000元，由原来的11 700 000元增加到12 200 000元；使权益方的资本公积项目减少了500 000元，由原来的5 000 000元减少到了 4 500 000 元。因为这项经济业务所引起的增减变化是发生在同一类权益项目之内，虽然使有关项目的金额发生了变化，但增减金额是相等的，变化总数为 0，所以不会影响总额的变动。这项经济业务所引起的会计要素有关项目的变化见表 2-7。

表 2-7 资产负债表（2018 年 1 月 25 日）

资 产		权益（负债+所有者权益）	
项 目	金 额	项 目	金 额
银行存款	1 000 000	短期借款	2 500 000
应收账款	2 500 000	资本公积	(5 000 000 − 500 000) 4 500 000
存货	7 000 000	实收资本	(11 700 000 + 500 000) 12 200 000
固定资产	8 700 000		
总计	19 200 000	总计	19 200 000

由此可见，当一项经济业务只涉及权益方有关项目之间的金额增减变化时，权益总额不会发生变动。同时，由于它不涉及资产方的项目，因而资产总额也不会发生变动，所以双方总额仍然相等，仍然保持平衡关系。

小总结：以上四项经济业务具有典型性，任何企业发生的任何经济业务所引起的资产与权益的变化归纳起来就是这样的四种类型，即：

1）资产与权益同时增加（如业务1）。
2）资产与权益同时减少（如业务2）。
3）资产之间有增有减（如业务3）。
4）权益之间有增有减（如业务4）。

以上四种类型的经济业务对会计恒等式的影响，如图 2-10 所示。

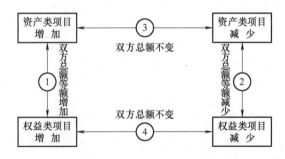

图 2-10 经济业务对会计恒等式的影响

以上经济业务的四种类型再进一步归纳就是两大类变化，如果经济业务所引起的资产与权益的变化仅仅发生在等式的一边，即仅仅是资产类有关项目之间的变化或权益类有关项目之间的变化，叫同类项目之间的变化，这种变化是一个增加，另一个减少，简称"同类之间有增有减"；如果经济业务所引起的资产与权益的变化发生在等式的两边，即资产类有关项目与权益类有关项目之间同时发生变化，叫异类项目之间的变化，这种变化是两个项目同时增加或同时减少，简称"异类之间同增同减"。

本章小结

序号	内容
1	本章主要阐明会计要素的概念、构成会计要素的内容以及会计要素之间的关系
2	会计要素又叫会计对象要素,是从会计核算的角度解释构成企业经济活动的必要因素,是对会计对象按经济内容的特点所作出的基本分类,可以分为资产、负债、所有者权益、收入、费用和利润等六大要素
3	会计循环是一个按照一定步骤,对企业发生的经济业务运用各种会计核算方法进行处理,每月反复运行的相同的程序,是从填制和审核会计凭证开始,到登记账簿,直至编制财务会计报告的一个会计核算工作的过程
4	会计要素之间存在着两大数量关系:一是资产=负债+所有者权益,这个公式称为会计恒等式、会计等式、会计方程式等,这是会计报表的编制基础。二是收入－费用=利润,这是企业在一定期间取得的经营成果的计算公式,是利润表的计算公式

第三章 会计科目、账户和复式记账

本章学习要点：

1. 掌握会计科目的概念与分类。
2. 理解账户的概念及其结构。
3. 明确会计科目与账户之间的区别与联系。
4. 能说出借贷记账法的概念和特点。
5. 明确账户的对应关系和对应账户的含义。
6. 能借助试算平衡原理编制试算平衡表。
7. 根据会计平衡公式中各要素之间的关系，分析不同经济业务类型对会计要素的影响。
8. 能说出账户的平行登记。
9. 能熟练地编制简单的会计分录。

第一节 会计科目与账户

会计核算的任务是正确地记录经济业务，为经济管理工作提供必要的会计信息。而会计信息的来源主要是各个账户提供的资料，为此，企业必须设置账户。而要设置账户，首先要确定会计科目，因为账户是根据会计科目开设的。

一、会计科目

(一) 会计科目的概念

如前所述，企业会计核算的对象是会计要素。会计要素是对会计核算对象所做的基本分类，但这个基本分类还不能满足经济管理工作对会计信息的需要，还需要进一步分类，其分类的项目就是会计科目。前面学习过，企业在生产经营过程中发生的经济活动，必然会引起会计要素的具体内容发生数量上的增减变动。例如，企业用银行存款购买原材料，银行存款会减少，原材料会增加，使得资产要素的具体组成内容原材料和银行存款发生变化；用银行存款归还以前借入的短期借款，企业的银行存款减少，短期借款也会减少，从而使资产与负债两个要素同时减少。

由于企业的经济业务活动纷繁复杂，它所引起的各个会计要素之间以及各个会计要素的内部构成之间的增减变化也是错综复杂的，表现为不同的形式。有些业务可能引起资产与权益同时变化，有些业务可能只引起某一类会计要素内部构成内容发生变化，有些业务可能进行多次简单地重复等。为了连续、系统、全面地核算和监督每一笔经济业务所引起的各项会计要素的具体内容增减变化，就有必要对会计要素的具体内容按照其各自不同的特点和经济管理要求，分门别类地确定项目，并确定项目的名称，规定其核算内容。设置会计科目就是根据会计要素的特点和具体内容以及经济管理的要求，对会计要素作进一步分类，并对这种分类赋予一个既简明扼要又通俗易懂的名称。通过设置会计科目，可以对纷繁复杂、性质不同的经济业务进行科学的分类，可以将复杂的经济信息变成有规律的、易识别的经济信息，并为其转换为会计信息准备条件。

在设置会计科目时，需要将会计要素中相同的具体内容归为一类，设立一个会计科目，凡是具备这类信息特征的经济业务，都应该在这个科目项下进行核算。例如，根据资产这一会计要素的特征以及经济管理的要求，可以设置库存现金、银行存款、原材料、固定资产、无形资产等会计科目，这样才能够对资产这一会计要素的具体内容进行更为明确具体的分类核算。设置会计科目时，要为每一具体的类别规定一个科目名称，并且限定在该科目名称下包括的内容。例如，企业的货币资金是一种资产，但是由于它的保管及收付方式不同，可以将其划分成两个类别，即库存现金和银行存款。保存在企业财务部门保险柜里的钱叫库存现金，存在开户银行里的钱叫银行存款；厂房、建筑物、机器设备、运输工具等属于劳动资料的叫固定资产；为生产产品而储存的各种主要资料、辅助材料等都是劳动对象，合称原材料；投资者投入的资本叫实收资本（或叫股本）。

可见，会计科目是对会计要素按照不同的经济内容和管理需要进行科学分类后所赋予的项目名称。在每一个会计科目名称项下，都要有明确的含义及其核算范围。通过设置会计科目对会计要素的具体内容进行科学分类，可以为会计信息使用者提供科学、详细的分类指标体系。在会计核算方法体系中，设置会计科目占有重要位置，它决定着账户开设、报表结构的设计，是一种基本的会计核算方法。这种对会计要素的具体内容进一步详细分类核算的项目，称为会计科目。通常，在实际工作中，会计科目也可简称为科目。

（二）设置会计科目的原则

分类是管理的一种形式，会计科目作为会计要素进一步分类的一种形式，分类正确与否决定着会计信息的科学性、系统性，从而决定管理的科学性。会计科目作为分类信息的项目或标志，必须根据企业会计准则，并按照国家统一会计制度的要求设置和使用。企业在不影响会计核算的要求、会计报表指标的汇总及对外提供的会计报表的前提下，可以根据实际情况自行增设、减少或合并某些会计科目。会计科目的设置是否合理，对于系统地提供会计信息，提高会计工作的效率及合理的组织会计核算工作都有很大影响。因此，在设置会计科目时，必须充分考虑有关各方面对会计信息的需求，符合会计工作的客观规律。

设置会计科目时，应该遵循以下几项原则。

1) 既要符合企业会计准则规定，又要适应企业的特点。
2) 既要满足本单位经济管理的需要，又要满足国民经济宏观调控对会计信息的要求。
3) 既要适应经济业务发展的需要，又要保持相对稳定，以使核算指标保持可比性。

4）设置会计科目的名称要简单明确，字义相符，通俗易懂。
5）既要便于反映会计要素的总括情况，又要便于反映经济业务的具体内容。

（三）会计科目的分类

企业会计准则根据行业的需要和资金运动的特点，制定了适合不同行业的会计科目。会计科目可以按照不同的分类标准进行分类。

1. 按反映的经济内容分类

会计科目按其所反映的经济内容，可分为六大类，即资产类科目、负债类科目、共同类科目、所有者权益类科目、成本类科目和损益类科目。

2. 按其所提供信息的详细程度分类

会计科目按其所提供信息的详细程度，即按层次关系，可分为总账科目和明细科目。

1）总账科目，也称总分类科目或一级科目，是对资产、负债、所有者权益、收入、费用和利润进行总括分类的类别名称。

2）明细科目，也称明细分类科目或细目，是对总账科目所属经济内容作详细分类的类别名称。为了适应核算工作的需要，在总账科目下设的明细科目较多的情况下，可在总账科目与明细科目之间增设二级科目（也称子目）。

现以固定资产和原材料两个会计科目为例，列表说明一级科目、子目、细目的相互关系，见表3-1。

表3-1　一级科目、子目、细目的相互关系

总分类科目（一级科目）	二级科目（子目）	明细科目（细目）
固定资产	房屋及建筑物	办公楼
		仓库
	机器设备	推土机
		混凝土搅拌机
		塔吊
原材料	主要材料	钢筋
		水泥
	辅助材料	涂料
		油漆

在我国，总账科目由财政部统一制定，明细科目除规定设置的以外，企业可根据需要自行设置。由一级科目、子目和细目组成的会计科目体系，是建立账簿、开设账户、组织会计核算工作的框架，是实施会计监督，提供企业及有关各方面所需要的会计信息资料的基础和依据。另外，为方便使用计算机，企业会计准则还对一级会计科目进行了统一编号。

为了便于以下各章举例之用，参照《企业会计准则》颁布的会计科目表和《施工企业会计核算办法》补充的会计科目，编制简明会计科目表，见表3-2。

表 3-2 简明会计科目表

顺序号	编号	会计科目名称	顺序号	编号	会计科目名称
		一、资产类	28	2241	其他应付款
1	1001	库存现金	29	2501	长期借款
2	1002	银行存款	30	2502	应付债券
3	1121	应收票据			三、共同类
4	1122	应收账款			(略)
5	1123	预付账款			四、所有者权益类
6	1221	其他应收款	31	4001	实收资本
7	1131	应收股利	32	4002	资本公积
8	1132	应收利息	33	4101	盈余公积
9	1241	坏账准备	34	4103	本年利润
10	1401	材料采购	35	4104	利润分配
11	1402	在途物资			五、成本类
12	1403	原材料	36	5401	工程施工
13	1411	周转材料	37	5402	工程结算
14	1601	固定资产	38	5403	机械作业
15	1602	累计折旧	39	5404	辅助生产
16	1604	在建工程			六、损益类
17	1616	临时设施	40	6001	主营业务收入
18	1617	临时设施摊销	41	6051	其他业务收入
19	1701	无形资产	42	6111	投资收益
		二、负债类	43	6301	营业外收入
20	2001	短期借款	44	6401	主营业务成本
21	2201	应付票据	45	6402	其他业务成本
22	2202	应付账款	46	6403	税金及附加
23	2203	预收账款	47	6601	销售费用
24	2211	应付职工薪酬	48	6602	管理费用
25	2221	应交税费	49	6603	财务费用
26	2231	应付利息	50	6711	营业外支出
27	2232	应付股利	51	6801	所得税费用

(四)会计科目的编号

为了便于会计电算化和使用者记忆和查阅会计科目,对会计科目进行了编号。《企业会计制度》中一级会计科目编号是财政部制定的采用 4 位制,不得任意更改;二级科目采用 6 位制,三级科目采用 8 位制。会计科目编号要简单明了,使用方便。

二、账户

(一)设置账户

在会计核算过程中,当发生经济业务时,因为会计科目仅仅只是规定了会计对象具体内容的类别名称,通过会计科目只能描述其涉及的内容,而不能将其涉及的内容记录下来,因此，为了连续、系统、全面地记录由于经济业务的发生而引起的会计要素的增减变动，必须开设账户。

账户是根据会计科目开设的，具有一定格式和结构，用来进行记录与该科目名称相对应的特定经济内容所涉及的会计要素的增减变化及其结果的工具。它由账户的名称和账户的结构两部分组成。

设置账户是对经济业务内容提供分类信息的必要手段，也是复式记账的基础，有助于压缩信息数量，提供综合信息。

会计科目与账户都是对会计对象具体内容的项目分类，两者口径一致，性质相同，在日常实践中，人们往往对会计科目和账户不加以严格区分，通常把会计科目作为账户的同义词，例如，将"登记××账户"说成是"登记××科目"。实际上，会计科目和账户在会计学中是两个不同的概念，会计科目是账户的名称，也是设置账户的依据，账户是会计科目的具体应用。两者的区别是：会计科目仅仅是账户的名称，不存在结构；而账户则具有一定的格式和结构。没有会计科目，账户就失去了设置的依据；没有账户，就无法发挥会计科目的作用。会计科目所要反映的经济内容，就是账户所要登记的内容。两者之间既有联系又有区别，见表3-3。

表3-3　会计科目和账户的联系与区别

联系	会计科目是账户的名称
	会计科目是设置账户的依据
	账户是会计科目的具体应用
	会计科目所要反映的经济内容就是账户所要登记的内容
区别	会计科目仅仅是一个名称，只表明某类经济业务的内容
	账户既有名称又有一定的格式和结构，可以记录和反映某类经济业务内容的增减变动情况及其结果
	会计科目是国家通过制定企业会计准则而统一规定的
	账户是由企业单位根据会计科目的设置和自身经营管理的需要在账簿中开设的

（二）账户的基本结构

前已述及，各项经济业务的发生必然会引起会计要素的具体内容在数量上发生增减变动的两种情况，因而，为了便于在账户中分别记录经济业务增加或减少的数量，就必须为用来分类记录经济业务的账户确定相应的格式，使之具有一定的结构。

这种结构就是把账户一般分为左、右两个方向，一方登记增加，另一方登记减少。其基本结构见表3-4。我们把这种为账户确定的记录经济业务增减变动及其结果的相应格式，称为账户的结构。不论采用哪种记账方法，也不论账户是何种性质，其基本结构是一致的。

表3-4　账户的基本结构

左方	账户名称（会计科目）	右方

至于账户哪一方登记数额的增加，哪一方登记数额的减少，取决于所记录的经济业务内容和账户的性质。其中，可以将账户中登记本期增加的金额，称为账户的本期增加发生额；登记本期减少的金额，称为账户的本期减少发生额。增减相抵后的差额，称为账户的余额，

在账户中余额反映由于增加或者减少而引起的会计要素增减变动的结果。

根据会计持续经营的假设，假定企业的经营活动是持续不断进行的，所以，本期的期末余额必然是下期的期初余额；上期的期末余额必然是本期的期初余额。也就是说，余额按照表示的时间不同，可分为期初余额和期末余额。

上述"T"型账户，只是账户的简单格式。使用这种格式可以很方便地将会计要素所发生的增减变动情况记录下来，并对其进行汇总。在实际工作中，为了详细记录经济业务，并保证会计信息的真实、完整，账户必须使用正规格式。账户正规格式具体包括账户名称、记录经济业务的日期、凭证的编号、经济业务摘要、增减金额、余额等，见表3-5。

表3-5 账户名称（会计科目）

年		凭证编号	摘要	增加（借方或贷方）	减少（贷方或借方）	借或贷	余额
月	日						

小知识

账户的基本栏目说明见表3-6。

表3-6 账户的基本栏目说明

	账户名称（会计科目）	说明
账户的基本栏目	日期栏	用以说明记录经济业务的日期（年、月、日）
	凭证编号栏	表明记录经济业务的记账凭证编号
	摘要栏	经济业务内容的简要说明
	增减（或借贷）金额栏	表明经济业务增减变动情况
	增或减（或借贷）方向栏	用以说明经济业务增减变动后结果的当前方向
	余额栏	表明经济业务增减变动后的结果

在会计教学中，因客观条件所限，不可能在课堂上对列举的经济业务都按照账户的正规格式一一举例，通常还是将账户简化为"T"型账户结构。

第二节 会计记账方法

一、什么是会计记账方法

我们已经知道了经济业务的发生会引起某些会计要素项目发生增减变动，也明确了这种数量上的变动应当在账户中加以记录。那么怎样记录呢？这就是记账方法的问题。

所谓记账方法，指对发生的经济业务根据一定的原理，运用一定的记账符号和记账规则在账户中予以登记的方法。

从会计发展的历史来看，人类曾使用过两种记账方法：一个是单式记账法，另一个是复式记账法。

单式记账法是一种原始、简单、不完整的记账方法。其特征是对发生的每一笔经济业务，只在一个账户中加以记录。单式记账法只着重考虑库存现金、银行存款的收支，债权、债务款项的结算。例如，用库存现金购买材料，只在库存现金账户中登记因购买材料而支付的金额，至于材料的增加则不予以单独记录。这种方法相当于我们日常生活中的"流水账"，所买的东西均记录所支付的金额，至于买来的东西则并不加以记录。

单式记账法手续较为简单，但账户的设置不完整，无法反映发生经济业务涉及的账户之间的关系，缺乏平衡关系，不能全面、系统地反映经济业务的来龙去脉，也不便检查账户记录的正确性，不能适应复杂的商品生产和交换的需要，于是在15世纪末、16世纪初，逐渐被复式记账法所取代。

复式记账法是相对于单式记账法而言的。它是根据前述会计平衡公式的基本原理，对发生的每一项经济业务，都以相等的金额，在两个或两个以上相互联系的账户中进行登记的记账方法。例如，用库存现金购买材料，单式记账法只记库存现金的支出，而不记材料的收入；复式记账法则不仅在库存现金账户上反映减少，还要同时以相等的金额在原材料账户上反映增加，由此可见，复式记账法的产生，是会计史上的一大进步。

练一练：假设企业用银行存款购买了一辆价值150 000元的运输汽车，如果采用单式记账法，情况会是怎样呢？如果采用复式记账法，情况又会是怎样呢？比较一下，哪一种方法更好？

采用复式记账法，不仅可以全面、相互联系地反映各个会计要素的增减变动情况和结果，而且还可以利用资产总额与权益总额相等的关系，来检查账户记录的正确性。由于复式记账法要求以相等的金额在两个或两个以上相互联系的账户中做出双重记录，这就使账户之间在数字上产生了一种互相核对、互相平衡的关系。因此，利用这种平衡关系，可以及时发现账户记录中的遗漏、差错。

按照记账符号、记账规则、试算平衡的不同，复式记账法可分为借贷记账法、收付记账法和增减记账法。现在，普遍采用的一种复式记账方法是借贷记账法。

二、借贷记账法

（一）借贷记账法的概念与特点

借贷记账法是以"借"和"贷"作为记账符号反映经济业务引起的会计要素增减变动情况及其结果的一种复式记账法。

由于我们所要记录的是经济业务发生所引起的会计要素的数量变动，而这种变动无非就是增加和减少。因此，必须给"借"和"贷"赋予一定的增加或减少的含义，以表示会计要素的增减变化。

前已述及，账户的基本结构分为左方和右方。在借贷记账法下，一般规定账户的左方为"借方"，右方为"贷方"。采用借贷记账法时，一个账户的借贷两方必须做借贷相反的记录，即对每一个账户来说，如果规定使用借方来登记增加额，就必须使用贷方来登记减少额;如果规定使用贷方来登记增加额,就必须使用借方来登记减少额。

采用借贷记账法,一般规定以"借"表示资产和成本、费用的增加,以"贷"表示资产和成本、费用的减少;以"贷"表示负债、所有者权益和收入、利润的增加,以"借"表示负债、所有者权益和收入、利润的减少。也就是说,"借"和"贷"表示"增加"或"减少"的含义是不固定的,"借"和"贷"的具体含义取决于账户所反映的经济内容的性质。

在借贷记账法下的"借"和"贷"仅仅代表记账符号,只表示会计要素的增减变化,其本身不具有任何内在的经济意义。

(二)借贷记账法的理论依据

借贷记账法的理论依据是会计要素之间客观存在着恒等关系,即资产=负债+所有者权益。在第二章第四节我们已经知道,企业无论发生什么类型的经济业务,其所引起的会计要素的增减变化都不会破坏会计恒等式的平衡关系。而经济业务所引起的资产与权益的变化类型概括为两大类,即同类之间有增有减和异类之间同增同减。这样,在规定借贷的增减的含义的时候,就需要在同类之间分别使用"借"和"贷"表示增减,一增一减不会破坏等式平衡关系,如用"借"表示资产增加,就要用"贷"表示减少,这样记账时,有增有减,不会破坏等式平衡。如果用"贷"表示权益类增加,就要用"借"表示权益减少,这样,也是有增有减,不会破坏等式平衡;在异类之间就需要在采用"借"和"贷"同时表示增加或减少,等式两边同时增加或同时减少都不会破坏等式的平衡关系,如等式两边同时增加时,如果资产增加用"借",则权益增加就用"贷";等式两边同时减少时,如果资产用"贷"表示减少,权益就用"借"表示减少,这样,也不会破坏会计等式的平衡。

可以看出,由于经济业务本身变化的客观规律,使得复式记账法成为可能,也成为客观需要。而会计恒等式决定了借贷记账法的账户结构、记账规则、试算平衡的理论,所以说,会计恒等式是借贷记账法的理论基础。

(三)借贷记账法的记账规则

所谓记账规则,是采用某种记账方法登记具体经济业务时的规律性。采用借贷记账法,对于每项经济业务,都要在记入一个账户借方的同时记入另一个账户的贷方;或者在记入一个账户贷方的同时记入另一个账户的借方。而且记入借方的金额必须等于记入贷方的金额。也就是说,任何一笔经济业务所引起的一个账户借方金额的变化应该等于另一个账户贷方金额的变化,任何时候都不得例外。因此,借贷记账法以"有借必有贷,借贷必相等"作为记账规则。

小知识

会计事项类型与记账规则

在借贷记账法中,人们规定用"借"表示资产的增加,用"贷"表示资产的减少;用"贷"表示权益的增加,用"借"表示权益的减少。

我们知道,借贷记账法对会计事项的数量增减变化是用"借""贷"两个符号反映出来的,而企业发生的经济业务所引起的资产与权益的变化不外乎第二章第四节"经济业务对会计恒等式的影响"所述的四种类型,即:

第一，一项资产增加，一项负债或所有者权益增加，即资产与权益同时增加；

第二，一项资产减少，一项负债或所有者权益减少，即资产与权益同时减少；

第三，一项资产增加，另一项资产减少，即资产之间有增有减；

第四，一项负债或所有者权益增加，另一项负债或所有者权益减少，即权益之间有增有减。

归纳起来，不外乎是两大类，即第三和第四是同类之间有增有减；第一和第二是异类之间同增同减。

所以，将所发生的会计事项记入账户时就有两种情况：

1）经济业务的发生，引起资产与权益中某一类账户发生增减变化时，即同类要素是要素之间有增有减的变化。

如果是资产类账户发生增减变化，人们规定用"借"表示增加，就要用"贷"表示减少，体现有增有减，有借有贷；相反的，如果是权益类账户发生增减变化，人们规定用"贷"表示增加，就要用"借"表示减少，体现有增有减，有借必有贷。

2）经济业务的发生，引起资产与权益两类账户同时增加或同时减少时，即异类要素是要素之间同增或同减的变化，就是同时记入两类账户。当资产与权益同时增加时，如果用"借"表示资产增加，就要用"贷"表权益的增加，体现有借必有贷，以及同时增加；资产与权益同时减少时，如果用"贷"表示资产减少，就要用"借"表示权益减少，体现有借必有贷，以及同时减少。借贷记账法下记账规则见表3-7。

表3-7 借贷记账法下记账规则

资产类	增加	减少	→ 同类：有增有减
权益类	减少	增加	→ 同类：有增有减
异类同减			异类同增

简言之，就是：

资产与权益同时增加：资产，增加，借；权益，增加，贷；

资产与权益同时减少：权益，减少，借；资产，减少，贷；

资产之间有增有减：资产，增加，借；资产，减少，贷；

权益之间有增有减：权益，减少，借；权益，增加，贷。

从这些会计事项在有关账户中的数量变化来看，存在两种情况：其一，同增或同减，且同增或同减的数额相等；其二，有增有减，增加和减少的数额相等。

因而，"有借必有贷，借贷必相等"就是借贷记账法的记账规则。

（四）借贷记账法下账户的试算平衡

经济业务发生后，按照借贷记账法的"有借必有贷，借贷必相等"的记账规则来记账，对每项经济业务都是以相等的金额在相互对应账户的借方和贷方进行登记，这就保证了每一项经济业务借、贷双方的金额必然是相等的。因此，在一个会计期间内发生的经济业务全部登记入账后，所有账户的本期借方发生额合计数与所有账户的本期贷方发生额合计数必然相等，所有账户的借方期末余额合计数与所有账户的贷方期末余额合计数也必然相等。由于账户本期的期末余额就是下期的期初余额，所以，所有账户借方下期的期初余额与所有账户贷方下期的期初余额也必然是相等的。用等式表示：

全部账户本期借方发生额合计＝全部账户本期贷方发生额合计
全部账户借方期末余额合计＝全部账户贷方期末余额合计
全部账户借方期初余额合计＝全部账户贷方期初余额合计

简称为借方金额等于贷方金额。

试算平衡就是将按照借贷记账法的记账规则，对某期的全部经济业务登记入账后，根据上述三个等式关系，来检查账户记录的正确性。如果借方金额与贷方金额不相等，则账户记录一定有错误；如果借方金额等于贷方金额，可以初步判断账户记录是正确的。

三、借贷记账法的账户结构及应用

在借贷记账法下，登记在借方的数额称为借方发生额，登记在贷方的数额称为贷方发生额，两方发生额相减后的差额称为期末余额。如果借方发生额大于贷方发生额，其余额称为借方期末余额；如果贷方发生额大于借方发生额，其余额称为贷方期末余额，具体见表3-8。

表3-8 借贷记账法账户的登记

金额 账户的性质	本期增加数	本期减少数	期初、期末余额
资产类账户	借方（左方）	贷方（右方）	借方（左方）
成本、费用类账户	借方（左方）	贷方（右方）	一般无余额
负债、所有者权益类账户	贷方（右方）	借方（左方）	贷方（右方）
收入类账户	贷方（右方）	借方（左方）	一般无余额

（一）资产和负债、所有者权益类账户的结构和格式

1）资产类账户以借方登记资产的增加，以贷方登记资产的减少，余额一般在借方，表示资产的结存额。

登记资产类账户时，首先将上期的期末余额作为本期的期初余额登入余额栏内，注明借方字样。本期发生的涉及资产的经济业务，应按发生时间的先后顺序登入账内，本期发生的增加额登记在借方，减少额登记在贷方。期末计算出本期借方发生额合计和贷方发生额合计，最后计算出期末余额，资产类账户的结构见表3-9。

表3-9 资产类账户的结构

借方	资产科目名称	贷方
期初余额		
本期增加额	本期减少额	
本期发生额	本期发生额	
期末余额		

公式如下：

$$\begin{matrix}借方余额\\（借方）\end{matrix} = \begin{matrix}期初余额\\（借方）\end{matrix} + \begin{matrix}本期借方\\发生额\end{matrix} - \begin{matrix}本期贷方\\发生额\end{matrix}$$

2）负债、所有者权益账户以贷方登记权益的增加，以借方登记权益的减少，余额一般在贷方，表示权益的实际数额。

登记负债、所有者权益账户时，首先将上期的期末余额作为本期的期初余额登入余额栏内，并注明"贷方"字样。本期发生的涉及权益的经济业务，当权益增加时记入贷方，权益减少时记入借方。期末计算出本期借方发生额合计和贷方发生额合计，最后计算出期末余额，负债、所有者权益类账户的结构见表3-10。

表3-10 负债、所有者权益类账户的结构

借方	权益科目名称	贷方
		期初余额
本期减少额		本期增加额
本期发生额		本期发生额
		期末余额

公式如下：

$$\begin{matrix}贷方余额\\(贷方)\end{matrix} = \begin{matrix}期初余额\\(贷方)\end{matrix} + \begin{matrix}本期贷方\\发生额\end{matrix} - \begin{matrix}本期借方\\发生额\end{matrix}$$

（二）成本、费用类和收入类账户的结构和格式

1）成本、费用类账户的结构与资产类账户基本相同，以借方登记成本、费用的增加额，以贷方登记成本、费用的减少额和结转额，期末一般没有余额。成本、费用类账户的结构见表3-11。

表3-11 成本、费用类账户的结构

借方	费用科目名称	贷方
费用增加额		费用减少额
		费用结转额
本期发生额		本期发生额

2）收入类账户的结构与负债、所有者权益类账户基本相同，以贷方登记收入的增加额，借方登记收入的减少额和结转额，期末一般没有余额。收入类账户的结构见表3-12。

表3-12 收入类账户的结构

借方	收入科目名称	贷方
收入减少额		收入增加额
收入结转额		
本期发生额		本期发生额

（三）借贷记账法的应用

1. 确定会计分录

为了准确地将经济业务及时地登记到相应账户中去，在经济业务发生后，需要先确定会计分录。

所谓会计分录，就是按照借贷记账法的规则，确定某项经济业务应借、应贷账户的名称及其金额的一种记录。在实际的会计工作中，它是通过在记账凭证上填写应借、应贷账户的名称及其金额来完成的，换言之，会计分录的格式化就是记账凭证。关于记账凭证的内容将在第五章介绍。

编制会计分录，需要以下三个步骤：

第一，分析经济业务涉及哪些账户，并确定账户的性质，即确定账户名称；

第二，分析经济业务涉及的账户是增还是减，即确定记账方向；

第三，确定增减金额是多少，即确定记账金额。

 小知识

会计分录三要素 { 确定账户名称 / 确定记账方向 / 确定记账金额

以 ABC 建筑公司 2016 年 10 月发生的经济业务举例说明。

【例2】 10月1日，公司接受某建材公司 100 000 元的货币资金投资，款项已存入本公司的银行基本存款账户。

说明：

这项经济业务使该公司的银行存款增加了 100 000 元，同时使公司的资本金增加了 100 000 元，按"有借必有贷，借贷必相等"的记账规则，应做如下会计分录：

借：银行存款　　　　　　　　　　　　　　　　　　　　　　　100 000
　　贷：实收资本　　　　　　　　　　　　　　　　　　　　　　　100 000

登记"T"型账户如下：

借方	实收资本	贷方		借方	银行存款	贷方
	100 000	← →		100 000	

【例3】 10月3日，公司从银行提取现金 2 000 元以备零用。

说明：

这项经济业务使该公司的现金增加了 2 000 元，同时使公司的银行存款减少了 2 000 元，按"有借必有贷，借贷必相等"的记账规则，应做如下会计分录：

借：库存现金　　　　　　　　　　　　　　　　　　　　　　　　2 000
　　贷：银行存款　　　　　　　　　　　　　　　　　　　　　　　2 000

登记"T"型账户如下：

借方	银行存款	贷方		借方	库存现金	贷方
	2 000	← →		2 000	

【例4】 10月9日，公司用银行存款 100 000 元，偿付上月所欠红光机械厂的货款。

说明：

这项经济业务使该公司的应付账款减少了 100 000 元，同时使公司的银行存款也减少了

100 000 元，按"有借必有贷，借贷必相等"的记账规则，应做如下会计分录：

  借：应付账款　　　　　　　　　　　　　　　　　　　100 000
    贷：银行存款　　　　　　　　　　　　　　　　　　　100 000

  登记"T"型账户如下：

借方	银行存款	贷方		借方	应付账款	贷方
		100 000		100 000		

【例5】　10月10日，公司用银行存款偿还应付供应单位票据款项20 000元。

  说明：

  这项经济业务使该公司欠某单位的票据款项减少了20 000元，同时使公司的银行存款也减少了20 000元，按"有借必有贷，借贷必相等"的记账规则，应做如下会计分录：

  借：应付票据　　　　　　　　　　　　　　　　　　　20 000
    贷：银行存款　　　　　　　　　　　　　　　　　　　20 000

  登记"T"型账户如下：

借方	银行存款	贷方		借方	应付票据	贷方
		20 000		20 000		

【例6】　10月13日，以银行存款交纳上月应交未交的增值税100 000元。

  说明：

  这项经济业务使该公司的应交的增值税减少了100 000元，同时使公司的银行存款减少了100 000元，按"有借必有贷，借贷必相等"的记账规则，应做如下会计分录：

  借：应交税费　　　　　　　　　　　　　　　　　　　100 000
    贷：银行存款　　　　　　　　　　　　　　　　　　　100 000

  登记"T"型账户如下：

借方	银行存款	贷方		借方	应交税费	贷方
		100 000		100 000		

【例7】　10月18日，公司购买原材料150 000元（假设不考虑增值税税额），货款暂欠供应单位，材料已验收入库。

  说明：

  这项经济业务使该公司库存的原材料增加了150 000元，同时由于款项暂欠，使公司的应付供应单位的账款增加了150 000元，按"有借必有贷，借贷必相等"的记账规则，应做如下会计分录：

  借：原材料　　　　　　　　　　　　　　　　　　　　150 000
    贷：应付账款　　　　　　　　　　　　　　　　　　　150 000

  登记"T"型账户如下：

借方	应付账款	贷方		借方	库存材料	贷方
		150 000		150 000		

【例8】 10月21日，经董事会决定，并报工商行政管理局备案，将盈余公积金200 000元转增资本金。

说明：

这项经济业务使该公司的资本金增加了200 000元，同时使公司的盈余公积减少了200 000元，按"有借必有贷，借贷必相等"的记账规则，应做如下会计分录：

借：盈余公积　　　　　　　　　　　　　　　　　　　　　200 000
　　贷：实收资本　　　　　　　　　　　　　　　　　　　　　　200 000

登记"T"型账户如下：

借方	实收资本	贷方		借方	盈余公积	贷方
	200 000		←	200 000		

【例9】 10月22日，公司以银行存款购入施工机械一台（假设不考虑增值税税额），价值300 000元，款项暂未支付。

说明：

这项经济业务使该公司的固定资产增加了300 000元，同时使公司的银行存款减少了300 000元，按"有借必有贷，借贷必相等"的记账规则，应做如下会计分录：

借：固定资产　　　　　　　　　　　　　　　　　　　　　300 000
　　贷：银行存款　　　　　　　　　　　　　　　　　　　　　　300 000

登记"T"型账户如下：

借方	银行存款	贷方		借方	固定资产	贷方
		300 000	←	300 000		

【例10】 10月25日，从建设银行获准为期两年的贷款500 000元，已存入公司银行基本存款账户。

说明：

这项经济业务使该公司的银行存款增加了500 000元，同时使公司的长期借款增加了500 000元，按"有借必有贷，借贷必相等"的记账规则，应做如下会计分录：

借：银行存款　　　　　　　　　　　　　　　　　　　　　500 000
　　贷：长期借款　　　　　　　　　　　　　　　　　　　　　　500 000

登记"T"型账户如下：

借方	长期借款	贷方		借方	银行存款	贷方
		500 000	←	500 000		

小知识

会计分录的书写格式

正确地编制会计分录是正确填制记账凭证的前提条件，也是一个会计人员必须具备的基本技能。

会计分录的书写格式：借方写在上面，贷方写在借方的下面，上下错开两个字；注明应记的会计科目，如需注明明细科目，应在一级科目后面加一破折号，写上明细科目；金额用阿拉伯数字，数字后不写元，借方和贷方的金额应各自对齐。

以上格式的会计分录仅是在学习过程中使用的一种草写格式。在实际工作中，会计分录是通过填制记账凭证来完成。

按照会计分录反映经济业务的繁简程度，会计分录有简单分录和复合分录两种。简单分录是只涉及两个账户的分录，一个记借方，另一个记贷方，即一借一贷的会计分录。上述例2～例10会计分录都属于简单分录，简单分录的账户对应关系明确，反映资金来龙去脉一清二楚。复合分录是涉及三个或三个以上账户的会计分录，这种分录在一个账户中记借方，在另外几个账户中记贷方；或者在一个账户中记贷方，在另外几个账户中记借方，即"一借多贷"或"一贷多借"的会计分录。一般情况下不允许编制多借多贷的会计分录，因为不便于体现账户与账户之间的对应关系，但在特殊情况下，如一项复杂的经济业务要以多借多贷会计分录才能反映得更完整、清楚，在理论和实务上还是可以运用的。下面举例说明复合分录的编制方法。

【例11】 10月28日，公司从某建材公司买入材料150 000元（假设不考虑增值税税额），材料已经验收入库，以银行存款支付100 000元，其余款暂欠。

说明：

这项经济业务使该公司库存的原材料增加了150 000元，同时使公司的银行存款减少了100 000元，应付某公司的材料价款增加了50 000元，按"有借必有贷，借贷必相等"的记账规则，应做如下会计分录：

借：原材料　　　　　　　　　　　　　　　　　　　　　　150 000
　　贷：银行存款　　　　　　　　　　　　　　　　　　　　100 000
　　　　应付账款　　　　　　　　　　　　　　　　　　　　 50 000

登记"T"型账户如下：

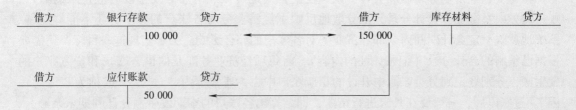

本例复合分录，也可以分解为两笔简单分录：

借：原材料　　　　　　　　　　　　　　　　　　　　　　100 000
　　贷：银行存款　　　　　　　　　　　　　　　　　　　　100 000
借：原材料　　　　　　　　　　　　　　　　　　　　　　 50 000
　　贷：应付账款　　　　　　　　　　　　　　　　　　　　 50 000

【例12】 10月31日，与建设单位结算工程款400 000元，收到面额250 000元的银行转账支票一张，存入公司银行基本存款账户，其余款项未收到。

说明：

这项经济业务使该公司的应收账款增加了 150 000 元,银行存款项目增加了 250 000 元,同时使公司的工程结算减少了 400 000 元,按"有借必有贷,借贷必相等"的记账规则,应做如下会计分录:

借:银行存款   250 000
　　应收账款   150 000
　　贷:工程结算   400 000

登记"T"型账户如下:

本例复合分录,也可以分解为两笔简单分录:

借:银行存款   150 000
　　贷:工程结算   150 000
借:应收账款   50 000
　　贷:工程结算   50 000

复合分录有利于集中反映经济业务的全貌,简化记账工作,提高会计工作效率。

从前面的举例中可以看出,每项经济业务发生后所登记的账户之间,总会在账户之间形成应借应贷的对应关系,有时是一个账户的借方对应着另一个账户的贷方,如例2～例10;有时是一个账户的借方(或贷方)对应着几个账户的贷方(或借方),如例11和例12。账户之间这种相互对应的关系,称为账户对应关系,存在着对应关系的账户,称为对应账户。

2. 登记账户

将每一项经济业务编制成会计分录,仅仅是确定了该经济业务发生以后应记入的账户、账户的方向及金额。会计分录只是分散地反映了经济业务对各账户的影响,还不能够连续、系统地反映一定会计期间内全部经济业务对各账户的综合影响。为了实现这一目标,还需要根据已编制的会计分录(记账凭证的内容),将每项经济业务涉及的借方账户和贷方账户的发生额,分别登记到分类账簿中开设的相应账户中去,通常称为"过账",或称为"账簿登记"。过账以后,一般要在月末进行结账,即结算出各账户的本期发生额合计和期末余额。

现举例说明账户的登记方法。

【例13】 仍以上述某公司的经济业务为例(例2～例12),假设该公司2016年10月初总分类账户余额见表3-13。

表3-13　总分类账户期初余额表

资产类账户		负债及所有者权益类账户	
银行存款	2 498 000	短期借款	100 000
库存现金	20	应付账款	150 000
应收账款	600 000	应付票据	80 000

（续）

资产类账户		负债及所有者权益类账户	
原材料	331 980	应交税费	100 000
固定资产	8 300 000	实收资本	10 400 000
		盈余公积	500 000
		利润分配	400 000
合计	11 730 000	合计	11 730 000

将该公司发生的经济业务的会计分录（见例2～例12）记入有关账户，见表3-14～表3-16。

表3-14 资产类科目

借方	银行存款		贷方		借方	库存现金		贷方
期初余额	2 498 000				期初余额	20		
(2)	100 000	(3)	2 000		(3)	2 000		
(10)	500 000	(4)	100 000		本期发生额	2 000	本期发生额	
(12)	250 000	(5)	20 000		期末余额	2 020		
		(6)	100 000					
		(9)	300 000					
		(11)	100 000					
本期发生额	850 000	本期发生额	622 000					
期末余额	2 726 000							

借方	应收账款		贷方		借方	固定资产		贷方
期初余额	600 000				期初余额	8 300 000		
(12)	150 000				(9)	300 000		
本期发生额	150 000	本期发生额			本期发生额	300 000	本期发生额	
期末余额	750 000				期末余额	8 600 000		

借方	原材料		贷方		借方	工程结算		贷方
期初余额	331 980						(12)	400 000
(7)	150 000				本期发生额		本期发生额	400 000
(11)	150 000						期末余额	400 000
本期发生额	300 000	本期发生额						
期末余额	631 980							

表3-15 负债类科目

借方	短期借款		贷方		借方	应付账款		贷方
		期初余额	100 000				期初余额	150 000
		期末余额	100 000		(4)	100 000	(7)	150 000
							(11)	50 000
					本期发生额	100 000	本期发生额	200 000
							期末余额	250 000

(续)

借方	应交税费		贷方		借方	应付票据		贷方
		期初余额	100 000				期初余额	80 000
(6)	100 000				(5)	20 000		
本期发生额	100 000	本期发生额			本期发生额	20 000	本期发生额	
		期末余额	0				期末余额	60 000

借方	长期借款		贷方
		期初余额	
		(10)	500 000
本期发生额		本期发生额	500 000
		期末余额	500 000

表 3-16 所有者权益类科目

借方	实收资本		贷方		借方	盈余公积		贷方
		期初余额	10 400 000				期初余额	500 000
		(2)	100 000		(8)	200 000		
		(8)	200 000		本期发生额	200 000	本期发生额	
本期发生额		本期发生额	300 000				期末余额	300 000
		期末余额	10 700 000					

借方	利润分配		贷方
		期初余额	400 000
		期末余额	400 000

3. 试算平衡

企业的每项经济业务发生后，按照借贷记账法的记账规则来记账，借贷两方的发生额是必然相等的，不仅记录的每一笔经济业务的会计分录的借贷方发生额是相等的，而且，当一定会计期间（月度、季度、年度）的全部经济业务编制成的会计分录过账后，如果记账没有差错，那么全部账户的借方发生额和贷方发生额也必然相等，从而全部账户的借方期末余额与贷方期末余额也必然相等。这样，就形成了账户之间的一系列平衡关系，这种平衡关系主要包括以下三个方面：

1）全部账户的期初余额借方合计数等于全部账户的期初余额贷方合计数。
2）全部账户的本期发生额借方合计数等于全部账户的本期发生额贷方合计数。
3）全部账户的期末余额借方合计数等于全部账户的期末余额贷方合计数。

上述三个方面的平衡关系，可以用来检查账户记录的正确性，会计上称为试算平衡。如果三个方面都保持平衡，说明记账工作基本上是正确的。

试算平衡通常是通过编制试算平衡表来进行的。例如，根据例2~例12，编制试算平衡表，见表3-17。

表 3-17　试算平衡表

账户名称	期初余额 借方	期初余额 贷方	本期发生额 借方	本期发生额 贷方	期末余额 借方	期末余额 贷方
银行存款	2 498 000		850 000	622 000	2 726 000	
库存现金	20		2 000		2 200	
应收账款	600 000		150 000		750 000	
原材料	331 980		300 000		631 980	
固定资产	8 300 000		300 000		8 600 000	
工程结算				400 000		400 000
短期借款		100 000				100 000
长期借款				500 000		500 000
应付票据		80 000	20 000			60 000
应付账款		150 000	100 000	200 000		250 000
应交税费		100 000	100 000			0
实收资本		10 400 000		300 000		10 700 000
盈余公积		500 000	200 000			300 000
利润分配		400 000				400 000
合计	11 730 000	11 730 000	2 022 000	2 022 000	12 710 000	12 710 000

由于试算的目的不同,编表的格式也可以有区别,如果只检查本期经济业务登记是否有误,可只编制本期发生额试算平衡表;如果只检查记账结果是否有误,可只编制期末余额试算平衡表。应该指出,试算平衡能够核查出账户记录的错误,但不能发现记账过程中的所有错误,如用错账户、记错方向、错记金额、重记或漏记某些经济业务,并不一定影响借贷平衡。

第三节　总分类账户与明细分类账户的平行登记

一、什么是平行登记

为了满足经济管理对会计资料的不同要求,会计核算要同时设置总分类账户和明细分类账户。

总分类账户是按照总账科目即一级科目开设,它提供总括性的核算指标资料;明细分类账户按照明细科目即二、三级科目开设,提供更为详细、具体的核算指标资料。

(一) 总分类账户与明细分类账户的内在联系

1) 二者所反映的经济业务内容相同,如"原材料"总账账户与其所属的"主要材料""结构件"和"其他材料"等明细账户都是用以反映材料的收发及结存业务的。

2) 登记账簿的原始依据相同,登记总分类账户与登记明细分类账户的记账凭证和原始凭证是相同的。

(二) 总分类账户与明细分类账的区别

1) 二者反映经济内容的详细程度不一样。总账反映资金增减变化的总括情况,提供总括资料；明细账反映资金运动的详细情况，提供某一方面详细、具体的资料。如在"应付账款"总分类科目下按照具体所欠款项的单位名称分设的明细科目，可以具体反映应向该单位支付的货款金额。有些明细账还可以提供实物量指标，如"原材料"明细账还可以提供"千克""米""件"等实物量指标。

2）二者的作用不同。总账提供的经济指标，是明细账资料的综合，对所属明细账起着控制统驭作用；明细账是对有关总账的补充，起着详细说明的作用。

（三）总分类账与明细分类账的平行登记

由于总分类账和明细分类账二者所反映的经济业务内容是相同的，而且登记账簿的原始依据也是相同的，为了使总分类账与其所属的明细分类账之间能起到统驭与补充的作用，便于账户核对，并确保核算资料的正确、完整，必须采用平行登记的方法，在总分类账及其所属的明细分类账中进行记录。

平行登记指经济业务发生后，根据会计凭证一方面要登记有关的总分类账户，另一方面要登记该总分类账所属的各有关明细分类账户。

（四）总分类账户与明细分类账户平行登记的要求

1. 依据相同

依据相同指经济业务发生后，要依据相关的会计凭证，既登记有关总分类账户，又登记其所属的明细分类账户。

2. 方向相同

方向相同指在将经济业务记入总分类账和明细分类账时，记入账户的借贷方向必须相同，即总分类账户记入借方，明细分类账户也记入借方；总分类账户记入贷方，明细分类账户也记入贷方。

3. 期间相同

期间相同指对发生的每项经济业务，在记入总分类账户与明细账户的过程中，时间可以有先有后，但必须在同一会计期间（如同一个月、同一个季度、同一个年度）全部登记入账。

4. 金额相等

金额相等指记入总分类账户的金额，应与记入其所属明细分类账户的金额合计数相等。

通过平行登记，总分类账与明细分类账之间在登记金额上就形成了如下关系：

总分类账户借方(贷方)发生额 = 所属各明细分类账户借方(贷方)发生额之和
总分类账户借方(贷方)期末余额 = 所属各明细分类账户借方(贷方)期末余额之和
总分类账户借方(贷方)期初余额 = 所属各明细分类账户借方(贷方)期初余额之和

以上这种金额上的相等关系也称为总分类账与明细分类账的勾稽关系，这一勾稽关系也是总分类账与明细分类账相互核对的理论依据。

二、平行登记举例

（一）资料

下面以"原材料"账户为例，说明总分类账户与明细分类账户平行登记的方法。

假设大地建筑安装公司"原材料"总分类账户和所属明细分类账户期初余额见表3-18。

表3-18 原材料账户期初余额表

账户名称		数量	计量单位	单价	金额	
总账	明细账				总账	明细账
原材料					160 000	
	钢材	10	吨	4 000		40 000
	水泥	100	吨	1 200		120 000
应付账款					280 000	
	中原建材公司					60 000
	林化水泥厂					40 000
	恒达钢铁厂					180 000

本月材料收发及应付账款业务如下：

【例14】 公司用银行存款偿还上月欠中原建材公司货款60 000元，林化水泥厂货款40 000元。

会计分录如下：

借：应付账款——中原建材公司　　　　　　　　　　　60 000
　　　　　　——林化水泥厂　　　　　　　　　　　　40 000
　　贷：银行存款　　　　　　　　　　　　　　　　　　　100 000

【例15】 公司向中原建材公司购入水泥60吨，每千克1 200元，价款72 000元；购入外墙瓷砖10 000片，每片60元，价款600 000元。材料验收入库，货款尚未支付。

会计分录如下：

借：原材料——水泥　　　　　　　　　　　　　　　　72 000
　　　　——外墙瓷砖　　　　　　　　　　　　　　　600 000
　　贷：应付账款——中原建材公司　　　　　　　　　　　672 000

【例16】 向林化水泥厂购入水泥100吨，每千克1 200元，价款120 000元；向恒达钢铁厂购入钢材200吨，每千克4 000元，价款800 000元，材料验收入库，货款尚未支付。

会计分录如下：

借：原材料——水泥　　　　　　　　　　　　　　　　120 000
　　　　——钢材　　　　　　　　　　　　　　　　　800 000
　　贷：应付账款——林化水泥厂　　　　　　　　　　　　120 000
　　　　　　　——恒达钢铁厂　　　　　　　　　　　　800 000

【例17】 用银行存款偿还上月欠恒达钢铁厂货款180 000元，偿还本月欠中原建材公司部分货款200 000元。

会计分录如下：

借：应付账款——恒达钢铁厂　　　　　　　　　　　　180 000
　　　　　　——中原建材公司　　　　　　　　　　　200 000
　　贷：银行存款　　　　　　　　　　　　　　　　　　　380 000

【例18】 施工单位从材料仓库领用下列材料（表3-19），投入施工生产。

表 3-19 发出材料汇总表

材料名称	数量	计量单位	单价	金额
钢材	150	吨	4 000	600 000
水泥	110	吨	1 200	132 000
外墙瓷砖	5 000	片	60	300 000
合计				1032 000

会计分录如下：

借：工程施工　　　　　　　　　　　　　　　　　1 032 000
　　贷：原材料——钢材　　　　　　　　　　　　　　600 000
　　　　　　——水泥　　　　　　　　　　　　　　　132 000
　　　　　　——外墙瓷砖　　　　　　　　　　　　　300 000

（二）进行平行登记

根据上述资料，进行账户的平行登记。

（1）"原材料"总分类账户与所属明细分类账户的平行登记。

1）在"原材料"总分类账户，先登记期初余额 180 000 元，同时在钢材、水泥明细分类账户，分别按数量、单价和金额登记期初余额。

2）将本月收入的材料按时间先后逐笔记入总分类账户的借方，同时将收入的各种材料分别按数量、单价和金额，记入有关明细分类账户的借方。

3）将本月发出材料的合计数 1 032 000 元，记入"原材料"总分类账户的贷方，同时将发出的各种材料分别按数量、单价和金额，记入有关明细分类账户的贷方。

4）月末，对"原材料"总分类账户及其所属明细分类账户进行结账，结出本月发生额和月末余额，并将总分类账户与明细分类账户进行相互核对。

"原材料"总账与所属明细账平行登记的结果见表 3-20 ~ 表 3-23。

表 3-20 总分类账

账户名称：原材料

××年		凭证号数	摘要	借方	贷方	借或贷	余额
月	日						
×	1		期初余额			借	160 000
		（例15）	购入	672 000		借	832 000
	略	（例16）	购入	920 000		借	1 752 000
		（例18）	生产领用		1 032 000	借	720 000
			本期发生额及余额	1 592 000	1 032 000	借	720 000

表 3-21 明细分类账

材料名称：钢材　　　　　　　　　　　　　　　　　　　　　　　　　　　　　　计量单位：吨

××年		凭证号数	摘要	收入			发出			结存		
月	日			数量	单价	金额	数量	单价	金额	数量	单价	金额
×	1		期初余额							10	4 000	40 000
	略	（例16）	购入	200	4 000	800 000				210	4 000	840 000
		（例18）	领用				150	4 000	600 000	60	4 000	240 000
			本期发生额及余额	200	4 000	800 000	150	4 000	600 000	60	4 000	240 000

表 3-22 明细分类账

材料名称：水泥　　　　　　　　　　　　　　　　　　　　　　计量单位：吨

××年		凭证号数	摘　要	收　入			发　出			结　存		
月	日			数量	单价	金额	数量	单价	金额	数量	单价	金额
×	1		期初余额							100	1 200	120 000
	略	(例15)	购入	60	1 200	72 000				160	1 200	192 000
		(例16)	购入	100	1 200	120 000				260	1 200	312 000
		(例18)	领用				110	1 200	132 000	150	1 200	180 000
			本期发生额及余额	160	1 200	192 000	110	1 200	132 000	150	1 200	180 000

表 3-23 明细分类账

材料名称：外墙瓷砖　　　　　　　　　　　　　　　　　　　　计量单位：片

××年		凭证号数	摘　要	收　入			发　出			结　存		
月	日			数量	单价	金额	数量	单价	金额	数量	单价	金额
	略	(例15)	购入	10 000	60	600 000				10 000	60	600 000
		(例18)	领用				5 000	60	300 000	5 000	60	300 000
			本期发生额及余额	10 000	30	600 000	5 000	60	300 000	5 000	60	300 000

（2）"应付账款"总分类账户与明细分类账户的平行登记方法与"原材料"相同。此处登记略。

从"原材料"总分类账和明细分类账的平行登记的结果可以看出，"原材料"总分类账户的期初、期末借贷方余额及本期借、贷方发生额，与其所属明细分类账户的期初、期末借贷方余额之和及本期借、贷方发生额之和都是相等的。利用这种相等的关系，可以核对总分类账和明细分类账的登记是否正确。如有不同，就表明记账出现错误，即应查明予以更正。核对的方法，可将各明细账户的本期发生额及余额相加，与总分类账直接核对，也可以编制本期发生额及余额明细表与总分类账户核对。根据本例，编制"原材料"账户的本期发生额及余额明细表，见表3-24。

表 3-24 "原材料"账户的本期发生额及余额明细表

明细账户	计量单位	单价	期 初 余 额		本 期 发 生 额				期 末 余 额	
			数量	金额	收入（借方）		发出（贷方）		数量	金额
					数量	金额	数量	金额		
钢材	吨	4 000	10	4 000	200	800 000	150	600 000	60	240 000
水泥	吨	1 200	100	120 000	160	192 000	110	132 000	150	180 000
外墙瓷砖	片				10 000	600 000	5 000	300 000	5 000	300 000
合　计				160 000		1 592 000		1 032 000		720 000

练一练：在老师的指导下，采用"三栏式"明细账页格式，用例14～例18的资料，练习"应付账款"总账和分类账的登记方法。"应付账款"账户期初余额见表3-25。

表3-25 "应付账款"账户期初余额表

账户名称		数量	计量单位	单价	金额	
总账	明细账户				总账	明细账
应付账款					280 000	
	中原建材公司					60 000
	林化水泥厂					40 000
	恒达钢铁厂					180 000

本章小结

序号	内容
1	本章主要讲述设置会计科目的必要性，会计科目概念及其分类，账户的基本结构及其在借贷记账法下各类账户的结构、格式以及在借贷记账法下账户的登记方法
2	会计科目是根据会计要素的特点和具体内容，以及经济管理的要求，对会计要素所做的进一步的、科学的、详细的、具体的分类所赋予的名称。按照反映的经济内容，会计科目可分为资产类科目、负债类科目、共同类科目、所有者权益类科目、成本类科目和损益类科目六大类；按照会计科目所提供信息的详细程度，可分为总账科目和明细科目
3	账户是根据会计科目开设的，具有一定格式和结构，是用来反映与该名称相对应的特定经济内容所涉及的会计要素的增减变化并进行单独记录的工具
4	会计科目与账户是既有区别又有联系的两个概念。会计科目仅仅是对经济业务所做的一种分类，不存在结构；而账户则具有一定的格式和结构，是记录与其名称相对应的特定经济内容所涉及的会计要素的增减变化的工具
5	借贷记账法是以"借"和"贷"作为记账符号，记录会计要素增减变动情况的一种复式记账法。其记账规则是"有借必有贷，借贷必相等"。在这种记账法下，每一个账户都把左方作为"借方"，右方作为"贷方"，并且规定用"借方"表示资产、费用成本的增加，负债、所有者权益和收入的减少；用"贷方"表示负债、所有者权益和收入的增加，资产、费用成本的减少
6	总账与明细账的登记依据、登记方向、登记期间、登记金额都是相同的，这叫总账与明细账的平行登记
7	试算平衡是按照借贷记账法的要求，将一定期间所有的经济业务登记入账后，根据"资产＝负债＋所有者权益"的平衡关系，通过汇总计算来检查账簿记录的正确性

第四章 建筑企业主要经济业务的核算

本章学习要点：

1. 了解建筑企业施工生产过程主要经济业务的核算内容。
2. 了解建筑企业会计核算的特点。
3. 了解建筑企业施工生产过程主要经济业务总分类核算中主要账户的用途、结构。

知识导入

建筑企业生产经营活动及会计核算的特点

建筑企业的基本任务是生产（建造）建筑安装产品，其生产经营与会计核算有着建筑行业自身独有的特点。

一、建筑企业生产经营活动的特点

建筑企业由于其从事行业的特殊性，在建筑产品、施工生产及经营管理上有着不同于其他行业的特点：

1）建筑产品具有固定性、多样性、单件性、体形庞大和施工周期长等特点。

2）建筑企业施工生产过程具有流动性、长期性、综合协作性、露天施工、受气候影响大等特点。

3）建筑企业生产经营管理具有生产经营业务不稳定、管理环境多变、机构人员变动大等特点。

因此，准确认识和把握好建筑企业生产经营的特点，是做好建筑企业会计工作的基础和关键。

二、建筑企业会计核算的特点

建筑企业在生产经营管理上的特点，直接决定了建筑企业会计核算具有不同于其他行业会计核算的特点：

1. 分级管理、分级核算的会计核算特点

由于施工企业的生产具有流动性大、施工生产分散、建筑产品生产地点不固定等特点，施工企业在经营管理上必须重视分级管理和分级核算，使会计核算与施工生产有效地结合起来，直接反映施工生产的经济效益；需要采用分级核算、分级管理的办法，以避免集中核算造成会计核算与施工生产相脱节的现象。我国一般采取三级核算体制（即公司、工区和施工队）或者两级核算体制（即公司与工区）。

2. 单独计算每项工程成本的产品成本核算特点

对于施工企业而言，由于其产品的多样性和施工生产的单件性，要求必须按照每项工程分别归集施工生产费用，单独计算每项工程成本，并使其实际成本与预算成本的计算口径相一致。同时，由于施工企业建筑产品的多样性，不同产品之间差异很大，可比性差，不便对不同建筑产品之间的实际成本进行比较。因此，施工企业工程成本的分析、控制和考核是以工程预算成本为依据的，即只能将工程的实际成本与预算成本进行比较。

3. 分阶段进行工程成本核算与工程价款核算

由于建筑安装工程的施工周期比较长，一般工期长达几个月甚至数年，使得施工企业不能等到工程全部竣工后才办理结算；否则，将给施工企业的资金周转带来严重的困难，而且不利于正确反映各项经济指标。因此，施工企业需要按照"已完工程"（也称"已完施工"，即已完成预算定额规定的工程内容的分部分项工程，可以看作"假定产品"与建设单位进行工程价款结算，类似工厂完工的产成品，经过了检验，产品质量合格，可以对外销售）分别计算预算成本和实际成本，并及时与建设单位（发包方）进行工程价款的中间结算。待工程全部竣工后，再进行清算。另外，对于跨年度施工的工程，施工企业一般采用完工百分比法分别计量和确认各年度的工程价款结算收入和工程施工费用，以确定各年度的经营成果。

在前面的章节中，我们介绍了会计核算的基本知识、基本内容和基本核算方法。本章将以建筑企业施工生产过程发生的经济业务核算为例（例19~例70），结合前面所学的知识，阐述账户和复式记账的应用，以及工程成本计算的一般原理。

为使初学者能够系统地掌握从填制各种记账凭证、登记总账和明细账、期末结账直至编制会计报表的方法，前五节将以ABC建筑公司2016年12月份发生的经济业务为例进行账务处理为主要内容进行讲述。账务处理要求每个例题均写出会计分录，登记"T"型账户。该公司概况如下：

公司成立于2001年，股份制企业，自有资金1 000万元。增值税为一般纳税人，税率10%，按月缴纳增值税，公司在该市建设银行开立基本存款账户，账号为＊＊＊＊＊＊＊＊＊，税务登记证为＊＊＊＊＊＊。公司为房屋建筑施工总承包三级企业，工程施工安全资格二级企业。

假设该建筑公司2016年12月初各有关总分类账户期初余额见表4-1。

表4-1 总分类账户期初余额表

账户名称	借方金额	贷方金额
库存现金	2 000	
银行存款	900 000	
原材料	260 000	
应收账款	350 000	
固定资产	12 800 000	
累计折旧		2 000 000
应付账款		232 000
短期借款		200 000
应交税费		38 958
实收资本		10 000 000
资本公积		150 000
盈余公积		170 000
本年利润		361 042
利润分配		1 160 000
合计	14 312 000	14 312 000

2016年11月份，该公司与该市东光大学签订了一项总金额为1 500万元的固定造价合同，承建学生宿舍楼和食堂两个单位工程，合同完工进度按照累计实际发生的合同成本占合同预计总成本的比例确定。工程价款结算实行"月中预支，月终结算"的按月结算办法。工程于2016年10月份中标，当年12月开工，预计2018年12月完工。预计工程总成本为1 300万元。

有关账户期初余额具体情况如下：

原材料——主要材料——水泥	100 000
——主要材料——钢材	120 000
——其他材料	40 000
应收账款——华都集团	200 000
——丽江集团	150 000

第一节 资金筹集业务的核算

建筑企业从事施工生产经营活动需要筹集一定数量的资金，这些资金的主要来源渠道一是企业的所有者投入的资金，二是从银行或其他金融机构借入的资金。

企业的投资者可以是国家、法人、个人和外商；投资方式可以是货币资金、材料物资、房屋、机器、设备、专利权、非专利技术等固定资产以及无形资产。投资者投入的资金是企业在工商行政管理部门注册登记的资本金，是国家批准企业从事生产经营活动的首要条件。投资者投入企业的资金，一般情况下不需要偿还，企业可以长期使用。它是企业所有者权益中的主要部分。按照《中华人民共和国公司法》规定，全体出资者的货币资金出资额不得低于公司注册资本的30%。企业从银行或其他金融机构取得的借款，按照偿还期限的不同，分为短期借款和长期借款，不论期限长短，都必须按期偿还本金，并按照约定利率支付借款利息。

一、设置的主要账户

为了进行资金筹集的核算，企业应设置如下账户：

（一）"实收资本"账户

该账户属于所有者权益类账户，用来核算企业接受投资者投入资本的增减变动情况。投资者以货币资金投入时，按实际收到金额入账；以实物投资时，按评估价或双方的协议价入账。

贷方登记实际收到的投资人投入的投资数额，借方登记企业按照法定程序减少的资本数额，期末贷方余额表示投入资本的实际数额，见表4-2。该账户按照不同的投资人设置明细分类账户，进行明细分类核算。

表4-2 "实收资本"账户

借方	实收资本	贷方
企业按照法定程序减少的资本数额	企业实际收到的投资人投入的投资数额 将资本公积转为实收资本 将盈余公积转为实收资本	
	余额：投资人投入资本的实际数额	

（二）"资本公积"账户

该账户属于所有者权益类账户，用来核算企业收到投资者的出资额超出其在注册资本

（或股本）中所占份额部分的增减变动情况。贷方登记资本公积增加的数额（投资人的出资额中的资本溢价或股本溢价），借方登记企业按照法定程序增加资本而减少的数额，期末贷方余额表示资本公积的结余数额，见表4-3。

表4-3 "资本公积"账户

借方	资本公积	贷方
企业按照法定程序增加资本而减少的数额	投资人的出资额中的资本溢价或股本溢价 增加的其他资本公积等	
	余额：企业期末资本公积的结余数额	

（三）"短期借款"账户

该账户属于负债类账户，用来核算企业根据生产经营的需要，从银行或其他金融机构借入的偿还期在一年以内（含一年）的各种借款的增减变动情况。贷方登记企业借入的短期借款的本金数额，借方登记借款到期企业归还的借款本金数额。期末余额在贷方，反映企业未到期尚未偿还的短期借款数额，见表4-4。

表4-4 "短期借款"账户

借方	短期借款	贷方
借款到期企业已偿还的借款本金数额	企业借入的短期借款的本金数额	
	余额：未到期尚未偿还的短期借款数额	

（四）"长期借款"账户

该账户属于负债类账户，用来核算企业从银行或其他金融机构借入的偿还期在一年以上（不含一年）的各种借款的增减变动情况。贷方登记企业借入的长期借款的本金、计提的利息，借方登记借款到期企业归还的借款本金和利息。期末余额在贷方，反映企业未到期尚未偿还的长期借款数额，见表4-5。

表4-5 "长期借款"账户

借方	长期借款	贷方
借款到期企业归还的借款本金和利息	企业借入的长期借款的本金、计提的利息	
	余额：未到期尚未偿还的长期借款数额	

（五）"银行存款"账户

该账户属于资产类账户，用来核算企业存在银行或其他金融机构的各种款项的增减变动情况。该账户应按开户银行或存款种类等分别进行明细核算。借方登记因收到投资人的投资、工程款结算等原因增加的款项，贷方登记因材料采购、支付工资、提取现金等原因而减少的款项。期末，借方余额反映银行存款的实际存款数额，见表4-6。

表4-6 "银行存款"账户

借方	银行存款	贷方
企业因收到投资人投资、工程结算等原因增加的款项		因材料采购、支付工资、提取现金等原因减少的款项
余额：期末实际结存款项数额		

二、投入资本和借入资金业务的核算

【例19】 12月1日，因扩大业务需要，公司增加资本，收到投资者陈某投入的货币资金500 000元，存入公司银行基本存款账户。

说明：

投资者投入资金，使"银行存款"与"实收资本"两个账户同时增加，应借记"银行存款"账户，贷记"实收资本"账户。编制如下会计分录：

借：银行存款　　　　　　　　　　　　　　　　　　　　500 000
　　贷：实收资本　　　　　　　　　　　　　　　　　　　　500 000

登记"T"型账户如下：

借方	实收资本	贷方		借方	银行存款	贷方
	500 000		← →	500 000		

【例20】 12月2日，公司接受投资者李某投入的钢材25吨，按照投资合同，双方协议的价格是100 000元，取得增值税专用发票注明的增值税金额为16 000元。由于该企业为一般纳税人，故进项可抵扣。

说明：

投资者李某投入钢材，使得"原材料"和"实收资本"两个账户同时增加，应借记"原材料"账户，贷记"实收资本"账户。编制如下会计分录：

借：原材料　　　　　　　　　　　　　　　　　　　　　100 000
　　应交税费——应交增值税（进项税额）　　　　　　　　 16 000
　　贷：实收资本　　　　　　　　　　　　　　　　　　　116 000

登记"T"型账户如下：

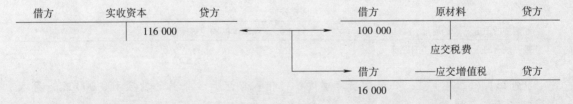

【例21】 12月3日，公司接受投资者刘某投入的专利技术，按照投资合同，双方协议的价格是234 000元。

说明：

专利技术属于"无形资产"科目，投资者刘某投入专利技术，使得"无形资产"和"实收资本"两个账户同时增加，应借记"无形资产"账户，贷记"实收资本"账户。编制如下会计分录：

借：无形资产　　　　　　　　　　　　　　　　　　　　234 000
　　贷：实收资本　　　　　　　　　　　　　　　　　　　234 000

登记"T"型账户如下：

借方	实收资本	贷方		借方	无形资产	贷方
	234 000				234 000	

【例22】 12月3日，公司接受投资者赵某投入的全自动钢筋调直切断机一台，按照投资合同，双方协议的价格是150 000元（没有取得增值税专用发票，不考虑增值税）。

说明：

全自动钢筋调直切断机属于"固定资产"科目，投资者赵某投入全自动钢筋调直切断机，使得"固定资产"和"实收资本"两个账户同时增加，应借记"固定资产"账户，贷记"实收资本"账户。编制如下会计分录：

借：固定资产　　　　　　　　　　　　　　　　　　　　　150 000
　　贷：实收资本　　　　　　　　　　　　　　　　　　　　　150 000

登记"T"型账户如下：

借方	实收资本	贷方		借方	固定资产	贷方
	150 000				150 000	

 小知识

固定资产指使用期限较长，单位价值较高，在使用过程中保持原有实物形态的资产。如房屋、建筑物、机器设备、运输工具等。固定资产按原始价值计价，一般包括买价、包装费、运输费、装卸费、安装调试费等。

为了反映和监督固定资产的增减变动，应设置"固定资产"账户。"固定资产"属于资产类账户，借方登记企业增加的固定资产的原价，贷方登记企业减少的固定资产原价，期末借方余额，表示企业现有的全部固定资产的原价，见表4-7。

表4-7　固定资产账户

借方	固定资产	贷方
企业增加的固定资产的原价		企业减少的固定资产的原价
余额：现有的全部固定资产的原价		

【例23】 12月4日，公司向当地建设银行借入期限为3个月的款项100 000元，存入公司银行基本存款账户。

说明：

借入期限为3个月的款项属于"短期借款"科目，借入款项使得"银行存款"和"短期借款"两个账户同时增加，应借记"银行存款"账户，贷记"短期借款"账户。编制如下会计分录：

借：银行存款　　　　　　　　　　　　　　　　　　　　　100 000
　　贷：短期借款　　　　　　　　　　　　　　　　　　　　　100 000

登记"T"型账户如下：

借方	短期借款	贷方		借方	银行存款	贷方
		100 000		100 000		

【例24】 12月8日，公司向当地建设银行借入期限为2年，年利率为5.6%的款项500 000元，存入公司银行基本存款账户。

说明：

借入期限2年的款项属于"长期借款"科目，借入款项使得"银行存款"和"长期借款"两个账户同时增加，应借记"银行存款"账户，贷记"长期借款"账户。编制如下会计分录：

借：银行存款　　　　　　　　　　　　　　　　　　　　　　500 000
　　贷：长期借款　　　　　　　　　　　　　　　　　　　　　　500 000

登记"T"型账户如下：

借方	长期借款	贷方		借方	银行存款	贷方
		500 000		500 000		

【例25】 12月11日，经过股东大会通过，各投资者需在原投资额之外再增加投入10%，才能享有与原投资者同等的投资比例，陈某需增加50 000元，李某需增加11 600元，刘某需增加23 400元，赵某需增加15 000元。以上款项均为货币资金，通过银行转入本公司银行基本存款账户。

说明：

企业接受新的投资者投资时，新投资者的出资额要超出其在注册资本中所占的份额，才能享有与原投资者相同的股份，新投资者的出资额超出其在注册资本中所占的份额的部分，属于企业投资者公共积累的资本，作为企业的资本公积入账。

该项经济业务使"银行存款"和"资本公积"两个账户同时增加，应借记"银行存款"账户，贷记"资本公积"账户。编制如下会计分录：

借：银行存款　　　　　　　　　　　　　　　　　　　　　　100 000
　　贷：资本公积　　　　　　　　　　　　　　　　　　　　　　100 000

登记"T"型账户如下：

借方	资本公积	贷方		借方	银行存款	贷方
		100 000		100 000		

【例26】 12月13日，从公司银行基本存款账户转出200 000元至债权人账户，以偿还到期的短期借款。

说明：

该项经济业务使"银行存款"和"短期借款"两个账户同时减少，应借记"短期借款"账户，贷记"银行存款"账户。编制如下会计分录：

借：短期借款　　　　　　　　　　　　　　　　　　　　　　200 000
　　贷：银行存款　　　　　　　　　　　　　　　　　　　　　　200 000

登记"T"型账户如下：

借方	银行存款	贷方		借方	短期借款	贷方
		200 000		200 000		

【例27】 12月31日，经过股东大会通过及有关部门的批准，将公司的资本公积200 000元转增资本。

说明：

企业的资本公积主要用于按照法定程序转化为资本金，所以，该项经济业务使"实收资本"账户增加，使"资本公积"账户减少，应借记"资本公积"账户，贷记"实收资本"账户。编制如下会计分录：

借：资本公积　　　　　　　　　　　　　　　　　　　　　　　　200 000
　　贷：实收资本　　　　　　　　　　　　　　　　　　　　　　　　200 000

登记"T"型账户如下：

借方	实收资本	贷方		借方	资本公积	贷方
		200 000	←	200 000		

练一练：

1. 根据例19～例27给出的经济业务资料填制记账凭证。
2. 思考上述举例已涉及哪些原始凭证？在老师的指导下，学会填制这些原始凭证。

 小知识

在实际工作中，企业的经济活动是通过原始凭证反映出来的。在书中，这些原始凭证是无法逐一提供的，所以，在书中，企业的经济业务原始凭证的内容是通过语言来概括和描述的。例如，甲乙丙建筑公司于某年某月某日购买10吨钢材，每吨钢材4 000元，计货款40 000元，支付增值税5 200元，共支付银行存款45 200元。这项经济业务涉及的原始凭证包括甲乙丙公司的银行转账支票存根和购入钢材的购货发票。银行转账支票如图4-1所示；增值税发票图样参见第五章第二节原始凭证的表5-3。

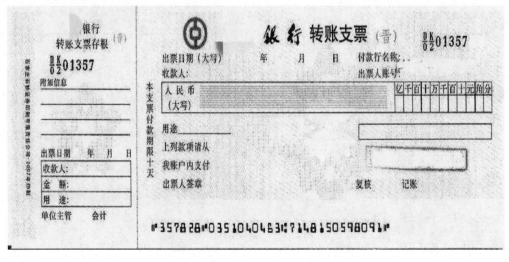

图4-1　银行转账支票

第二节 供应过程的核算

供应过程是生产经营过程的第一个阶段，主要任务是采购和储备生产需要的各项材料物资。因此，这一过程会计核算的主要内容：购入物资，与供货单位办理价款结算，确定物资的采购成本，将物资验收入库为生产形成物资储备。

材料采购成本包括：

1）买价：购货发票所注明的货款金额。

2）采购费用：包括运杂费、运输途中的合理损耗、入库前的挑选整理费等。运杂费，包括运输费、装卸费、包装费、保险费以及仓储费用等。

一、设置的主要账户

为了进行供应过程核算，企业应设置如下账户：

（一）"在途物资"账户

该账户属于资产类账户，用来核算企业采用实际成本进行材料日常核算而购入的已完成采购手续但尚未到达企业或虽已到达但尚未验收入库的各种材料物资的采购成本。借方登记已经完成采购手续的外购材料物资的实际采购成本（买价和采购费用），贷方登记已完成验收手续入库材料的实际成本，期末借方余额表示尚未到达或尚未验收入库的在途材料物资的采购成本，见表4-8。该账户应按材料物资的种类设置明细分类账户，进行明细分类核算。

表4-8 "在途物资"账户

借方	在途物资	贷方
已经完成采购手续的外购材料物资的实际采购成本	已完成验收手续入库材料的实际成本	
余额：尚未到达或尚未验收入库的在途材料物资的采购成本		

（二）"原材料"账户

该账户属于资产类账户，用来核算企业库存的各种材料（包括主要材料、结构件、机械配件和其他材料）的成本。按照工程项目和材料保管地点（仓库）、材料的类别、品种和规格等进行明细核算。借方登记已经验收入库的材料成本，贷方登记生产领用的材料成本，期末借方余额表示企业库存材料的成本，见表4-9。该账户应按材料种类及规格设置明细分类账户，进行明细分类核算。

表4-9 "原材料"账户

借方	原材料	贷方
已经验收入库的材料成本	生产领用的材料成本	
余额：企业库存材料的成本		

（三）"应付账款"账户

该账户属于负债类账户，用来核算企业因购买材料、商品和接受劳务供应等而应付给供应单位的款项。贷方登记因购买材料、商品和接受劳务供应等应付而未付的款项，借方登记已经偿还或已经开出商业承兑汇票抵付的应付款项，期末贷方余额表示尚未偿还的应付款项，见表4-10。

表4-10 "应付账款"账户

借方	应付账款	贷方
已经偿还的款项或已经开出商业承兑汇票抵付的应付款项	应付而未付供应单位的款项	
	余额：尚未偿还的应付款项	

（四）"应付票据"账户

该账户属于负债类账户，用来核算企业购买材料、商品和接受劳务供应等开出、承兑的商业汇票（包括商业承兑汇票和银行承兑汇票）。贷方登记企业已经开出、承兑的汇票或以承兑汇票抵付的货款，借方登记收到银行付款通知后实际支付的款项，期末贷方余额表示尚未到期的商业汇票的票面余额款项，见表4-11。

表4-11 "应付票据"账户

借方	应付票据	贷方
收到银行付款通知后实际支付的款项	企业已经开出、承兑的汇票或以承兑汇票抵付的货款	
	余额：尚未到期的商业汇票的票面余额款项	

（五）"应交税费"账户

该账户属于负债类账户，用来核算企业按照税法规定计算出的应交的各种税费，包括增值税、企业所得税、城市维护建设税、教育费附加等。贷方登记计提的应交税费数额，借方登记实际向税务部门交纳的税费数额，期末贷方余额表示企业欠交的税费数额，见表4-12。该账户应按税种类别设置明细分类账户，进行明细核算。

表4-12 "应交税费"账户

借方	应交税费	贷方
实际向税务部门交纳的税费数额	计提的应交税费数额	
	余额：欠交的税费数额	

其中，"应交税费——应交增值税"账户的核算内容在本书中仅介绍"基础会计"课程所涉及的内容，在本明细账户中还应设置"进项税额""销项税额"专栏进行明细核算。贷方登记进行工程款结算时向建设单位收取的销项税额以及销售货物时应向购货方收取的销项税额；借方登记采购物资时向供应单位支付的进项税额以及期末转出的应交增值税税额，期末贷方余额表示应交的增值税额，期末借方余额表示尚未抵扣的增值税额，见表4-13。

表4-13 "应交税费——应交增值税"账户

借方	应交税费——应交增值税	贷方
企业采购材料物资时向供应单位支付的进项税额和期末转出的应交增值税税额	企业结算时向建筑单位收取的销项税额和销售货物时应向购货方收取的销项税额	
余额：尚未抵扣的增值税税额	余额：欠交的增值税税额	

小知识

增 值 税

增值税是以商品（含应税劳务）在流转过程中产生的增值额作为计税依据而征收的一种流转税。从计税原理上来讲，增值税是对商品生产、流通、劳务服务中多个环节的新增价值或商品的附加值征收的一种流转税。实行价外税，也就是由消费者负担，有增值才征税，没增值不征税。但在实际当中，商品新增价值或附加值在生产和流通过程中是很难准确计算的。因此，我国也采用国际上普遍采用的税款抵扣的办法，即根据销售商品或劳务的销售额，按规定的税率计算出销售税额，然后扣除取得（如购买货物）该商品或劳务时所支付的增值税款，也就是进项税额，其差额就是增值部分应交的税额，这种计算方法体现了按增值因素计税的原则。

在税款实际征收工作中，实行增值税专用发票抵扣税款的制度。

由于增值税实行凭增值税专用发票抵扣税款的制度，因此对纳税人的会计核算水平要求较高，要求能够准确核算销项税额、进项税额和应纳税额。《中华人民共和国增值税暂行条例》将纳税人按其经营规模大小以及会计核算是否健全划分为一般纳税人和小规模纳税人。一般纳税人指年应征增值税销售额超过《中华人民共和国增值税暂行条例实施细则》规定的小规模纳税人标准的企业和企业性单位。小规模纳税人指年销售额在规定标准以下，并且会计核算不健全，不能按规定报送有关税务资料的增值税纳税人。

增值税进项税额：指纳税人购进货物或接受应税劳务所支付或负担的增值税额。

增值税销项税额：指纳税人销售货物或者提供应税劳务，按照销售额和规定税率计算并向购买方收取的增值税额。其计算公式为：

$$销项税额 = 销售额（不含增值税的价格）\times 税率$$

进项税额与销项税额是相互对应的。一般纳税人在同一笔业务中，销售方收取的销项税额就是购买方支付的进项税额。在某纳税期间内，一般纳税人收取的销项税额抵扣其支付的进项税额，其余额为纳税人当期实际缴纳的增值税额。用公式表示为：

$$应纳税额 = 当期销项税额 - 当期进项税额$$

在企业的会计核算过程中，对于纳税人在购进货物或接受应税劳务所支付或负担的进项税额，应根据购进货物取得的增值税专用发票所注明的金额进行单独核算，计入"应交税费——应交增值税"科目。

增值税专用发票票样参见第五章第二节原始凭证的表5-3。

二、供应过程主要经济业务的核算

【例28】 12月3日，公司从林化水泥厂购入水泥200吨，单价1 400元，买价280 000元，增值税进项税额44 800元。款项已通过企业基本存款账户支付，水泥也同时验收入库。

说明：

该项经济业务应按材料的采购成本和支付的进项税额借记"原材料"账户和"应交税费——应交增值税"账户，对已支付的款项贷记"银行存款"账户。编制如下会计分录：

借：原材料——主要材料（水泥） 280 000
　　应交税费——应交增值税（进项税额） 44 800
　　贷：银行存款 324 800

登记"T"型账户如下：

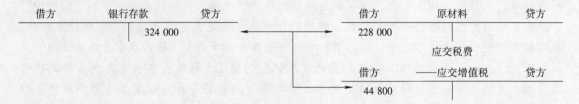

【例29】 12月6日，公司从恒达钢铁厂购入钢材100吨，单价4 000元，买价400 000元，增值税进项税额64 000元。款项已通过企业基本存款账户支付，钢材尚未到达。

说明：

该项经济业务应按材料的采购成本和支付的进项税额借记"在途物资——主要材料"账户和"应交税费——应交增值税"账户，对已支付的款项贷记"银行存款"账户。编制如下会计分录：

借：在途物资——主要材料（钢材） 400 000
　　应交税费——应交增值税（进项税额） 64 000
　　贷：银行存款 464 000

登记"T"型账户如下：

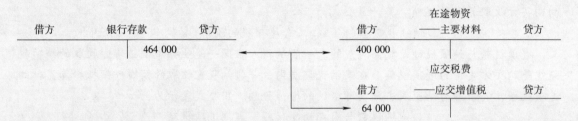

【例30】 12月8日，公司从中原建材公司购入2吨白水泥，每吨4 500元，买价9 000元，支付增值税1 440元；购入绑扎用扎丝，买价10 000元，增值税1 600元。款项暂未支付，但材料到达并已验收入库。

说明：

该项经济业务应按材料的采购成本和支付的进项税额借记"原材料——主要材料"账户和"应交税费——应交增值税"账户，对尚未支付的款项贷记"应付账款——中原建材公司"账户。编制如下会计分录：

借：原材料——主要材料（水泥等） 19 000
　　应交税费——应交增值税（进项税额） 3 040
　　贷：应付账款——中原建材公司 22 040

登记"T"型账户如下：

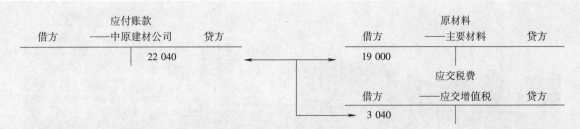

【例31】 12月10日，公司从恒达钢铁厂购入的钢材已经到达，并已验收入库。

说明：

材料验收入库应按实际采购成本贷记"在途物资——主要材料"账户，借记"原材料——主要材料"账户。编制如下会计分录：

借：原材料——主要材料（钢材）　　　　　　　　　　　　　400 000
　　贷：在途物资——主要材料（钢材）　　　　　　　　　　　400 000

登记"T"型账户如下：

【例32】 12月12日，公司归还欠中原建材公司购货款22 040元，款项已通过公司银行存款基本账户划转支付。

说明：

该项经济业务使公司的银行存款和应付账款同时减少，应借记"应付账款——中原建材公司"账户，贷记"银行存款"账户。编制如下会计分录：

借：应付账款——中原建材公司　　　　　　　　　　　　　22 040
　　贷：银行存款　　　　　　　　　　　　　　　　　　　　22 040

登记"T"型账户如下：

练一练：根据例28~例32所给出的经济业务资料，在老师的指导下，学会填制记账凭证，并登记"T"型账户。

第三节　施工生产过程的核算

建筑企业的施工生产活动是在露天下进行的，其主要生产活动有：挖地基基坑、做地基基础、建造建筑物主体、砌墙、进行建筑物内外装饰装修、安装门窗与室内水暖电气设备等，施工生产现场如图4-2所示。

图 4-2 施工生产现场

一、设置的主要账户

为了进行施工生产过程核算,企业应设置如下账户:

(一)"工程施工"账户

该账户属于成本类账户,本账户核算施工企业实际发生的工程施工合同成本和合同毛利。实际发生的合同成本和确认的合同毛利计入本账户的借方,确认的合同亏损计入本账户的贷方,期末借方余额反映尚未完工工程的施工合同成本和合同毛利。当合同完工后,本账户与"工程结算"账户对冲后结平。本账户应设置"合同成本"与"合同毛利"两个明细账户。

1)"合同成本"明细账户,核算各项工程施工合同发生的实际成本,包括在施工过程中发生的人工费、材料费、机械使用费、其他直接费用、间接费用,其中,前四项直接成本可以在费用发生时直接计入有关成本核算对象的成本;间接费用发生时,可先在"工程施工——合同成本"下设置"工程施工——合同成本——间接费用"账户,进行归集,月终,再按一定的方法,分配计入有关成本核算对象的成本,计入"工程施工"账户。借方登记在施工过程中发生的人工费、材料费、机械使用费、其他直接费用、间接费用。贷方登记合同完工后,与"工程结算"账户对冲的施工合同成本。余额为尚未完工的工程累计实际发生的各种施工费用,"工程施工——合同成本"账户见表 4-14。

表 4-14 "工程施工——合同成本"账户

借方	工程施工——合同成本	贷方
在施工过程中发生的各种费用	合同完工后,与"工程结算"账户对冲的施工合同成本	
余额:尚未完工工程累计实际发生的各种施工费用		

2)"合同毛利"明细账户,核算各项工程施工合同确认的合同毛利或合同亏损。借方登记当期确认的合同毛利,贷方登记合同完工后,与"工程结算"账户对冲的施工合同毛利或确认的合同亏损。期末借方余额反映当期尚未与"工程结算"账户对冲的合同毛利,"工程施工——合同毛利"账户见表 4-15。

表 4-15 "工程施工——合同毛利"账户

借方	工程施工——合同毛利	贷方
当期确认的合同毛利		合同完工后,与"工程结算"账户对冲的施工合同毛利或确认的合同亏损
余额:当期尚未与"工程结算"账户对冲的合同毛利		

(二)"工程施工——合同成本——间接费用"账户

该账户属于成本类账户,核算施工企业所属的直接组织施工生产活动的施工管理机构(如项目部)所发生的各项施工管理费用,包括项目部管理人员的工资、奖金、职工福利费、劳动保护费、社会保险费、固定资产折旧及修理费、物料消耗费、取暖费、办公费、财产保险费、工程保修费、排污费等。间接费用发生时,如果不能分清受益对象,可先在本账户的借方归集实际发生的各项间接费用。月终,在受益对象之间采用一定的方法,再将归集的费用从贷方分配计入各有关受益对象的成本。借方登记实际发生的各项间接费用,贷方登记按照成本核算对象分配结转的间接费用。本账户期末结转完后无余额见表4-16。

表 4-16 "工程施工——合同成本——间接费用"账户

借方	工程施工——合同成本——间接费用	贷方
直接组织施工生产活动的施工管理机构发生的各项施工管理费用		按照成本核算对象分配结转的间接费用

(三)"管理费用"账户

该账户属于损益类账户,核算施工企业行政管理部门为组织和管理生产经营活动所发生的各种费用,如公司经费、工会经费、董事会费、聘请中介机构费、诉讼费、业务招待费、技术转让费、研发费、房产税、车船使用税等。借方登记发生的各项管理费用,贷方登记期末转入"本年利润"账户的管理费用。结转后,该账户无余额,见表4-17。

表 4-17 "管理费用"账户

借方	管理费用	贷方
发生的各项管理费用		期末转入"本年利润"账户的管理费用

(四)"财务费用"账户

该账户属于损益类账户,核算施工企业为筹集生产经营所需资金所发生的筹资费用,包括利息支出、银行手续费等。借方登记发生的各项财务费用,贷方登记期末转入"本年利润"账户的财务费用。结转后,该账户无余额,见表4-18。

表 4-18 "财务费用"账户

借方	财务费用	贷方
发生的各项财务费用		期末转入"本年利润"账户的财务费用

（五）"预收账款"账户

该账户属于负债类账户，核算施工企业按照合同规定向建设单位（发包单位）预先收取的工程款和备料款等。贷方登记预先收取的工程款或备料款的数额，借方登记结算时从结算款项中扣还的预收款项。余额一般在贷方，表示尚未扣还的款项，见表4-19。

表4-19 "预收账款"账户

借方	预收账款	贷方
结算时从结算账款中扣还的预收款项	预先收取的工程款或备料款的数额	
	余额：期末时尚未从结算款中扣还的款项	

二、施工生产过程主要经济业务的核算

【例33】 12月1日，公司收到建设单位东光大学预付的工程进度款100 000元，已存入公司银行存款基本账户。

说明：

该项经济业务使公司的银行存款增加，同时也使公司的预收账款增加，应借记"银行存款"账户，贷记"预收账款——预收工程款"账户。编制如下会计分录：

借：银行存款　　　　　　　　　　　　　　　　　　　100 000
　　贷：预收账款——预收工程款（东光大学）　　　　　　100 000

登记"T"型账户如下：

【例34】 12月3日，公司给职工发放工资500 000元，款项已通过公司银行存款基本账户划转支付至各职工工资卡账户中。

说明：

该项经济业务使公司的银行存款和应付职工工资同时减少，应借记"应付职工薪酬——工资"账户，贷记"银行存款"账户。编制如下会计分录：

借：应付职工薪酬——工资　　　　　　　　　　　　　500 000
　　贷：银行存款　　　　　　　　　　　　　　　　　　500 000

登记"T"型账户如下：

企业与职工之间的工资结算，应通过"应付职工薪酬"账户进行，该账户属于负债类账户，用来核算企业根据有关规定应支付给职工的劳动报酬和各种福利等。贷方登记企业应支付给职工的劳动报酬等，借方登记实际发放给职工的劳动报酬，期末贷方余额表示尚未支

付的应付职工劳动报酬等，见表4-20。本账户可按"工资""福利费""社会保险费""住房公积金"等进行明细核算。

表4-20 "应付职工薪酬"账户

借方	应付职工薪酬	贷方
实际发放给职工的劳动报酬	企业应付给职工的劳动报酬	
	余额：尚未支付的应付职工劳动报酬	

【例35】 12月4日，按合同规定，本公司向劳务分包单位甲公司预付备料款60 000元，已从企业银行基本存款账户支付。

说明：

企业按照合同规定或交易双方之间的约定在购入材料之前或购买劳务之前预付给供应单位的款项，如预付的材料采购款、预付的劳务费等，应作为预付账款入账。

该项经济业务使公司的银行存款减少，同时使预付账款增加，应借记"预付账款——预付备料款"账户，贷记"银行存款"账户。编制如下会计分录：

借：预付账款——预付备料款（甲公司）　　　60 000
　　贷：银行存款　　　　　　　　　　　　　　　　60 000

登记"T"型账户如下：

"预付账款"账户，属于资产类账户，用来核算企业按照购销合同规定预先支付的款项，借方登记企业预付给供应单位的购货款或付给分包单位的工程款和备料款，以及拨付给分包单位抵作备料款的材料，贷方登记按照合同规定企业与分包单位结算时从应付工程款中扣回的预付工程款和备料款，以及收到购入材料时结转的预付账款。期末借方余额，反映企业尚未扣回的预付工程款和备料款，以及尚未结转的预付购货款，见表4-21。本账户可按工程款和备料款设置明细账，并分别按发包单位和供应单位进行明细核算。

表4-21 "预付账款"账户

借方	预付账款	贷方
预付给供应单位的购货款或付给分包单位的工程款和备料款，以及拨付给分包单位抵作备料款的材料	按合同规定企业与分包单位结算时从应付工程款中扣回的预付工程款和备料款以及尚未结转的预付购货款	
余额：尚未扣回的预付款项和备料款		

【例36】 12月10日，用银行存款支付水电费2 500元，其中公司行政管理部门1 000元，东光大学项目部1 500元。

说明：

该项经济业务使公司的银行存款减少，同时使公司行政部门的管理费用和项目施工现场的管理费用增加，应借记"管理费用"和"工程施工——合同成本——间接费用"账户，贷记"银行存款"账户。编制如下会计分录：

借：管理费用　　　　　　　　　　　　　　　　　　　　　　　　　1 000
　　工程施工——合同成本（东光大学）——间接费用　　　　　　1 500
　　贷：银行存款　　　　　　　　　　　　　　　　　　　　　　　　2 500

登记"T"型账户如下：

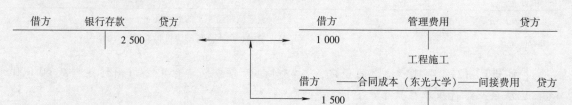

【例37】　12月11日，公司用现金购买办公用品，其中公司行政管理部门300元，东光大学项目部200元。

说明：

该项经济业务使公司的现金减少，同时使公司行政部门的管理费用和项目施工现场的管理费用增加，应借记"管理费用"和"工程施工——合同成本——间接费用"账户，贷记"库存现金"账户。编制如下会计分录：

借：管理费用　　　　　　　　　　　　　　　　　　　　　　　　　300
　　工程施工——合同成本（东光大学）——间接费用　　　　　　　200
　　贷：库存现金　　　　　　　　　　　　　　　　　　　　　　　　500

登记"T"型账户如下：

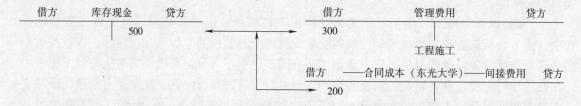

【例38】　12月11日，从公司基本存款账户提取现金500元以备用。

说明：

该项经济业务使公司库存现金增加，银行存款减少，应借记"库存现金"账户，贷记"银行存款"账户。编制如下会计分录：

借：库存现金　　　　　　　　　　　　　　　　　　　　　　　　　500
　　贷：银行存款　　　　　　　　　　　　　　　　　　　　　　　　500

登记"T"型账户如下：

借方	银行存款	贷方		借方	库存现金	贷方
		500			500	

【例39】　12月11日，采购员刘明出差，预借差旅费1 000元，以现金支付。

说明：

该项经济业务使公司库存现金减少，使公司应收回的款项增加，应借记"其他应收

款——刘明"账户,贷记"库存现金"账户。编制如下会计分录:

  借:其他应收款——刘明   1 000
    贷:库存现金   1 000

登记"T"型账户如下:

【例40】 12月12日,计提本月银行借款利息1 020元。

说明:

该项经济业务使公司的财务费用与应付利息同时增加,应借记"财务费用——利息"账户,贷记"应付利息"账户。编制如下会计分录:

  借:财务费用——利息   1 020
    贷:应付利息   1 020

登记"T"型账户如下:

【例41】 12月15日,采购员刘明出差回来,报销差旅费800元,退回现金200元。

说明:

该项经济业务因刘明报销差旅费和退回现金,使公司的管理费用和库存现金增加,应收款收回,使得应收款减少,应借记"管理费用"和"库存现金"账户,贷记"其他应收款——刘明"账户。编制如下会计分录:

  借:管理费用   800
    库存现金   200
    贷:其他应收款——刘明   1 000

登记"T"型账户如下:

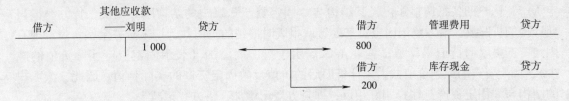

【例42】 12月20日,支付东光大学项目部施工现场标志牌等制作费用800元,款项已通过银行基本存款账户划出。

说明:

该项经济业务使公司项目部的现场管理费用增加,银行存款减少,应借记"工程施工合同成本——间接费用"账户,贷记"银行存款"账户。编制如下会计分录:

借：工程施工——合同成本（东光大学）——间接费用　　　800
　　贷：银行存款　　　　　　　　　　　　　　　　　　　　800

登记"T"型账户如下：

【例43】 12月31日，计提本月固定资产折旧费4 500元，其中公司行政管理部门固定资产4 000元，东光大学项目部办公用固定资产500元。

说明：

固定资产在使用过程中发生的价值损耗应按月计算，其损耗价值构成当月的管理费用、工程施工成本等，同时使得固定资产已提折旧的累计数额增加。因此，该项经济业务使累计折旧增加，同时使公司行政部门的管理费用和项目施工现场的管理费用增加，应借记"管理费用"和"工程施工——合同成本——间接费用"账户，贷记"累计折旧"账户。编制如下会计分录：

借：管理费用　　　　　　　　　　　　　　　　　　　　　　4 000
　　工程施工——合同成本（东光大学）——间接费用　　　　500
　　贷：累计折旧　　　　　　　　　　　　　　　　　　　　4 500

登记"T"型账户如下：

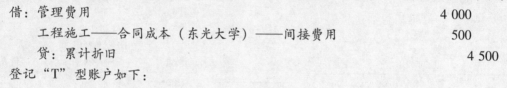

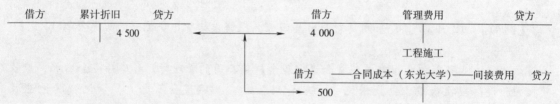

固定资产在使用期限内始终保持其原有的实物形态，但其价值却随着固定资产的磨损而逐渐转移到成本费用中去，构成成本费用价值的一部分，并从企业取得的收入中得到补偿。这部分转移的价值，称为固定资产折旧，在成本费用中称为折旧费。固定资产在使用期限内提取的折旧费，通过"累计折旧"账户核算。

"累计折旧"账户属于资产类账户，用来核算固定资产的累计折旧额。它是资产类"固定资产"账户的备抵调整账户，其结构与"固定资产"账户的结构刚好相反，贷方登记当期计提的折旧数，借方登记固定资产处置或报废时冲销的折旧数，期末贷方余额，表示现有固定资产提取的折旧累计数，见表4-22。由于折旧的增加（表示固定资产实际价值的减少），固定资产的原始价值减去累计折旧后的价值反映固定资产的实际价值，因此，该账户的结构与"固定资产"账户刚好相反，即贷方登记增加，借方登记减少。

表4-22 "累计折旧"账户

借方	累计折旧	贷方
固定资产处置或报废时冲销的折旧数	当期提取的折旧数	
	余额：现有固定资产提取的折旧累计数	

【例44】 12月31日，东光大学宿舍楼工程和学生食堂工程施工项目本月领用材料情况见表4-23。

表4-23 施工生产领用材料汇总

材料种类	领用部门		金额合计
	宿舍楼	学生食堂	
钢材	182 000	126 000	308 000
水泥	125 000	84 000	209 000
其他材料	5 000	3 000	8 000
合计	312 000	213 000	525 000

说明：

该项经济业务使公司的原材料减少，承建的东光大学的两个工程项目施工成本中材料费增加，应借记"工程施工——合同成本"账户，贷记"原材料"账户。编制如下会计分录：

借：工程施工——合同成本——东光大学宿舍楼——材料费　　312 000
　　工程施工——合同成本——东光大学学生食堂——材料费　　213 000
　　贷：原材料——主要材料——钢材　　　　　　　　　　　308 000
　　　　　　　——主要材料——水泥　　　　　　　　　　　209 000
　　　　　　　——其他材料　　　　　　　　　　　　　　　　8 000

登记"T"型账户如下：

借方	原材料	贷方		借方	工程施工 ——合同成本（东光大学）	贷方
		525 000	←	525 000		

【例45】 12月31日，结转本月应付给职工的工资500 000元，其中：东光大学项目宿舍楼工程工人工资200 000元，学生食堂工程工人工资150 000元，东光大学项目管理人员工资50 000元，企业管理人员工资100 000元。

说明：

该项经济业务使公司应付给职工的工资增加，由于职工进行了各种施工生产劳动和管理活动，使得施工成本增加，现场管理费和企业管理费增加，应借记"工程施工——合同成本——人工费"、"工程施工——合同成本——间接费用"和"管理费用"账户，贷记"应付职工薪酬——工资"账户。编制如下会计分录：

借：工程施工——合同成本——东光大学宿舍楼——人工费　　　200 000
　　工程施工——合同成本——东光大学学生食堂——人工费　　150 000
　　工程施工——合同成本（东光大学）——间接费用　　　　　 50 000
　　管理费用　　　　　　　　　　　　　　　　　　　　　　　100 000
　　贷：应付职工薪酬——工资　　　　　　　　　　　　　　　500 000

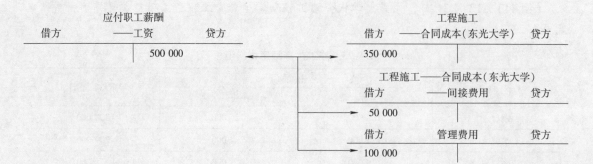

【例46】 12月31日，计提应由企业负担的养老保险、失业保险、医疗保险及住房公积金。（三险一金的计提基数为职工当月应付工资总额，计提比例：养老保险20%，失业保险2%，医疗保险7%，住房公积金10%。）

说明：

根据有关法律法规的规定，如《中华人民共和国社会保险法》和《住房公积金管理条例》规定，企业必须给职工缴纳"五险一金"，其"三险"指养老保险、医疗保险与失业保险，其"一金"指住房公积金。另外两险是工伤保险和生育保险，本教材不讲述这两种。

该项经济业务使得公司的施工成本增加，现场管理费和企业管理费增加，应借记"工程施工——合同成本""工程施工——合同成本——间接费用"和"管理费用"账户，贷记"应付职工薪酬"，包括社会保险费和住房公积金明细账户。编制如下会计分录：

借：工程施工——合同成本——东光大学宿舍楼——人工费　　78 000
　　工程施工——合同成本——东光大学学生食堂——人工费　58 500
　　工程施工——合同成本（东光大学）——间接费用　　　　19 500
　　管理费用　　　　　　　　　　　　　　　　　　　　　　39 000
　　贷：应付职工薪酬——社会保险费（三险）　　　　　　　145 000
　　　　　　　　　　——住房公积金　　　　　　　　　　　 50 000

登记"T"型账户如下：

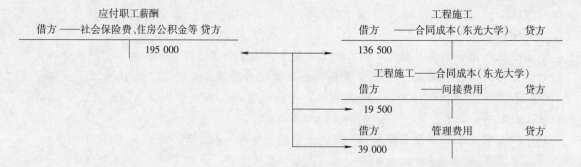

【例47】 12月31日，东光大学项目部本月租入外单位施工机械作业租金196 000元，其中宿舍楼工程租金100 000元，学生食堂工程租金96 000元，以银行存款支付。

说明：

该项经济业务发生的机械使用费使得项目部承建的工程施工成本增加，银行存款减少，应

借记"工程施工——机械使用费"账户,贷记"银行存款"账户。编制如下会计分录:

借:工程施工——合同成本(东光大学)——宿舍楼——机械使用费 100 000
　　　　　——合同成本(东光大学)——学生食堂——机械使用费 96 000
　　贷:银行存款　　　　　　　　　　　　　　　　　　　　196 000

登记"T"型账户如下:

借方	银行存款	贷方		借方	工程施工——合同成本(东光大学)——机械使用费	贷方
	196 000			196 000		

【例48】 12月31日,东光大学项目部以银行存款支付设计院技术指导费20 000元,其中,宿舍楼工程指导费13 000元,学生食堂工程指导费7 000元。

说明:

该项经济业务发生的其他直接费用,使得工程施工成本增加,银行存款减少,应借记"工程施工——其他直接费"账户,贷记"银行存款"账户。编制如下会计分录:

借:工程施工——合同成本(东光大学)——宿舍楼——其他直接费 13 000
　　　　　——合同成本(东光大学)——学生食堂——其他直接费 7 000
　　贷:银行存款　　　　　　　　　　　　　　　　　　　　20 000

登记"T"型账户如下:

借方	银行存款	贷方		借方	工程施工——合同成本(东光大学)——其他直接费	贷方
	20 000			20 000		

【例49】 12月31日,将东光大学项目部本月发生的"工程施工——间接费用"转入工程施工成本,其中,宿舍楼工程间接费用41 420元,学生食堂工程间接费用31 080元。

说明:

公司项目部在施工现场为组织施工生产而发生的间接费用,应计入各项承建工程的合同成本,因此,月末,应根据成本核算对象分配计入各成本核算对象的成本账户,应借记"工程施工——合同成本——间接费用"账户,贷记"工程施工——间接费用"账户。编制如下会计分录:

借:工程施工——合同成本(东光大学)——宿舍楼——间接费用 41 420
　　　　　——合同成本(东光大学)——学生食堂——间接费用 31 080
　　贷:工程施工——间接费用　　　　　　　　　　　　　　72 500

登记"T"型账户如下:

借方	工程施工——间接费用	贷方		借方	工程施工——合同成本(东光大学)——间接费用	贷方
(36)	1 500	72 500		72 500		
(37)	200					
(42)	800					
(43)	500					
(45)	50 000					
(46)	19 500					

【例50】 12月31日，东光大学项目部本月承建的宿舍楼和学生食堂工程均已完成预算定额规定的全部工作内容，因此，当期发生的全部施工费用均为已完工程的实际成本，为1 300 000元，其中，宿舍楼工程实际成本为744 420元，学生食堂工程实际成本为555 580。月末，结转本项目的工程施工——合同成本、工程结算账户。

说明：

工程成本的计算与工程结算方式一致，实行按月结算，需要每月计算出已完工程的实际成本。因此，月末，完工工程成本应与工程结算账户对冲，借记"工程结算"账户，贷记"工程施工——合同成本"账户。（注：《企业会计准则》规定，企业应于合同完工时，将"工程施工"账户余额与"工程结算"账户余额对冲。此例题是为了编制经济业务题型的需要而设置的，例题56亦同）编制如下会计分录：

借：工程结算——东光大学　　　　　　　　　　　　　　1 300 000
　　贷：工程施工——合同成本（东光大学）——宿舍楼　　　744 420
　　　　　　　　——合同成本（东光大学）——学生食堂　　555 580

登记"T"型账户如下：

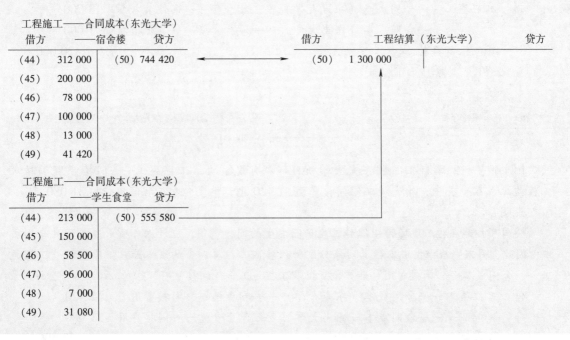

练一练：根据例33～例50所给出的经济业务资料，在老师的指导下，学会填制记账凭证，并登记"T"型账户。

第四节　工程结算过程的核算

工程结算过程是建筑企业生产经营过程的最后阶段，主要任务是将已完工程点交给建设单位并与建设单位办理工程结算，确认合同收入与合同成本，使企业的施工生产费用得到补偿，实现企业的经营目标。因此，这一过程中的主要内容是计算工程实际成本，确认建造合同收入，与建设单位（发包单位）办理工程款的结算，结转工程成本，计算应向国家交纳的各种税费，确定其工程结算的经营成果。另外，企业除了工程结算业务以外，还会发生一些其他业务，如机械出租、材料销售，这些业务发生的支出，也是结算过程核算的内容。

一、设置的主要账户

为了进行工程结算过程的核算，企业应设置如下账户：

（一）"主营业务收入"账户

该账户属于损益类账户，用来核算施工企业当期确认的建造合同收入。贷方登记企业当期确认的建造合同收入数额，借方登记期末转入"本年利润"账户的建造合同收入数额，结转后，该账户无余额，见表4-24。

表4-24 "主营业务收入"账户

借方	主营业务收入	贷方
期末转入"本年利润"账户的建造合同收入数额		企业当期确认的建造合同收入数额

（二）"主营业务成本"账户

该账户属于损益类账户，用来核算企业当期确认的建造合同费用。借方登记企业当期确认的建造合同费用数额，贷方登记期末转入"本年利润"账户的建造合同费用数额，结转后，该账户无余额，见表4-25。

表4-25 "主营业务成本"账户

借方	主营业务成本	贷方
企业当期确认的建造合同费用数额		期末转入"本年利润"账户的建造合同费用数额

（三）"税金及附加"账户

该账户属于损益类账户，用来核算企业经营活动发生的城市维护建设税、教育费附加等相关税费。借方登记月份终了按规定应交纳的城市维护建设税、教育费附加等，贷方登记期末转入"本年利润"账户的税金及附加数额，结转后，该账户无余额，见表4-26。

表4-26 "税金及附加"账户

借方	税金及附加	贷方
企业经营活动应交纳的各项税金		期末转入"本年利润"账户的税金及附加数额

（四）"应收账款"账户

该账户属于资产类账户，用来核算施工企业因承建工程应向建设单位收取的工程价款和列入营业收入的其他款项,以及企业因销售商品、材料和提供劳务、作业等,应向购货单位或接受劳务作业单位收取的款项。借方登记向建设单位(发包单位)办理工程款结算应收取的工程价款及其他应收的款项,贷方登记已经收回的工程款,期末借方余额反映尚未收回的工程款,见表4-27。

表4-27 "应收账款"账户

借方	应收账款	贷方
向建设单位办理工程款结算应收取的工程价款及其他应收的款项		已经收回的工程款
余额:尚未收回的工程款		

(五)"工程结算"账户

该账户是《企业会计准则》中"建造合同"中规定的新账户,是施工企业特有的账户,用来核算施工企业根据施工合同的完工进度,按照建造合同约定向业主开出"工程价款结算账单"办理结算的工程价款。本科目应按工程施工合同设置明细账,进行明细核算。贷方登记的是已向建设单位开出办理结算的已完分部分项工程或已验收的竣工工程价款收入,借方登记与"工程施工"账户对冲的已完分部分项工程或已验收的竣工工程的实际成本,期末贷方余额反映尚未完工的建造合同已开出工程价款结算账单办理结算的累计价款,见表4-28。

表4-28 "工程结算"账户

借方	工程结算	贷方
与"工程施工"账户对冲的已完分部分项工程或已验收的竣工工程的实际成本		已向建设单元开出办理结算的已完分部分项工程或已验收的竣工工程价款收入
		余额:尚未完工的建造合同已办理结算的累计价款

(六)"其他业务收入"账户

本账户属于损益类账户,用来核算施工企业除主营业务之外的其他经营活动,如材料销售、劳务作业等实现的收入。贷方登记企业取得的各项其他业务收入数额,借方登记期末转入"本年利润"账户的其他业务收入数额,结转后,该账户无余额,见表4-29。

表4-29 "其他业务收入"账户

借方	其他业务收入	贷方
期末转入"本年利润"账户的其他业务收入数额		企业取得的各项其他业务收入数额

(七)"其他业务成本"账户

本账户属于损益类账户,用来核算施工企业在其他经营活动中发生的支出。借方登记从事其他业务活动过程中发生的各种费用,如运输费、装卸费、税费等,贷方登记发生的各项费用期末转入"本年利润"账户的其他业务支出数额,结转后,该账户无余额,见表4-30。

表 4-30 "其他业务成本"账户

借方	其他业务成本	贷方
从事其他业务活动过程中发生的各种费用		期末转入"本年利润"账户的其他业务支出数额

二、工程结算过程主要经济业务的核算

【例 51】 12 月 10 日公司收到建设单位华都集团所欠的工程款 200 000 元,已存入公司基本存款账户。

说明:

该项经济业务因收回客户所欠的工程款,使得应收账款减少,银行存款增加,因此,应借记"银行存款"账户,贷记"应收账款"账户。

编制如下会计分录:

借:银行存款　　　　　　　　　　　　　　　　　　　　　　　　200 000
　　贷:应收账款——华都集团　　　　　　　　　　　　　　　　　 200 000

登记"T"型账户如下:

借方	应收账款 ——华都集团	贷方		借方	银行存款	贷方
		200 000	→	200 000		

【例 52】 12 月 15 日,销售多余钢材 10 吨,每吨 4 500 元,计 45 000 元,增值税 7 200 元,款项已收到,已存入公司基本存款账户。

说明:

该项经济业务因销售材料使公司的银行存款增加,同时也使公司的其他业务收入和应缴纳的增值税增加,因此,应借记"银行存款"账户,贷记"其他业务收入"和"应交税费——应交增值税(销项税额)"账户。

编制如下会计分录:

借:银行存款　　　　　　　　　　　　　　　　　　　　　　　　52 200
　　贷:其他业务收入　　　　　　　　　　　　　　　　　　　　　45 000
　　　　应交税费——应交增值税(销项税额)　　　　　　　　　　 7 200

登记"T"型账户如下:

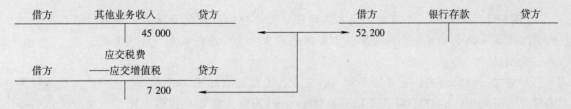

【例 53】 12 月 15 日,结转销售钢材 10 吨的成本,每吨 4 000 元,计 40 000 元。

说明:

该项经济业务因销售材料使公司的库存材料减少，同时，也使得应从本项销售收入中补偿的材料购入成本增加，因此，应借记"其他业务成本"账户，贷记"原材料——主要材料——钢材"账户。

编制如下会计分录：

借：其他业务成本　　　　　　　　　　　　　　　　　　　　　40 000
　　贷：原材料——主要材料——钢材　　　　　　　　　　　　　　　40 000

登记"T"型账户如下：

【例54】 该公司的东光大学项目采用按月结算方式，与之相适应，工程成本也是按月计算。12月31日，假设本月东光大学项目宿舍楼工程和学生食堂工程本月都是"已完工程"，计算其实际发生的工程成本，并根据实际完成的工程量，计算已完工程价值，编制"已完工程列报"和"工程价款结算账单"，据以向建设单位提出工程价款结算。建设单位已经审查签证，同意办理结算。

说明：

经计算，东光大学项目宿舍楼工程实际成本为744 420元，学生食堂工程实际成本为555 580元，共计实际发生的合同成本为1 300 000元，合同预计总成本为13 000 000元。据此，与建设单位（发包方）办理结算的工程款为1 500 000元，应借记"应收账款"和"预收账款"账户，贷记"工程结算"和"应交税费——应交增值税（销项税额）"账户（建筑企业增值税税率为10%）。编制如下会计分录：

借：应收账款——东光大学　　　　　　　　　　　　　　　　　1 550 000
　　预收账款——预收工程款（东光大学）　　　　　　　　　　　　100 000
　　贷：工程结算——东光大学　　　　　　　　　　　　　　　　　1 500 000
　　　　应交税费——应交增值税（销项税额）　　　　　　　　　　　150 000

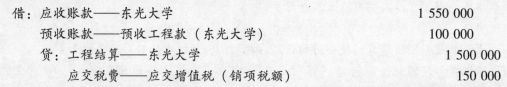

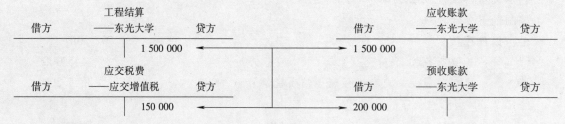

【例55】 承例54，本月完工成本向建设单位办理工程价款结算后，应同时根据本月的已完工程成本的完工百分比确认本月主营业务收入、主营业务成本及合同毛利。

说明：

按完工百分比法确认主营业务收入，首先，应根据实际完工成本与合同预计总成本计算实际完工百分比：1 300 000元÷13 000 000元×100%=10%；然后，计算当期应确认的合同收入：合同预计总收入（合同造价）为15 000 000元，根据完工百分比，本月确认的收入为15 000 000元×10%=1 500 000元；合同毛利为1 500 000元－1 300 000元=200 000

元。因此，根据本月确认的主营业务收入、主营业务成本及合同毛利，应借记"主营业务成本"和"工程施工——合同毛利"账户，贷记"主营业务收入"账户。编制会计分录如下：

  借：主营业务成本   1 300 000
    工程施工——合同毛利（东光大学）   200 000
   贷：主营业务收入   1 500 000

登记"T"型账户如下：

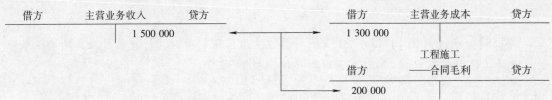

【例56】 12月31日，结转东光大学项目本月已完工程的工程施工——合同毛利、工程结算账户。

说明：

工程成本的计算与工程结算方式一致，实行按月结算，需要每月计算出已完工程的实际成本与合同毛利。因此，月末，已完工程成本应与工程结算账户对冲，借记"工程结算"账户，贷记"工程施工——合同毛利"账户。编制如下会计分录：

  借：工程结算——东光大学   200 000
   贷：工程施工——合同毛利（东光大学）   200 000

登记"T"型账户如下：

注：实务操作中，合同毛利、合同成本、工程结算是在项目竣工验收后对冲。此例题是为了编写例题题型和工程成本计算、结算的逻辑需要，与例50相同。

【例57】 12月31日，计算本月应交的增值税。

说明：

按现行税法规定，当期应交增值税等于当期销项税额减去当期进项税额。根据前例，该公司当月销项税额为157 200元（即：【例52】7 200+【例54】150 000）；当月进项税额为127 840元（即：【例20】16 000+【例28】44 800+【例29】64 000+【例30】3 040）。因此，本月应交增值税计算如下：

      157 200元 - 127 840元 = 29 360元

据此计算应交纳的城市维护建设税和教育费附加如下：

    应交的城市维护建设税 = 29 360元 × 7% = 2 055.20元
    应交教育费附加元 = 29 360元 × 3% = 880.80元

企业当月应交的增值税，应于下月规定日前申报纳税，因此，月末应从"应纳税费——应交增值税"账户转入"应纳税费——未交增值税"账户，借记"应纳税费——应交增值税"账户，贷记"应纳税费——未交增值税"账户。

　　借：应交税费——应交增值税（转出未交增值税）　　29 360
　　　　贷：应交税费——未交增值税　　　　　　　　　　　　29 360

登记"T"型账户如下：

【例58】　承【例57】，12月31日，计算应交增值税的同时，计算本月应交纳的城市维护建设税（适用税率7%）和教育费附加（使用税率3%）。

说明：

企业应交纳的城市维护建设税和教育费附加，是企业应负担的税费，是一种费用支出，应记入"税金及附加"账户，借记"税金及附加"账户，同时，也使得企业的应交税费增加，贷记"应交税费"账户。编制如下会计分录：

　　借：税金及附加　　　　　　　　　　　　　　　　　　　2 936
　　　　贷：应交税费——应交城市维护建设税　　　　　　　　2 055.20
　　　　　　　　　　——应交教育费附加　　　　　　　　　　　880.80

登记"T"型账户如下：

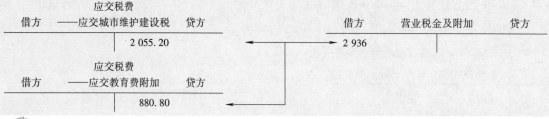

 小知识

主税与附加税

　　主税，亦称本税、独立税、正税，是附加税的对称，是一个国家税收收入的主要税种。在我国，主税是增值税。

　　正税，指通过法定程序由最高权力机关公布税法或授权拟定条例以草案形式发布开征，具有独立的计税依据并正式列入国家预算收入的税收。正税与其他税没有连带关系，有自己特定的征税对象。正税是国家预算收入的主要来源，对于保证国家实现各项职能的资金需要，通过税收分配体现国家的有关政策，调节社会经济生活等，具有决定性的意义。

　　附加税，是跟随正税而附加的税收统称，以正税的存在和征收为前提和依据，即指随正税按照一定比例征收的税。其纳税义务人与独立税相同，但是税率另有规定。

　　根据正税征收的同时而加征的作为某个税种存在的附加税，通常是以正税的应纳税额为其征税标准，如城市维护建设税，教育费附加，是以增值税、消费税的税额作为计税依据的。

练一练：根据例51~例58所给出的经济业务资料，在老师的指导下，学会填制记账凭证。并登记"T"型账户。

第五节　利润形成和分配的核算

企业在一定会计期间其生产经营活动的经营成果表现为利润或亏损。企业在一定会计期间实现的利润称为利润总额，它由营业利润、营业外收入、营业外支出组成。计算公式如下：

利润总额 = 营业利润 + 营业外收入 − 营业外支出

营业利润 = 营业收入 − 营业成本 − 税金及附加 − 管理费用 − 财务费用 − 销售费用 + 投资收益 − 投资损失

其中，营业收入指从事企业经营业务所确认的收入总额，包括主营业务收入和其他业务收入。营业成本指企业经营业务所发生的实际成本总额，包括主营业务成本和其他业务成本。投资收益（或损失）指企业以各种方式对外投资所取得的收益（或发生的损失）。

营业外收入指企业发生的与其日常活动无直接关系的各项利得，营业外支出指企业发生的与其日常活动无直接关系的各项损失，营业外收支净额指营业外收入与营业外支出的差额。

营业外收入并不是企业耗费经营资金所产生的，一般不需企业付出代价，是一种纯收入，不可能也不需要与有关费用进行配比，是直接计入利润的利得。营业外收入主要包括固定资产盘盈利得、罚款收入、政府补助等。

营业外支出主要包括固定资产盘亏、非常损失、支付的违约金和赔偿金等。

企业实现的利润总额应向国家交纳企业所得税，交纳所得税后的利润称为净利润，即利润总额减去所得税费用后的差额，计算公式如下：

净利润 = 利润总额 − 所得税费用

净利润属于企业的净收益，应按相关法律和公司章程规定的顺序进行分配。如果企业有以前年度的亏损，应先弥补亏损，然后再按照一定比例提取盈余公积，最后，再向投资者分配利润。经过上述分配后结余的部分，形成企业留存收益的一部分。

一、设置的主要账户

为了进行利润形成过程核算，企业应设置如下账户：

（一）"营业外收入"账户

该账户属于损益类账户，用来核算企业发生的各项营业外收入。贷方登记发生的各项营业外收入数额，借方登记期末转入"本年利润"账户的收入数额，结转后，该账户无余额，见表4-31。

表4-31　"营业外收入"账户

借方	营业外收入	贷方
期末转入"本年利润"账户的收入数额		发生的各项营业外收入数额

（二）"营业外支出"账户

该账户属于损益类账户，用来核算企业发生的各项营业外支出。借方登记发生的各项营业外支出数额，贷方登记期末转入"本年利润"账户的支出数额，结转后，该账户无余额，见表4-32。

表4-32 "营业外支出"账户

借方	营业外支出	贷方
发生的各项营业外支出数额	期末转入"本年利润"账户的支出数额	

（三）"本年利润"账户

该账户属于所有者权益类账户，用来核算企业当年度实现的净利润或发生的净亏损。贷方反映从各损益类账户的借方转入的各项收入，借方反映从各损益类账户的贷方转入的各项支出和费用。结转后，该账户如为贷方余额，表现为本年度自年初开始至年末累计形成的净利润；该账户如为借方余额，表现为本年度自年初开始至年末累计形成的净亏损。年度终了，应将本年度实现的净利润（或净亏损）转入"利润分配——未分配利润"账户，结转后，该账户无余额，见表4-33。

表4-33 "本年利润"账户

借方	本年利润	贷方
从"本年利润"转入的成本、费用数额	从"本年利润"转入的收入数额	
余额：发生的亏损	余额：实现的利润	
将全年实现的利润转入"利润分配——未分配利润"账户	将全年发生的亏损转入"利润分配——未分配利润"账户	

（四）"所得税费用"账户

该账户属于损益类账户，用来核算企业按税法规定计算的当期应交所得税，借方登记确认的所得税费用，贷方登记结转的所得税费用。期末结转到"本年利润"账户之后，该账户无余额见表4-34。

表4-34 "所得税费用"账户

借方	所得税费用	贷方
确认的所得税费用	结转的所得税费用	

（五）"利润分配"账户

该账户属于所有者权益类账户，用来核算企业利润的分配（或亏损的弥补）和历年分配后的余额。借方登记利润的分配数额，贷方登记从"本年利润"账户转入的全年实现的净利润，年末贷方余额表示历年累计的未分配利润，见表4-35。该账户应设置"未分配利润""提取法定盈余公积""向投资者分配利润"等明细账户。

表 4-35 "利润分配"账户

借方	利润分配	贷方
利润的分配数额	从"本年利润"转入的全年实现的净利润	
	余额：历年累计的未分配利润	

（六）"盈余公积"账户

该账户属于所有者权益类账户，用来核算企业按照规定从净利润中提取的各种积累资金。贷方登记盈余公积的提取数额（即增加数额），借方登记使用盈余公积转增资本和弥补亏损数额，期末贷方余额表示盈余公积的结余数额，见表 4-36。

表 4-36 "盈余公积"账户

借方	盈余公积	贷方
使用盈余公积转增资本和弥补亏损数	盈余公积的提取数额	
	余额：盈余公积结余数额	

（七）"投资收益"账户

该账户属于损益类账户，用来核算企业确认的投资收益或投资损失。贷方登记取得的投资收益，借方登记发生的投资损失和期末转入"本年利润"账户的净收益，结转后，该账户无余额，见表 4-37。

表 4-37 "投资收益"账户

借方	投资收益	贷方
发生的投资损失和期末转入"本年利润"账户的净收益	取得的投资收益	

二、利润形成的核算

【例59】 12月15日，公司收到某供货单位因未按合同规定交付材料而支付的违约赔偿金6 000元，计入营业外收入，款项存入公司基本存款账户。

说明：

该项经济业务因供货单位未按照合同交货而使得公司收到一笔资金，因而使公司的银行存款增加，营业外收入增加，因此，应借记"银行存款"账户，贷记"营业外收入"账户。

编制如下会计分录：

借：银行存款　　　　　　　　　　　　　　　　　　　　　6 000
　　贷：营业外收入　　　　　　　　　　　　　　　　　　　　6 000

登记"T"型账户如下：

借方	营业外收入	贷方		借方	银行存款	贷方
	6 000		←→	6 000		

【例60】 12月20日，公司通过基本存款账户转账，向遇到冰冻灾害的某地捐款20 000元。

说明：

该项经济业务因向灾区捐款使得公司支出一笔资金，从而使公司的银行存款减少，营业外支出增加,因此,应借记"营业外支出"账户,贷记"银行存款"账户。

编制如下会计分录:

借:营业外支出　　　　　　　　　　　　　　　　　　　　　20 000
　　贷:银行存款　　　　　　　　　　　　　　　　　　　　　　　20 000

登记"T"型账户如下:

借方	银行存款	贷方		借方	营业外支出	贷方
	20 000		←	20 000		

【例61】 12月23日,公司收到接受投资单位分来的利润10 000元,存入公司基本存款账户。

说明:

该项经济业务因向其他单位投资而使得公司收到一笔资金,从而使公司的银行存款增加,投资收益也增加,因此,应借记"银行存款"账户,贷记"投资收益"账户。

编制如下会计分录:

借:银行存款　　　　　　　　　　　　　　　　　　　　　　10 000
　　贷:投资收益　　　　　　　　　　　　　　　　　　　　　　　10 000

登记"T"型账户如下:

借方	投资收益	贷方		借方	银行存款	贷方
		10 000	←	10 000		

【例62】 12月31日,将损益类有关收入账户的余额结转至"本年利润"账户。其中,主营业务收入1 500 000,其他业务收入45 000元,投资收益10 000元,营业外收入6 000元。

说明:

所谓结转,指期末结账时将某一账户的余额或差额转入另一账户。这里涉及两个账户,前者是转出账户,后者是转入账户,一般而言,结转后,转出账户没有余额。该项经济业务,应借记损益类有关收入账户,贷记"本年利润"账户。编制如下会计分录:

借:主营业务收入　　　　　　　　　　　　　　　　　　　1 500 000
　　其他业务收入　　　　　　　　　　　　　　　　　　　　　45 000
　　投资收益　　　　　　　　　　　　　　　　　　　　　　　10 000
　　营业外收入　　　　　　　　　　　　　　　　　　　　　　6 000
　　贷:本年利润　　　　　　　　　　　　　　　　　　　　　1 561 000

登记"T"型账户如下:

借方	本年利润	贷方		借方	主营业务收入	贷方
		1 551 000	←	1 500 000	(55)	1 500 000

借方	其他业务收入	贷方
45 000	(52)	45 000

借方	投资收益	贷方
10 000	(61)	10 000

借方	营业外收入	贷方
6 000	(59)	6 000

【例63】 12月31日，将损益类有关成本费用账户的余额结转至"本年利润"账户。其中，主营业务成本1 300 000元，其他业务成本40 000元，营业外支出20 000元，税金及附加2 936元，管理费用145 100元，财务费用1 020元。

说明：

该项经济业务，应借记"本年利润"账户，贷记损益类有关成本支出账户。编制如下会计分录：

借：本年利润　　　　　　　　　　　　　　　　　　　　　1 509 056
　　贷：主营业务成本　　　　　　　　　　　　　　　　　　1 300 000
　　　　其他业务成本　　　　　　　　　　　　　　　　　　　 40 000
　　　　税金及附加　　　　　　　　　　　　　　　　　　　　　2 936
　　　　管理费用　　　　　　　　　　　　　　　　　　　　　145 100
　　　　财务费用　　　　　　　　　　　　　　　　　　　　　　1 020
　　　　营业外支出　　　　　　　　　　　　　　　　　　　　 20 000

登记"T"型账户如下：

借方	主营业务成本	贷方
(55)	1 300 000	1 300 000

借方	其他业务收入	贷方
(53)	40 000	400 000

借方	营业税金及附加	贷方
(58)	2 936	2 936

借方	管理费用	贷方
(36)	1 000	145 100
(37)	300	
(41)	800	
(43)	4 000	
(45)	100 000	
(46)	39 000	

借方	财务费用	贷方
(40)	1 020	1 020

借方	营业外支出	贷方
(60)	20 000	20 000

借方	本年利润	贷方
	1 509 056	

【例64】 12月31日，计算本月实现的利润，并计算本月应交纳的所得税。

说明：

根据例62和例63资料，计算本月实现的利润总额为：

$$1\ 561\ 000\ 元 - 1\ 509\ 056\ 元 = 51\ 944\ 元$$

本月应交所得税为：51 944元×25% = 12 986元

该项经济业务使得企业应负担的所得税费用增加，也使企业应交的所得税费用增加，因此，应借记"所得税费用"账户，贷记"应交税费——应交所得税"账户。

编制如下会计分录：

借：所得税费用　　　　　　　　　　　　　　　　　　　　　　　　12 986
　　贷：应交税费——应交所得税　　　　　　　　　　　　　　　　　　　　12 986
登记"T"型账户如下：

【例65】 12月31日，将本月所得税费用余额结转"本年利润"账户。

说明：

所得税费用与其他损益类有关成本费用账户一样，年末，也应结转至本年利润账户，以计算企业实现的净利润。该项经济业务，应借记"本年利润"账户，贷记"所得税费用"账户。

编制如下会计分录：

借：本年利润　　　　　　　　　　　　　　　　　　　　　　　　　　12 986
　　贷：所得税费用　　　　　　　　　　　　　　　　　　　　　　　　　　12 986
登记"T"型账户如下：

【例66】 12月31日，年末，结转全年1～11月份累计实现的净利润结转至"利润分配——未分配利润"账户。

说明：

全年实现的净利润为1～12月累计实现的净利润，应将本月的净利润与前11个月实现的净利润累计相加在一起。计算本月净利润为：51 944元－12 986元＝38 958元，与月初余额相加，即38 958元＋361 042元＝400 000元。因此，该项经济业务应借记"本年利润"账户，贷记"利润分配——未分配利润"账户。编制如下会计分录：

借：本年利润　　　　　　　　　　　　　　　　　　　　　　　　　400 000
　　贷：利润分配——未分配利润　　　　　　　　　　　　　　　　　　　400 000
登记"T"型账户如下：

借方	利润分配 ——未分配利润	贷方		借方	本年利润	贷方
	400 000			400 000		

三、利润分配的核算

【例67】 12月31日，按全年实现净利润的10%提取法定盈余公积金。

说明：

从净利润中提取盈余公积是企业对实现的利润所做的分配，也使得企业的盈余公积增加。该项经济业务，应借记"利润分配——提取盈余公积"账户，贷记"盈余公积"账户。

编制如下会计分录：

借：利润分配——提取盈余公积　　　　　　　　　　　　　　　40 000
　　贷：盈余公积　　　　　　　　　　　　　　　　　　　　　　　　40 000

登记"T"型账户如下：

【例68】 12月31日，经公司董事会决定，本年向投资者分配利润180 000元。

说明：

向投资者分配利润是企业对实现的利润所做的分配，而尚未支付给投资者的利润形成企业对投资人的负债。因此，该项经济业务，应借记"利润分配——向投资者分配利润"账户，贷记"应付利润"账户。编制如下会计分录：

借：利润分配——向投资者分配利润　　　　　　　　　　　　　180 000
　　贷：应付股利　　　　　　　　　　　　　　　　　　　　　　　　180 000

登记"T"型账户如下：

借方	应付利润	贷方		借方	利润分配——向投资者分配利润	贷方
	180 000		←	180 000		

【例69】 12月31日，结转利润分配各明细账户余额至"利润分配——未分配利润"账户。

说明：

该项经济业务，应借记"利润分配——未分配利润"账户，贷记"利润分配——提取盈余公积"和"利润分配——向投资者分配利润"账户。编制如下会计分录：

借：利润分配——未分配利润　　　　　　　　　　　　　　　　220 000
　　贷：利润分配——提取盈余公积　　　　　　　　　　　　　　　　40 000
　　　　利润分配——向投资者分配利润　　　　　　　　　　　　　180 000

登记"T"型账户如下：

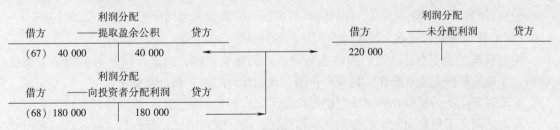

【例70】 12月31日，经公司股东大会通过，将盈余公积100 000元转增资本。

说明：

该项经济业务，使盈余公积减少，实收资本增加，应借记"盈余公积"账户，贷记

"实收资本"账户。

编制如下会计分录：

借：盈余公积　　　　　　　　　　　　　　　　　　　　　　　100 000
　　贷：实收资本　　　　　　　　　　　　　　　　　　　　　　100 000

登记"T"型账户如下：

练一练：根据例57～例70所给出的经济业务资料，在老师的指导下，学会填制记账凭证，并登记"T"型账户。

第六节　建造合同收入

一、什么是建造合同收入

（一）建造合同收入的概念和特征

建造合同收入指建筑企业（承包方）通过与建设单位（发包方）签订建设工程施工合同（建造合同）并按合同要求为其设计和建造房屋、道桥等建筑产品而取得的收入，包括建设工程施工合同（建造合同）中所规定的工程造价初始收入以及因合同变更、索赔和奖励所形成的收入。

由于建造合同的开工日期与竣工日期通常不属于一个会计年度，在这种情况下，将合同收入与合同成本进行配比，分配计入实施工程的各个会计年度，是非常重要的。对此，《企业会计准则》中的建造合同准则做出了详细的规定。

（二）建造合同中会计核算的基本要求

1）应当合理确定各项建造合同的成本核算对象。
2）必须正确判断建造合同的结果能否可靠地估计。
3）必须准确计算合同成本。
4）必须真实、准确、及时、系统地核算和反映实施建造合同所发生的各项经济业务。

（三）建造合同合同收入与建造合同费用的确认

根据我国《企业会计准则》中建造合同准则的有关规定，建造合同的结果能够可靠估计的，企业应根据完工百分比法在资产负债表日确认合同收入和合同费用。

完工百分比法是根据合同完工进度确认合同收入和费用的方法。根据这种方法，合同收入应与为达到完工进度而发生的合同成本相配比，以反映当期已完部分的合同收入、费用和利润。

完工百分比法的运用就是如何根据该方法确认合同收入和费用，具体包括两个步骤：

第一，确定建造合同的完工进度，计算出完工百分比；

第二，根据完工百分比计量和确认当期的合同收入和费用。

1）确定：通常按照完工百分比法确定合同的完工进度。

合同完工进度指拟建工程累计实际发生的合同成本占拟建工程合同预计总成本的比例。

其计算方式为：

$$合同完工进度 = \frac{累计实际发生的合同成本}{合同预计总成本} \times 100\%$$

公式中的"累计实际发生的合同成本"指形成工程完工进度的工程实体和工作量所耗用的直接成本和间接成本，不包括在分包工程的工作量完成之前预付给分包单位的款项（根据分包工程进度支付的分包工程进度款，应构成累计实际发生的合同成本）。

公式中的"合同预计总成本"是根据累计实际发生的合同成本和预计完成合同尚需发生的成本计算确定的，因此，各年确定的"合同预计总成本"不一定相同。该方法是较常用的确定合同完工进度的方法，也称为投入衡量法。

【例71】 某市安居建筑公司与丽景家园签订了一项合同总金额为3 000万元（不含增值税）的建造合同，预计合同总成本为2 500万元，合同商定的建设期为三年。第一年，实际发生的合同建造成本800万元，年末（即在资产负债表日），预计为完成该合同尚需发生成本1 700万元；第二年，实际发生合同成本1 000万元，年末，预计为完成该合同尚需发生成本700万元。计算每年的完工进度。则：

$$第一年合同完工进度 = \frac{800}{800 + 1\ 700} \times 100\% = 32\%$$

$$第二年合同完工进度 = \frac{800 + 1\ 000}{800 + 1\ 000 + 700} \times 100\% = 72\%$$

2）计量：根据完工百分比计量和确认当期的合同收入和费用。

在确认了建造合同的完工进度以后，在资产负债表日，企业应该根据确定的完工进度确认当期的合同收入与合同费用。

当期确认的合同收入和费用可用下列公式计算：

当期确认的合同收入 =（合同总收入 × 完工进度）- 以前会计年度累计已确认的收入

当期确认的合同毛利 =（合同总收入 - 合同预计总成本）× 完工进度 - 以前会计年度累计已确认的毛利

当期确认的合同费用 = 当期确认的合同收入 - 当期确认的合同毛利 - 以前会计年度预计损失准备

需要说明的是完工进度实际上是累计完工进度。

【例72】 如例71题中资料，计算每年的合同收入、合同毛利和合同费用。

第一年确认的合同收入 = 3 000万元 × 32% = 960万元

第一年确认的合同毛利 =（3 000万元 - 2 500万元）× 32% = 160万元

第一年确认的合同费用 = 960万元 - 160万元 = 800万元

第二年确认的合同收入 = 3 000万元 × 72% - 960万元 = 2 160万元 - 960万元 = 1 200万元

第二年确认的合同毛利 =（3 000万元 - 2 500万元）× 72% - 160万元 = 200万元

第二年确认的合同费用 = 1 200万元 - 200万元 = 1 000万元

第三年确认的合同收入＝3 000万元－960万元－1 200万元＝840万元

第三年确认的合同毛利＝(3 000万元－2 500万元)－160万元－200万元＝140万元

第三年确认的合同费用＝840万元－140万元＝700万元

  采用完工百分比法确认合同收入和费用的前提是企业在资产负债表日，建造合同的结果能够可靠地估计，即合同总收入能够可靠地计量；与合同相关的经济利益很可能流入企业；实际发生的合同成本能够清楚地区分和可靠地计量；合同完工进度和为完成合同尚需发生的成本能够可靠地确定。只有在建造合同的结果能够可靠地估计时，才能采用完工百分比法确认合同收入和费用，反之，则不能采用完工百分比法确认合同收入和费用。

小知识

合同成本（详见本章第七节工程成本的计算）

  合同成本，指为某项建造合同而发生的相关费用，包括从合同签订开始之日起至合同完成之日止所发生的、与执行合同有关的直接费用和间接费用。这里所说的直接费用指为完成合同所发生的、可以直接计入合同成本核算对象的各项费用支出，包括四项内容：耗用的材料费用、耗用的人工费用、耗用的机械使用费和其他直接费用。间接费用指企业下属的项目部为组织和管理施工生产活动所发生的费用和使用临时设施的摊销费用，也是为完成合同所必需的，但不宜直接归属于某合同成本核算对象而应采用一定的标准分配计入有关合同成本核算对象的各项费用支出。

  因订立合同而发生的费用，如承包商为订立合同而发生的差旅费、投标费等，能够单独区分和可靠计量且合同很可能订立的，应当予以归集，待取得合同时计入合同成本；未满足上述条件的，应当计入当期损益。

二、工程价款结算核算

  工程价款结算指建筑施工企业（承包商）在工程实施过程中，依据承包合同中关于付款条款的规定和已完成的工程量，并按照规定程序向建设单位（业主）收取工程价款的一项经济活动。我国现行价款结算主要方法有4种：

  1）分段结算，指按照工程形象进度划分的不同阶段进行结算，其工程价款可以在每月预支。

  收入的确认应按合同规定的形象进度分次确认。

  2）按月结算，指以分部分项工程为结算对象，实行旬末或月中预交，月末按已完工的分部分项工程结算工程价款，竣工后清算的结算办法。

  本期确认的收入额为月终结算的已完工程价款金额。

  3）竣工后一次结算，指在单项工程或建设项目全部竣工后结算工程价款。这种结算方式适用建设规模较小的项目，如建设期在12个月以内，或者合同价款在100万元以下的工程项目。可实行工程价款每月预支，竣工后一次结算的方式。

  实行合同完成后一次结算工程价款办法的工程合同，应于合同完成、施工企业与建设单位进行工程结算时，确认为收入实现，实现的收入额为承包双方结算的合同价款总额。

  4）双方约定的其他结算方式。

下面，举例作进一步讲解，其中例73~例76共为同一个案例背景。

【例73】 大业建筑公司承建的某项工程，在工程开工前，收到建设单位银行转来的工程备料款200 000元，已存入本公司基本存款账户。作会计分录如下：

借：银行存款　　　　　　　　　　　　　　　　　　　　　　　　200 000
　　贷：预收账款——预收备料款　　　　　　　　　　　　　　　　　200 000

【例74】 月初，大业建筑公司收到建设单位预支的工程进度款150 000元，已存入本公司基本存款账户。作会计分录如下：

借：银行存款　　　　　　　　　　　　　　　　　　　　　　　　150 000
　　贷：预收账款——预收工程款　　　　　　　　　　　　　　　　　150 000

【例75】 月末，大业建筑公司与建设单位办理工程价款结算，本月已完工程价款为500 000元，增值税税款50 000元（税率为10%），建设单位已经签证同意。按规定应扣还预收的备料款200 000元，工程款150 000元。作会计分录如下：

75 $\frac{1}{2}$ 借：应收账款——应收工程款　　　　　　　　　　　　　　　　550 000
　　　　贷：工程结算　　　　　　　　　　　　　　　　　　　　　　500 000
　　　　　　应交税金——应交增值税（销项税额）　　　　　　　　　　50 000

75 $\frac{2}{2}$ 同时，结转扣还的款项：

借：预收账款——预收备料款　　　　　　　　　　　　　　　　　200 000
　　预收账款——预收工程款　　　　　　　　　　　　　　　　　150 000
　　贷：应收账款——应收工程款　　　　　　　　　　　　　　　　350 000

上面两个分类也可以合并为一个会计分录：

借：应收账款——应收工程款　　　　　　　　　　　　　　　　　200 000
　　预收账款——预收备料款　　　　　　　　　　　　　　　　　200 000
　　预收账款——预收工程款　　　　　　　　　　　　　　　　　150 000
　　贷：工程结算　　　　　　　　　　　　　　　　　　　　　　500 000
　　　　应交税金——应交增值税（销项税额）　　　　　　　　　　50 000

【例76】 次月1日月末，大业建筑公司收到建设单位支付的工程款200 000元，已存入本公司基本存款账户。作会计分录如下：

借：银行存款　　　　　　　　　　　　　　　　　　　　　　　　200 000
　　贷：应收账款——应收工程款　　　　　　　　　　　　　　　　200 000

三、建造合同收入的确认与核算

（一）建造合同收入的确认

《施工企业会计制度》规定，建筑施工企业的工程价款收入应于其实现时确认为收入及时入账。通过结算，建筑施工企业以取得的工程价款结算收入作为企业的主营业务收入，可以及时补偿企业在施工生产过程中发生的各种资金耗费，保证企业的再生产活动顺利进行。与工程价款结算方式相适应，建造合同收入的确认具体分为4种情况：

1)实行按工程形象进度划分不同阶段、分段结算工程价款办法的工程合同,应按合同规定的形象进度分次确认已完阶段工程收入实现。

2)实行旬末或月中预支、月终结算、竣工后清算的工程合同,应于每月月末确认合同价款收入的实现,即各月份终了与建设单位进行已完工程价款结算时,确认为承包合同已完工部分的工程收入实现,本期收入额为月终结算的已完工程价款金额。

3)实行合同完成后一次结算工程价款办法的工程合同,应于合同完成、企业与建设单位进行工程结算时,确认为收入实现,实现的收入额为承包双方结算的合同价款总额。

4)其他方式。

(二)建造合同收入的核算

1)建造合同收入核算应设置的会计账户有"主营业务收入""主营业务成本""税金及附加""工程施工——合同毛利""工程施工——合同成本"等账户。这些账户的核算内容与结构请参看本章第三节、第四节内容。

2)建造合同收入核算实例。

【例77】 如例71、例72题中资料,建造合同的相关资料见表4-38,核算建造合同收入(假设增值税税率为10%)。

表4-38 建造合同的相关资料 (单位:万元)

项 目	第 一 年	第 二 年	第 三 年
至当前为止已发生的成本	800	1 800	2 500
完成合同尚需成本	1 700	700	
已结算工程价款	1 056	1 320	924
实际收到的工程价款	1 008	1 260	1 032

确认的合同收入、费用与利润相关的账务处理如下:

第一年:

1)登记发生的合同成本

借:工程施工——合同成本　　　　　　　　　　　　　　　　8 000 000

　　贷:原材料、银行存款、应付职工薪酬等　　　　　　　　　　8 000 000

2)登记已结算的工程价款

借:应收账款　　　　　　　　　　　　　　　　　　　　　10 560 000

　　贷:工程结算　　　　　　　　　　　　　　　　　　　　　9 600 000

　　　　应交税金——应交增值税(销项税额)　　　　　　　　　960 000

3)登记实际收到的合同价款

借:银行存款　　　　　　　　　　　　　　　　　　　　　10 080 000

　　贷:应收账款　　　　　　　　　　　　　　　　　　　　　10 080 000

4)确认当年的合同收入与合同毛利

第一年确认的合同收入 = 3 000万元 × 32% = 960万元

第一年确认的合同费用 = 2 500万元 × 32% = 800万元

第一年确认的合同毛利 = 960万元 - 800万元 = 160万元

借：主营业务成本　　　　　　　　　　　　　　　　　　　　　　8 000 000
　　工程施工——合同毛利　　　　　　　　　　　　　　　　　　1 600 000
　　贷：主营业务收入　　　　　　　　　　　　　　　　　　　　　　9 600 000

5）计提税金及附加

假设当年的增值税进项税额为66万元，则当年应交的增值税税额为96万元－66万元＝30万元。

应交的城市维护建设税为30万元×7％＝2.1万元

应交的教育费附加为30万元×3％＝0.9万元

借：税金及附加　　　　　　　　　　　　　　　　　　　　　　　　30 000
　　贷：应交税金——应交城市维护建设税　　　　　　　　　　　　　21 000
　　　　　　　　——应交教育费附加　　　　　　　　　　　　　　　　9 000

第二年：

1）登记发生的合同成本

借：工程施工——合同成本　　　　　　　　　　　　　　　　　　10 000 000
　　贷：原材料、银行存款、应付职工薪酬等　　　　　　　　　　　10 000 000

2）登记已结算的工程价款

借：应收账款　　　　　　　　　　　　　　　　　　　　　　　　13 200 000
　　贷：工程结算　　　　　　　　　　　　　　　　　　　　　　　12 000 000
　　　　应交税金——应交增值税（销项税额）　　　　　　　　　　 1 200 000

3）登记实际收到的合同价款

借：银行存款　　　　　　　　　　　　　　　　　　　　　　　　12 600 000
　　贷：应收账款　　　　　　　　　　　　　　　　　　　　　　　12 600 000

4）确认当年的合同收入与合同毛利

第二年确认的合同收入＝3 000万元×72％－960万元＝2 160万元－960万元＝1 200万元

第二年确认的合同费用＝2 500万元×72％－800万元＝1 800万元－800万元＝1 000万元

第二年确认的合同毛利＝1 200万元－1 000万元＝200万元

借：主营业务成本　　　　　　　　　　　　　　　　　　　　　　10 000 000
　　工程施工——合同毛利　　　　　　　　　　　　　　　　　　　2 000 000
　　贷：主营业务收入　　　　　　　　　　　　　　　　　　　　　12 000 000

5）计提税金及附加

假设当年的增值税进项税额为80万元，则当年应交的增值税税额为120万元－80万元＝40万元。

应交的城市维护建设税为40万元×7％＝2.8万元

应交的教育费附加为40万元×3％＝1.2万元

借：税金及附加　　　　　　　　　　　　　　　　　　　　　　　　40 000
　　贷：应交税金——应交城市维护建设税　　　　　　　　　　　　　28 000
　　　　　　　　——应交教育费附加　　　　　　　　　　　　　　　12 000

第三年：
1）登记发生的合同成本

借：工程施工——合同成本 7 000 000
　　贷：原材料、银行存款、应付职工薪酬等 7 000 000

2）登记已结算的工程价款

借：应收账款 9 240 000
　　贷：工程结算 8 400 000
　　　　应交税金——应交增值税（销项税额） 840 000

3）登记实际收到的合同价款

借：银行存款 10 320 000
　　贷：应收账款 10 320 000

4）确认当年的合同收入与合同毛利

第三年确认的合同收入 = 3 000 万元 × 100% − 960 万元 − 1 200 万元 = 840 万元
第三年确认的合同费用 = 2 500 万元 × 100% − 800 万元 − 1 000 万元 = 700 万元
第三年确认的合同毛利 = 840 万元 − 700 万元 = 140 万元

借：主营业务成本 7 000 000
　　工程施工——合同毛利 1 400 000
　　贷：主营业务收入 8 400 000

5）计提税金及附加

假设当年的增值税进项税额为 50 万元，则当年应交的增值税税额为 84 万元 − 50 万元 = 34 万元。

应交的城市维护建设税为 34 万元 × 7% = 2.38 万元
应交的教育费附加为 34 万元 × 3% = 1.02 万元

借：税金及附加 34 000
　　贷：应交税金——应交城市维护建设税 23 800
　　　　　　　　——应交教育费附加 10 200

第七节　工程成本计算

一、费用与成本的概念

（一）费用

费用是企业生产经营过程中各个阶段发生的各项耗费的货币表现，如材料消耗、水电消耗、工资支出和其他直接费用等。有些费用可以直接计入或按照一定的标准计入工程成本；有些费用是企业行政管理部门为组织和管理生产经营活动而发生的管理费用和财务费用，不能计入工程成本，应直接计入当期损益。

为了认识费用的性质和用途，从而正确地对费用进行确认与计量，有必要对费用从多个角度进行分类。

1. 费用按经济性质分类

费用按照经济性质分类，就是将生产经营活动过程中发生的各项劳动对象、劳动手段方面和活劳动方面的消耗分为若干项要素。

1）工人工资，指企业应支付给职工的工资和按规定应付的各项奖金。

2）提取的工资附加费，指企业按照规定从应付职工工资总额提取的职工福利基金。

3）材料费，指企业为进行施工生产而耗用的一切向外单位购进原料即主要材料、结构件、辅助材料、周转材料、低值易耗品等发生的支出。

4）燃料动力费，指企业向外单位购进的各种燃料和各种动力发生的支出。

5）折旧费，指企业对应计提折旧的固定资产按照规定计提的折旧费。

6）利息支出，指企业借入的各种借款发生的利息支出减去存款利息收入后的净额。

7）税金，指企业应向国家交纳的各种税金，如城市维护建设税、教育费附加等。

8）租赁费，指企业为进行施工生产而从外部单位租赁施工机械而发生的租赁费。

9）其他支出，指不属于以上各要素的费用支出。

这种按经济性质分类的项目称为费用要素，它的一个突出的特点是在经济用途上没有方向性。这种分类反映企业各种费用的构成，便于正确认识和分析费用支出的经济意义，便于对不同费用采用不同方法掌握开支范围和标准，为其他分类和分级分口管理提供核算基础。

2. 费用按经济用途分类

费用的经济用途指费用在生产中所发挥的作用，可分为生产费用和期间费用。

生产费用，指施工企业在施工生产过程中所发生的各项费用，可分为人工费、材料费、机械使用费、其他直接费用、间接费用。这种按照费用的经济用途分类的项目称为成本项目。

1）人工费，主要指直接从事工程施工人员的工资、奖金以及福利费。

2）材料费，主要指在施工过程中构成工程实体或有助于工程完工的各种原材料、辅助材料、外购件等。

3）机械使用费，主要指在施工过程中使用自有施工机械所发生的机械使用费和使用租入外单位施工机械支付的租赁费等。

4）其他直接费用，指施工过程中所发生的材料二次搬运费、临时设施摊销费、生产工具用具使用费、场地清理费用等。

5）间接费用，指企业的施工部门在施工现场为组织和管理生产活动所发生的各种费用，包括管理人员的工资、奖金、职工福利费、工资津贴、折旧费、修理费、低值易耗品摊销、水电费、办公费、差旅费、劳动保护费等。

其中，人工费、材料费、机械使用费、其他直接费属于施工生产中发生的直接费用，构成工程的直接成本；间接费用是施工生产中发生的间接费用，是工程的间接成本。工程的直接成本和间接成本共同构成了工程实际成本。

期间费用，指不能计入产品生产成本，应直接计入发生当期损益的费用，包括管理费用、财务费用和销售费用。

（二）成本

成本指一种为特定目的而发生的资产耗费。人们要进行生产经营活动或达到一定的目的，就必须耗费一定的资源，其所费资源的货币表现及其对象化称之为成本。

（三）费用与成本的联系

费用是资产的耗费，它与一定的会计期间相联系，而与生产哪一种产品无关；成本与一定种类和数量的产品或商品相联系，而不论其发生在哪一个会计期间。

成本指企业为生产产品或提供劳务而发生的各种耗费。它是按一定对象（成本核算对象）对当期发生的费用进行归集而形成的，是对象化的费用，是费用的承担者，是费用的归属物。也就是说，产品生产成本是相对于一定的产品而言所发生的费用，是按照产品品种或其他等成本核算对象对当期发生的费用进行归集而形成的。

凡是不能归集到工程成本中的费用，应计入当期损益，也就是前文所述的期间费用。

费用是计算成本的基础，没有费用的发生，也就不能形成工程成本。

（四）成本核算的方法

成本核算的方法就是在计算产品成本时，一定期间内发生的全部费用是否计入成本的方法。

1）在计算产品成本时，把一定期间内在生产过程中所消耗的直接费用、间接费用和期间费用，全部归纳到产品成本中去的成本核算方法，叫完全成本法。

2）在计算产品成本时，将企业在生产经营过程中发生的直接费用、间接费用计入产品成本，期间费用不计入产品成本的成本核算方法，叫制造成本法（我国现行会计制度规定，产品成本计算采用制造成本法）。

二、工程成本核算的概念

工程成本，是建筑工程成本和建筑安装成本的简称，是建筑施工企业在施工生产过程中发生的并按一定成本核算对象和成本项目归集的生产费用的总和，包括从建造合同签订开始至合同完成终止期间所发生的、与执行合同有关的直接费用和间接费用。

工程成本由人工费、材料费、机械使用费、其他直接费和间接费用五项内容构成。

工程成本核算，也称为工程成本计算，指将施工企业在施工生产过程中发生的各种耗费按照一定的成本核算对象进行归集和分配，以计算该成本核算对象的成本。通过成本核算，可以正确地对成本核算对象进行计价，可以考核生产活动过程中发生的各项耗费，为成本管理提供真实翔实的会计资料，有效地对生产经营活动进行管理和控制。

三、工程成本核算对象

（一）成本核算对象的概念

成本核算对象，也称为成本对象、成本计算对象，是生产费用承担的客体，也就是在成本计算过程中，为归集和分配生产费用所确定的各个具体对象。

工程成本核算对象，是施工企业在工程成本核算过程中，为归集和分配施工费用而确定的费用承担者，即施工费用的归属目标。

进行成本计算，必须首先确定成本计算对象。如果成本计算对象确定得不准确或不恰当，就会大大增加成本计算的难度，计算出来的成本不能满足企业成本管理的需要，甚至不能完成成本计算的任务。合理确定工程成本计算对象，为正确进行工程成本的计算提供了前提。

（二）成本核算对象确定的原则

成本核算对象一般应根据工程合同的内容、施工生产的特点、生产费用发生情况和管理上的要求来确定。成本核算对象划分要科学合理，划分得过粗或过细，都不利于准确地计算工程项目的成本，不能反映独立施工的工程项目的实际成本水平，不利于考核和分析工程成本的升降情况。一般建筑安装工程应以每一独立编制施工图预算的单位工程为成本核算对象，并结合承包工程项目的规模、现场等情况，按照成本控制的要求，分别采用以下几种划分成本核算对象的方法：

1）对于规模大、工期长的单位工程，可以将工程划分为若干部位，以分部位的工程作为成本核算对象。对大型主体工程（如发电厂房主体）应尽可能以分部工程作为成本核算对象。

2）同一工程项目，由同一施工单位施工，同一施工地点、同一结构类型、开工竣工时间相近、工程量较小的若干个单位工程，可以合并作为一个成本核算对象。

3）一个单位工程由几个施工单位共同施工时，各施工单位都应以同一单位工程为成本核算对象，各自核算自行完成的部分。

4）改建、扩建的零星工程，可根据实际情况和管理需要，以一个单项工程为成本核算对象，或将同一施工地点的若干个工程量较少的单项工程合并作为一个成本核算对象。

（三）工程成本明细账的建立

成本核算对象确立后，所有的原始记录都必须按照确定的成本核算对象填制，为了集中反映各个成本核算对象应负担的生产费用，应按每一成本核算对象设置工程成本明细卡，并按成本项目分设专栏，以便正确计算各成本核算对象的实际成本。

四、工程成本核算程序

（一）工程成本核算应设置的总分类账户

工程施工过程中所发生的各种费用，应通过"工程施工"和"机械作业"等账户进行核算。

1）"工程施工——合同成本"属于成本类账户。核算企业进行建筑安装工程施工所发生的各项费用支出。这些费用按成本项目划分，归纳起来就是材料费、人工费、机械使用费、其他直接费和间接费用。该账户根据施工项目确定成本核算对象，并按照上面所提的成本项目进行明细核算。

"工程施工——合同成本——间接费用"属于成本类账户。核算企业项目部进行施工管理所发生的各项费用。本账户的结构与内容详见第四章第三节施工生产过程的核算。

"工程施工——合同成本"账户应按成本项目进行明细核算，并按工程成本核算对象（如单位工程、单项工程、某工程项目）设置工程成本明细卡，并按规定的成本项目分设专栏，进行明细核算，见表4-39、表4-40。

表 4-39　工程成本明细账

年		凭证号数	摘要	借方						贷方	余额
月	日			人工费	材料费	机械使用费	其他直接费	间接费用	小计		

表 4-40　（某）工程成本明细卡

年		凭证号数	摘要	借方						贷方	余额
月	日			人工费	材料费	机械使用费	其他直接费	间接费用	小计		

2）"机械作业"属于成本类账户。该账户核算企业（建造承包商）使用自有施工机械和运输设备进行机械作业（包括机械化施工和运输作业等）所发生的各项费用。借方登记企业内部施工单位使用自有施工机械和运输设备进行机械化施工和运输作业等所发生的各项费用，贷方登记期末时按受益的成本对象分配的机械作业费用，分配后，一般无余额，见表 4-41。本账户应按施工机械的种类或运输设备的种类作为成本核算对象设置明细账，并按规定的成本项目分设专栏，进行明细核算，机械作业明细账格式见表 4-42。

表 4-41　"机械作业"账户

借方	机械作业	贷方
使用自有施工机械和运输设备进行机械化施工和运输作业等所发生的各项费用	期末按受益的成本对象分配的机械作业费用	
结转后无余额		

表 4-42　机械作业——××机械（塔吊）明细账格式

借方						贷方
材料费	人工费	折旧及修理费	其他直接费	间接费用	小计	

（二）工程成本核算程序与相关内容

1. 工程成本核算程序的概念

工程成本核算程序指施工企业在进行成本核算时应采取的步骤和顺序，就是将工程施工过程中发生的各项生产费用，如支付给工人的工资、耗用的各种材料、使用机械设备所发生的机械使用费等，根据企业内部有关部门提供的手续完备的原始凭证资料，通过"工程施工""机械作业""工程施工——间接费用"等账户进行汇总，然后再直接计入或分配计入有关的成本核算对象，最后计算出各工程的实际成本。

2. 工程成本核算的原则

对于构成工程成本的人工费、材料费、机械使用费、其他直接费和间接费这五项内容，其核算总原则是对能够分清受益对象的费用，直接计入各受益对象；对不能够分清受益对象的费用，则需采用一定的方法分配计入各受益对象。

具体来讲，对于直接用于施工生产的费用，在发生时能够分清受益对象，则在发生时直接计入各成本核算对象的成本，如生产工人的计件工资、工资性质的津贴、工资附加费、劳动保护费等。对于一些共同费用，如间接费用，即施工项目现场发生的现场管理费用（即现场经费）；辅助生产部门向施工生产提供的服务费用；几个单位工程共同使用的施工机械作业费用等，在发生时不易分清受益对象，则不能直接计入某个成本核算对象的成本，需按其发生的地点或用途通过有关账户进行归集，月末时，再按照一定的标准在受益对象间进行分配，分别计入各成本核算对象的成本。

3. 成本归集与分配

所谓成本归集，指对施工生产过程中所发生的各种费用，按一定的工程成本核算对象，如各单项工程、各单位工程、各种施工机械作业、各个辅助生产车间部门所进行的分类与汇总。

所谓成本分配，是把一项成本分配给一个或几个成本核算对象。进行成本分配，是正确计算工程成本的需要，也是合理确定成本补偿标准的需要。

"机械作业""辅助生产""工程施工——间接费用"等账户是归集费用的中间环节，在施工生产中发生的某些费用，需先通过这些账户将费用归集到该账户的借方，期末时，再将这些账户归集的费用从该账户的贷方转出，按一定方法分配到各成本核算对象。

从一定意义上讲，工程成本计算，就是成本归集和成本分配两大工作。首先是成本归集，然后是成本分配。两者是密切联系、交错进行的。

4. 确定工程实际成本

正确地计算工程实际成本，是工程成本核算的重要内容。工程实际成本是在施工过程中为完成建筑安装工程而实际发生的全部施工生产费用。工程实际成本按工程完成程度，可分为已完工程实际成本、未完工程实际成本和竣工工程实际成本。

经过对各个工程成本核算对象的费用确认、归集与分配，企业发生的各项施工费用已归集到"工程成本明细账"及"工程成本明细卡"中，在期末时，应进行工程成本的计算与结算，将归集的施工生产费用在当期"已完工程"和"未完工程"之间进行分配，计算出当期已完工程的实际成本，并按合同价格向建设单位收取已完工程的合同价款。

"已完工程"也称为"已完施工"，指已经完成了预算定额规定的全部工序和全部工程内容，在本企业不再需要进行加工的，在计算期内能够据以与建设单位办理结算收取工程价款的分部分项工程。当期已经投入了人工、材料开始施工的，但在期末尚未完成预算定额规定的全部工序与内容的分部分项工程，称为"未完工程"或"未完施工"，这部分未完工程不能与建设单位办理结算，不能向建设单位收取工程价款。竣工工程指企业按照工程设计文件要求和合同约定的各项内容已经全部完成施工的工程。正确地确定当期已完工程的实际成本，是施工企业与建设单位办理工程价款的需要，也是施工企业考核本期工程成本完成情况的需要。通过将当期实际成本与预算成本和计划成本进行比较，可以考核计划成本的执行情况，计算成本的节超额，考核企业的经济效益，并为下一期成本管理提供详细的资料。

五、工程成本核算实例

某建筑公司，2017年1月基本生产情况如下：

公司承包某大学办公楼（A工程）与教学楼（B工程）两个单位工程，办公楼为去年开工项目，教学楼今年年初刚开工。办公楼工程1~11月累计施工费用18 483 675元。某大学工程成本明细账见表4-43，办公楼（A工程）成本明细卡见表4-44，教学楼（B工程）成本明细卡见表4-45。

表4-43 某大学工程成本明细账

年		凭证号数	摘要	借方						贷方	余额
月	日			人工费	材料费	机械使用费	其他直接费	间接费用	小计		
			累计完工	4 300 000	12 700 000	510 000	217 025	756 650	18 483 675		18 483 675
			月初余额	19 675	30 000		6 000	4 000	59 675		59 675
			……								

表4-44 办公楼（A工程）成本明细卡

年		凭证号数	摘要	借方						贷方	余额
月	日			人工费	材料费	机械使用费	其他直接费	间接费用	小计		
			累计完工	4 300 000	12 700 000	510 000	217 025	756 650	18 483 675		18 483 675
			月初余额	19 675	30 000		6 000	4 000	59 675		59 675

表4-45 教学楼（B工程）成本明细卡

年		凭证号数	摘要	借方						贷方	余额
月	日			人工费	材料费	机械使用费	其他直接费	间接费用	小计		

1. 材料费核算

成本中的材料费，包括施工过程中耗用的构成工程实体的原材料、辅助材料、构配件、零件、半成品的费用等。

各种材料在生产中被耗用以后，应定期审核领料凭证，按材料的用途归类，将应记入工程成本中的材料费计入工程成本，将不应计入工程成本的材料费计入各自费用账户。

生产中材料被消耗使用后，材料就转化为所承建的建设工程实体的一部分，则材料费减少，施工成本增加。应借记"工程施工——合同成本——××工程"账户，贷记"原材料"账户。

各种材料计入成本核算对象的方法：

1）能分清受益对象的费用，应根据领用材料的数量金额，直接计入各成本核算对象成本的"材料费"项目。

2）对于多个受益对象领用同一种材料，在领用时不能分清受益对象，则应采用一定的方法，分配记入各有关成本核算对象的成本；如施工现场不易清点数量的砂石等大堆材料和受益对象不明确的集中配料，应于期末编制"大堆材料耗用计算单"和"集中配料耗用计算单"分配计入各成本核算对象。

【例78】 某大学项目12月发出材料汇总表（按实际成本），见表4-46。

表4-46 12月发出材料汇总表

成本核算对象	主要材料			结构件	合计
	水泥	其他材料	小计		
A工程	239 500	66 000	305 500	43 500	349 000
B工程	167 900	44 000	211 900	23 500	235 400
合计	407 400	110 000	517 400	67 000	584 400

编制会计分录如下：

借：工程施工——合同成本——A工程（材料费）　　　　　349 000
　　工程施工——合同成本——B工程（材料费）　　　　　235 400
　贷：原材料——主要材料　　　　　　　　　　　　　　　517 400
　　　　　　——结构件　　　　　　　　　　　　　　　　 67 000

本例中，本工程项目本月领用的其他材料2200公斤，单价50元，A工程完成工作量500立方米，B工程完成工作量400立方米，A工程消耗定额1.2元/立方米，B工程消耗定额1.0元/立方米。计算A、B工程使用的材料费金额是多少？

按照定额分配率进行分配，定额分配率等于实际消耗量除以各受益对象材料定额消耗量之和。

定额分配率计算如下：

$$\frac{2\,200\text{公斤} \times 50\text{元/公斤}}{1.2\text{元/立方米} \times 500\text{立方米} + 1.0\text{元/立方米} \times 400\text{立方米}}$$

$=110\,000$元$/(600+400)$立方米$=110$元/立方米

A工程材料费：1.2元/立方米×500立方米×110元/立方米=600元×110元/立方米=66 000元

B工程材料费：1.0元/立方米×400立方米×110元/立方米=400元×110元/立方米=44 000元

2. 人工费核算

企业要进行生产经营活动，必须要拥有一批有技术、有劳动能力的职工进行劳动，企业就要支付工资给职工。在所有的职工中，每个人的分工各不相同：有人从事管理工作，有人负责采购工作，有人负责销售工作，有人从事直接的产品生产工作等。企业应当在职工为企业提供劳动服务的会计期间，按照职工从事的不同性质、不同工作内容的劳动服务来分配工资，即按照"谁受益谁负担"的费用分配原则，根据职工提供服务的受益对象，将应确认的劳动报酬计入有关成本核算对象的成本之中或当期损益，同时，将应付给职工的劳动报酬

确认为企业的一项应付债务——应付职工薪酬。一方面，应贷记"应付职工薪酬——应付工资"；另一方面，按工资的用途对工资进行分配，借记"工程施工——合同成本""机械作业""管理费用""工程施工——间接费用"等账户，详见表4-47。

表4-47 工资分配表

不同工作性质的工种	计入的成本费用类账户
建筑安装工人	工程施工
机械作业工人	机械作业
辅助生产工人	辅助生产
工业生产工人	工业生产
企业管理人员	管理费用
施工现场管理人员	工程施工——间接费用
材料部门和仓库管理人员	采购保管费
从事各种专项工程人员	专项工程（支出）
工会人员	其他应付款

工程成本中的人工费，指建筑企业从事建筑安装的工人应得的劳动报酬计入工程成本的那部分费用，包括从事工程施工人员的工资奖金、职工福利费、工资性质的津贴、劳动保护费以及社会保险费等。人工费的核算总原则是当人工费的受益对象明确，则直接计入该受益对象成本的"人工费"项目；当人工费的受益对象有多个时，则需通过一定的分配方法计入多个受益对象成本的"人工费"项目。

1）计件工资，单项奖金，一般都能分清受益对象，应直接计入各成本核算对象。

2）计时工资，如果根据用工记录能够分清受益对象的，应将其直接计入各成本核算对象；如果不能够分清受益对象的，则根据用工记录以工日为标准分配计入各受益对象的成本。计算公式如下：

$$\text{某成本核算对象应分配的计时工资} = \frac{\text{该成本核算对象}}{\text{实际耗用的计时工日数}} \times \text{日平均工资}$$

$$\text{日平均工资} = \frac{\text{工人计时工资}}{\text{工人计时工日合计}}$$

其他人工费，如工资性津贴、职工福利费、劳动保护费、社会保险费等计入成本核算对象的方法同计时工资的分配方法。

【例79】 该建筑公司承建的某大学项目，施工的A（办公楼）、B（教学楼）两个单位工程，本月发生人工费总额600 000元，实际用工总数为4 000工日，其中A工程2 500工日，B工程1 500工日。人工费分配表，见表4-48。福利费计提表，见表4-49。核算人工费。

日平均工资 = 600 000元/4 000工日 = 150元/工日

A：2 500工日×150元/工日 = 375 000元

B：1 500工日×150元/工日 = 225 000元

表4-48　某大学工程施工"人工费"分配

受益对象	工　日	日平均工资	应分配人工费
A 工程	2 500	150	375 000
B 工程	1 500	150	225 000
合计	4 000	150	600 000

表4-49　某大学工程施工"福利费"的提取与分配

受益对象	工　资	提取标准	提取金额
A 工程	375 000	14%	52 500
B 工程	225 000	14%	31 500
合计	600 000	14%	84 000

编制如下会计分录：

$79\frac{1}{2}$ 分配人工费：

借：工程施工——A 工程——合同成本（人工费）　　　　　375 000
　　　　　　——B 工程——合同成本（人工费）　　　　　225 000
　　贷：应付职工薪酬——工资　　　　　　　　　　　　　600 000

$79\frac{2}{2}$ 计提应付福利费：

借：工程施工——A 工程——合同成本（人工费）　　　　　52 500
　　　　　　——B 工程——合同成本（人工费）　　　　　31 500
　　贷：应付职工薪酬——应付福利费　　　　　　　　　　84 000

3. 机械使用费核算

机械作业指企业及其内部独立核算的施工单位、机械站和运输队，使用施工机械和运输设备进行的机械施工和运输作业，其主要任务是为企业的工程施工服务。

工程成本中的机械使用费包括两种：一种是使用自己企业的施工机械进行生产，另一种是租入施工机械进行生产。两种形式的机械使用费均是工程成本中的一项费用，但是记入"工程施工"账户的方法却有所不同。

1）使用自有机械，企业使用自有机械，为本单位承包的工程进行机械化施工和运输作业发生的费用，要先归集到"机械作业"账户的借方，月末，再按一定的方法，从本账户的贷方转出，本账户结转后无余额。

2）租入施工机械，企业的施工单位，从外单位或本企业其他内部独立核算的机械站租入施工机械支付的机械租赁费，能分清受益对象的，直接计入受益对象。如有多个工程项目受益，则需采用一定的方法在不同工程之间进行分配。

3）机械作业的成本核算对象和成本项目

① 机械作业的成本核算对象：按施工机械和运输设备的种类划分成本核算对象，如按照搅拌机和塔吊分别进行核算。

② 机械作业的成本项目：人工费、燃料及动力费、折旧费、修理费、其他直接费、间接费等。

【例80-1】 某大学工地本月使用自有施工机械发生的各项费用，见表4-50。核算机械使用表。

表4-50 机械作业费用明细表

费用项目＼机械名称	塔 吊	搅 拌 机	合 计
机上人员工资	28 000	12 000	40 000
耗用燃料费	5 000	1 350	5 000
支付电费			1 350
计提折旧费	3 500	1 050	4 550
修理费用	900	425	1 325
耗用润滑油	600	175	775
合计	38 000	15 000	53 000

首先归集发生的各项费用：

$80\frac{1}{6}$ 归集人工费：

借：机械作业——塔吊——人工费　　　　　　　　　　　28 000
　　　　　　——搅拌机——人工费　　　　　　　　　　12 000
　　贷：应付职工薪酬——工资　　　　　　　　　　　　40 000

$80\frac{2}{6}$ 归集燃料及动力费：

借：机械作业——塔吊——燃料及动力费　　　　　　　　5 000
　　　　　　——搅拌机——燃料及动力费　　　　　　　1 350
　　贷：原材料——其他材料　　　　　　　　　　　　　6 350

$80\frac{3}{6}$ 归集折旧费：

借：机械作业——塔吊——折旧及修理费　　　　　　　　3 500
　　　　　　——搅拌机——折旧及修理费　　　　　　　1 050
　　贷：累计折旧　　　　　　　　　　　　　　　　　　4 550

$80\frac{4}{6}$ 归集修理费：

借：机械作业——塔吊——折旧及修理费　　　　　　　　900
　　　　　　——搅拌机——折旧及修理费　　　　　　　425
　　贷：银行存款　　　　　　　　　　　　　　　　　　1 325

$80\frac{5}{6}$ 归集其他直接费（润滑油）：

借：机械作业——塔吊——其他直接费　　　　　　　　　600
　　　　　　——搅拌机——其他直接费　　　　　　　　175
　　贷：库存材料——其他材料　　　　　　　　　　　　775

期末，机械作业费用按使用台班分配法在受益的工程项目之间进行分配。

使用台班分配法指按照各个成本核算对象实际使用施工机械的台班数和台班单位成本分配机械使用费的方法，该种方法适用于按单机或机组为成本核算对象归集机械作业使用费的分配方法。计算公式如下：

$$某种机械台班实际成本 = \frac{本月该种机械实际发生的作业费用总额}{本月该种机械实际作业的台班数}$$

某受益对象当月应分配的某种机械作业使用费用 = 某受益对象当月使用该种机械台班数 × 该种机械台班实际成本

【例80-2】 月末时，在A、B两个单位工程之间分配塔吊和搅拌机的使用费，分配见表4-51。核算机械使用费。

表4-51 机械作业费用分配表

受益对象	塔 吊			搅 拌 机			合 计
	台 班	单位台班成本	金 额	台 班	单位台班成本	金 额	金 额
A 工程	135	190	25 650	60	150	9 000	34 650
B 工程	65	190	12 350	40	150	6 000	18 350
合计	200		38 000	100		15 000	53 000

塔吊每台班成本 = 38 000元/200台班 = 190（元/台班）
搅拌机每台班成本 = 15 000元/100台班 = 150（元/台班）
A 工程应分配的塔吊使用费 = 135台班 × 190元/台班 = 25 650元
B 工程应分配的塔吊使用费 = 65台班 × 190元/台班 = 12 350元
A 工程应分配的搅拌机使用费 = 60台班 × 150元/台班 = 9 000元
B 工程应分配的搅拌机使用费 = 40台班 × 150元/台班 = 6 000元

$80\frac{6}{6}$ 分配机械使用费：

借：工程施工——A 工程——合同成本（机械使用费）   34 650
　　　　　——B 工程——合同成本（机械使用费）   18 350
　　贷：机械作业——塔吊   38 000
　　　　　　——搅拌机   15 000

【例81】 B 工程本月租入运输卡车一台，支付租赁费9 550元。核算机械使用费。

借：工程施工——乙工程——机械使用费   9 550
　　贷：银行存款   9 550

4. 其他直接费

成本中的其他直接费指在施工生产过程中发生的除上述三项直接费用以外的其他直接用于施工生产的费用，主要包括有关的设计和技术援助费、施工现场材料的二次搬运费、检验试验费、工程定位复测费、工程点交费、生产工具用具使用费、场地清理费、冬雨季施工增加费、夜间施工增加费等。

在这些费用中，凡是在发生时能够分清受益的成本核算对象的，可直接计入受益对象成本的"其他直接费"项目；凡是在发生时，有几个受益对象，不能够分清受益对象的，需先在"工程施工——其他直接费"账户的借方进行归集，然后再采用一定标准，如按人工费、生产工日、工料机实际消耗法等标准在几个受益对象之间进行分配，分别计入各个受益对象成本的"其他直接费"项目，分配的费用从本账户的贷方转出，本账户期末结转后无余额，见表4-52。

表4-52 "工程施工——其他直接费"账户

借方	工程施工——其他直接费	贷方
发生的各项其他直接费用		月末，按标准分配计入各受益对象的费用

【例82】 公司本月某大学项目以银行存款支付B工程定位复测费19 000元（能分清受益对象）。核算其他直接费。

借：工程施工——B工程——其他直接费　　　　　　　　　19 000
　　贷：银行存款　　　　　　　　　　　　　　　　　　　　　　　19 000

【例83】 由于A、B两工地相距较近，本月施工共用临时设施，本月发生摊销额36 000元，生产工具用具使用费7 200元，以"人工费"工资为基数进行分配。分配见表4-53。核算其他直接费。

表4-53 其他直接费分配表

	临时设施费			生产工具用具使用费			合计
	人工费	分配率	金额	人工费	分配率	金额	
A工程	375 000	6%	22 500	375 000	1.2%	4 500	27 000
B工程	225 000	6%	13 500	225 000	1.2%	2 700	16 200
合计	600 000		36 000	600 000		7 200	43 200

$83\frac{1}{3}$ 归集临时设施费：

借：工程施工——其他直接费　　　　　　　　　　　　　　　36 000
　　贷：临时设施——临时设施摊销　　　　　　　　　　　　　　　36 000

$83\frac{2}{3}$ 归集生产工具用具使用费：

借：工程施工——其他直接费　　　　　　　　　　　　　　　7 200
　　贷：低值易耗品——低值易耗品摊销　　　　　　　　　　　　　7 200

$83\frac{3}{3}$ 按照"工资"标准进行临时设施费和生产工具用具使用费的分配：

1）临时设施费的分配：

临时设施分配率：

$$=\frac{\text{本月发生的临时设施费用}}{\text{本月各受益对象（各工程）人工费之和}}\times 100\%$$

$$=\frac{36\ 000\ \text{元}}{375\ 000\ \text{元}+225\ 000\ \text{元}}\times 100\% = 6\%$$

A 工程应分配临时设施费 = 375 000 元 × 6% = 22 500 元
B 工程应分配临时设施费 = 225 000 元 × 6% = 13 500 元

2) 生产工具用具使用费的分配：

生产工具用具使用费分配率：

$$\frac{本月发生的生产工具使用费}{本月各受益对象(各工程)人工费之和} \times 100\%$$

$$= \frac{7\,200\,元}{375\,000\,元 + 225\,000\,元} \times 100\% = 1.2\%$$

A 工程应分配生产工具用具使用费 = 375 000 元 × 1.2% = 4 500 元
B 工程应分配生产工具用具使用费 = 225 000 元 × 1.2% = 2 700 元

其他直接费分配的会计分录如下：

借：工程施工——A 工程——合同成本（其他直接费）　　27 000
　　　　　　——B 工程——合同成本（其他直接费）　　16 200
　　贷：工程施工——其他直接费　　　　　　　　　　　　　43 200

5. 间接费用的核算

间接费用指建筑施工企业所属的直接组织施工生产活动的施工管理机构（如项目部）为组织和管理工程施工所发生的全部费用。间接费用的内容包括施工管理机构人员的工资、奖金、职工福利费、劳动保护费、社会保险费、固定资产折旧费及修理费、物料消耗费、办公费、取暖费、差旅费、财产保险费、工程保修费、排污费等。

1）间接费用的归集。间接费用是各施工管理机构为组织和管理施工生产所发生的费用，在企业承建多个单位工程项目时，不易分清具体受益的成本核算对象，因此在费用发生时，应首先通过"工程施工——合同成本——间接费用"账户进行归集，月末采用适当的方法分配计入各成本核算对象成本的"间接费用"项目。该账户属于成本类科目，借方登记实际发生的各项间接费用，贷方登记按受益对象分配结转的间接费用，本账户期末结转后无余额。具体参照本章第三节有关本账户的内容。

【例 84-1】 本工程项目部本月发生的各项间接费用见表 4-54。核算间接费用。

表 4-54　间接费用分配表

费用项目	金额（账户）
办公费	5 000（银行存款）
差旅费	3 200（库存现金）
工资、附加费	60 000（应付工资）
水电费	800（银行存款）
折旧费	50 400（累计折旧）
物料消耗	600（其他材料）
合计	120 000

$84\frac{1}{2}$ 借：工程施工——间接费用　　　　　　　　　　　　　120 000
　　贷：银行存款（办公费、水电费）　　　　　　　　　　　　5 800

库存现金（差旅费）	3 200
应付职工薪酬——工资、附加费	60 000
累计折旧	50 400
原材料——其他材料	600

2）间接费用的分配。间接费用的分配按照"谁受益谁负担"的费用分配原则进行，一般情况下，建筑施工单位工程发生的间接费用以直接费用为分配基础，在建筑安装工程中，因人工费所占的比重较大，所以发生的间接费用通常以"人工费"为分配基础。具体的分配方法如下：

按受益工程的人工费为标准进行分配，公式如下：

$$间接费用分配率 = \frac{本月发生的间接费用}{本月各受益对象(各工程)人工费之和} \times 100\%$$

【例84-2】 该建筑公司某大学项目部本月发生的间接费用共计为120 000元，以"人工费——工资"为标准在办公楼（A工程）和教学楼（B工程）之间进行分配，见表4-55。

$$间接费用分配率 = \frac{120\ 000\ 元}{375\ 000\ 元 + 225\ 000\ 元} \times 100\% = 20\%$$

A工程应分配间接费用 = 375 000元 × 20% = 75 000元

B工程应分配间接费用 = 225 000元 × 20% = 45 000元

表4-55 间接费用分配表

受益对象	间接费用		
	人工费	分配率	金额
A工程	375 000	20%	75 000
B工程	225 000	20%	45 000
合计	600 000		120 000

$84\frac{2}{2}$ 借：工程施工——A工程——合同成本（间接费用） 75 000

     ——B工程——合同成本（间接费用） 45 000

  贷：工程施工——间接费用 120 000

将上述例78～例84会计分录登记某大学工程成本明细账，见表4-56，登记A、B工程工程成本明细卡，见表4-57、表4-58。

表4-56 某大学工程成本明细账

年		凭证号数	摘要	借方						贷方	余额
月	日			人工费	材料费	机械使用费	其他直接费	间接费用	小计		
			1～11月累计完工	4 300 000	12 700 000	510 000	217 025	756 650	18 483 675		18 483 675
			未完施工月初余额	19 675	30 000		6 000	4 000	59 675		59 675
		例78	领用材料费		584 400						

（续）

年		凭证号数	摘要	借方						贷方	余额
月	日			人工费	材料费	机械使用费	其他直接费	间接费用	小计		
		例79 $\frac{1}{2}$	分配工资	600 000							
		例79 $\frac{2}{2}$	分配福利费	84 000							
		例80-2 $\frac{6}{6}$	自有机械使用费			53 000					
		例81	租入机械使用费			9 550					
		例82	支付定位复测费				19 000				
		例83 $\frac{3}{3}$	分配生产工具使用费等				43 200				
		例84-2 $\frac{2}{2}$	分配间接费用					120 000			
			本月合计	684 000	584 400	62 550	62 200	120 000	1 513 150		1 513 150
			本月累计	703 675	614 400	62 550	68 200	124 000	1 572 825		1 572 825
			全年累计	5 003 675	13 314 400	572 550	285 225	880 650	20 056 500		20 056 500

表4-57 "办公楼"（A 工程）成本明细卡

年		凭证号数	摘要	借方						贷方	余额
月	日			人工费	材料费	机械使用费	其他直接费	间接费用	小计		
			1～11月累计完工	4 300 000	12 700 000	510 000	217 025	756 650	18 483 675		18 483 675
			月初余额	19 675	30 000		6 000	4 000	59 675		59 675
		例78	分配材料费		349 000						
		例79 $\frac{1}{2}$	分配工资	375 000							
		例79 $\frac{2}{2}$	分配福利费	52 500							
		例80-2 $\frac{6}{6}$	分配机械使用费			34 650					
		例83 $\frac{3}{3}$	分配生产工具使用费等				27 000				
		例84-2 $\frac{2}{2}$	分配间接费用					75 000			
			本月合计	427 500	349 000	34 650	27 000	75 000	913 150		913 150
			本月累计	447 175	379 000	34 650	33 000	79 000	972 825		972 825
			累计完工	4 747 175	13 079 000	544 650	250 025	835 650	19 456 500		19 456 500

表 4-58　教学楼（B 工程）成本明细卡

年	月	日	凭证号数	摘要	借方						贷方	余额
					人工费	材料费	机械使用费	其他直接费	间接费用	小计		
			例78	分配材料费		235 400						
			例79 $\frac{1}{2}$	分配工资	225 000							
			例79 $\frac{2}{2}$	分配福利费	31 500							
			例80-2 $\frac{6}{6}$	分配机械使用费			18 350					
			例81	支付租入机械费用			9 550					
			例82	支付定位费				19 000				
			例83 $\frac{3}{3}$	分配生产工具使用费等				16 200				
			例84-2 $\frac{2}{2}$	分配间接费用					45 000			
				本月合计	256 500	235 400	27 900	35 200	45 000	600 000		600 000
				本月累计	256 500	235 400	27 900	35 200	45 000	600 000		600 000

六、工程成本结算

（一）工程成本结算的概念

工程成本结算是施工企业按规定计算出已完工程的实际成本和预算成本，与计划成本相比较，分析成本的节超额和节超率，以考核每个时期成本计划的完成情况，并将已完工程点交给建设单位，并据以计算已完成的建筑安装工作量和结算工程价款。

已完工程和未完施工是我国计算建筑产品的一种标准。按规定，"已完工程"可以计入完工的建筑安装工作量，施工企业凭其可以向建设单位（发包单位）点交并办理工程价款结算。

一般土建工程可以划分为基础、分层主体、屋面、装饰等几个部位，在一个部位完工后，即作为已完工程，由施工企业点交给建设单位，并据以计算完成的建筑安装工作量和结算工程价款。对于快速施工或建筑规模小、工期短的建筑工程，也可以将已完工程的范围加以扩大。

（二）工程成本结算方式

建筑安装工程具有单件性和生产周期长的特点，一般不能等到工程全部竣工后再结算工程成本。为及时反映施工生产活动的经济效果，考核施工企业工程成本的节超情况，可以把已完工程的范围划小，以便及时进行工程成本和工程价款的结算，使得施工企业能够及时取得工程价款以补偿施工生产费用。

工程成本结算方式与工程价款的结算方式相一致，具体方式有分段结算、按月结算、竣工后一次性结算及其他结算方式。在不同的成本结算方式下，有着不同的工程成本的计算期和工程成本计算结果。

工程成本的计算期指计算工程成本的起讫日期。

已完工程实际成本指在报告期内（成本计算期内）已完成预算定额规定的全部工作程序和内容，可与建设单位办理工程价款结算的分部分项工程发生的全部费用之和。

（三）已完工程成本的计算与结转

（1）实行竣工后一次性结算工程成本方式的，某个单位工程在竣工前，工程成本明细卡上所归集的施工费用，均为该未完工程的实际成本；工程竣工后，该竣工工程实际成本为工程成本明细卡上所归集的自工程开工之日起至工程竣工之日止发生的全部施工费用总额。其计算公式如下：

竣工工程实际成本 = 自工程开工之日起至工程竣工之日止累计发生的施工费用

（2）分段结算或按月结算工程成本方式的，在结算期末，某单位工程的实际成本的计算可采用以下公式：

本期已完工程实际成本 = 期初未完工程成本 + 本期发生的施工费用 − 期末未完工程成本

公式中，期初未完工程成本和本期发生的施工费用，均在工程成本明细卡或工程成本明细账中反映，因此，只要计算出期末未完工程成本，即可得出本期已完工程实际成本的数额。

期末未完工程成本的计算一般可采用估价法或估量法计算。

1）估价法。指先将预算单价按分部分项工程内各工序的比重确定每个工序的单价，然后根据期末现场施工情况，对未完工程进行盘点，按盘点确定的未完工程数量乘以预算单价，即为未完工程成本。

2）估量法。也叫约当产量法。它是根据施工现场盘点确定的未完成预算定额规定工序和工作内容的施工实物量，按其完成分部分项工程的程度（百分比）折合为已完工程数量，然后乘以该分部分项工程的预算单价，计算其预算成本。

采用上述方法计算的未完工程成本实际上是未完工程的预算成本。但在实际工作中，由于在当期完成的全部工程量未完工程所占的比重一般比较小，为了简化成本核算手续，可将未完工程的预算成本视同其实际成本。

【例85-1】假设该公司承建的某大学项目实行按月结算工程价款，本月教学楼（B工程）施工内容为现场浇灌钢筋混凝土基础工程，预算单价规定为800元/立方米，该工程分为支模、钢筋绑扎、浇灌、拆模等工序，各工序所占的比重分别为20%、30%、35%和15%，经现场盘点，本月月末有1 500立方米的现场浇灌钢筋混凝土基础工程只完成了第一和第二道工序。试按估价法计算月末未完工程实际成本。

第一道工序的单价：800元/立方米 × 20% = 160元/立方米
第二道工序的单价：800元/立方米 × 30% = 240元/立方米
第三道工序的单价：800元/立方米 × 35% = 280元/立方米
第四道工序的单价：800元/立方米 × 15% = 120元/立方米

期末，未完工程的预算成本为：1 500立方米 × (160元/立方米 + 240元/立方米) = 600 000元

【例85-2】 假设该公司承建的某大学项目实行按月结算工程价款，本月教学楼（B工程）为现场浇筑钢筋混凝土基础工程，经盘点，本月月末有1 500立方米的现场浇灌钢筋混凝土基础工程完成程度为50%，预算单价规定800元/立方米，试按估量法计算月末未完工程成本。

期末，未完工程的预算成本为：1 500立方米×50%×800元/立方米=600 000元

计算已完工程的实际成本，一般通过编制已完工程成本计算表进行。假设办公楼（A工程）工程月末时工程全部竣工，没有未完施工，见表4-59。

表4-59 已完工程成本计算表

工程名称	期初未完工程成本	本期发生工程费用	期末未完工程成本	本期已完工程成本
办公楼工程	59 675	913 150		972 825
教学楼工程		600 000	600 000	
合计	59 675	1 513 150	600 000	972 825

（3）已完工程实际成本的结转。对于尚未竣工的工程，其实际成本计算出来以后，只用于与计划成本、预算成本相比较，以分析成本的节约或超支额，考核成本计划的执行情况，不予结转成本，其成本费用应保留在"工程施工"账户内，以便反映整个工程自开工之日起至竣工之日止累计发生的全部施工成本。工程竣工后，再全部予以结转，即将"工程施工"账户借方登记的累计金额与"工程结算"账户余额对冲。对于一个单位工程来讲，结转后，"工程施工"账户与"工程结算"账户均无余额。

【例86-1】 假设该公司承建的某大学项目实行按月结算工程价款，本月末办公楼（A工程）工程没有未完施工，分部分项工程全部完工，工程竣工。从A工程成本明细卡的登记可以查到，A工程本月完工成本为972 825元，办公楼（A工程）工程累计发生成本为19 456 500元，合同造价为22 000 000元，结转本月完工成本。请根据合同完工进度，确认合同收入。

借：工程结算——某大学（甲工程） 972 825
　　贷：工程施工——合同成本 972 825

【例86-2】 本月办公楼（A工程）与建设单位办理已完工程价款结算，本月可结算的工程价款为1 100 000元，建设单位已在工程价款结算账单上签字确认，款项下个月到账。请根据合同完工进度，确认合同收入。

登记已结算的工程价款：

借：应收账款——某大学（A工程） 1 100 000
　　贷：工程结算——某大学（A工程） 1 100 000

确认当月的合同收入与合同毛利：

$$当月完工进度 = \frac{972\ 825\ 元}{19\ 456\ 500\ 元} = 5\%$$

本月合同收入为：22 000 000元×5%=1 100 000元

本月合同毛利为：(22 000 000元-19 456 500元)×5%=2 543 500元×5%=127 175元

本月合同成本为：1 100 000元-127 175元=972 825元

确认合同收入、成本与合同毛利：

借：工程施工——合同毛利　　　　　　　　　　　　　　　127 175

　　主营业务成本　　　　　　　　　　　　　　　　　　　972 825

　　贷：主营业务收入　　　　　　　　　　　　　　　　　　　　1 100 000

结转"工程施工——合同毛利"账户，与"工程结算"账户对冲：

借：工程结算——某大学（A工程）　　　　　　　　　　　127 175

　　贷：工程施工——合同毛利　　　　　　　　　　　　　　　　127 175

本 章 小 结

序号	内　　容
1	企业进行施工生产需要筹集的一定数量的资金，一个来源渠道是所有者投入企业的资金，另一个是企业借入的资金。企业将筹集到的资金用来开展施工生产活动，建造建筑产品，将完工的建筑产品已完工程点交给建设单位，与其办理工程结算，以期取得工程结算款的收入，补偿生产耗费，获得利润，这是建筑企业主要经济业务的内容
2	所有者可以采用货币资金、实物或无形资产等形式对企业进行投资
3	原材料是构成工程实体在施工生产过程中经过施工改变其形态的各种主要材料、结构件和辅助材料等
4	固定资产是建筑企业进行施工生产的主要劳动资料，价值量大，使用期限长，在使用期限内始终保持其原有实物形态，其价值应采用计提折旧费的方式逐渐转移到施工成本或某种费用中去
5	企业在施工生产经营过程中发生的各种耗费，一部分与施工生产有直接的关系，可以直接或间接计入工程成本，是形成工程成本的基础；另一部分费用与施工生产没有直接的关系，不能计入工程成本，称为期间费用，包括管理费用和财务费用，应计入当期损益
6	工程实际成本是在施工生产过程中为完成建筑安装工程而实际发生的各种费用的总和。其计算过程是将施工生产中发生的各种费用首先通过"工程施工""机械作业""工程施工——间接费用"等账户按费用发生的地点和用途进行归集，然后，能够分清受益对象的费用直接计入工程成本明细账和某工程明细卡，不能分清受益对象的费用通过分配的方式计入工程成本明细账和某工程明细卡，最后，在期末时，将完成预算定额规定内容的已完工程和没有完成预算定额规定内容的未完施工分别计算其成本。工程实际成本如下图所示： 工程成本 { 直接成本 { 人工费 / 材料费 / 机械使用费 / 其他直接费 } ， 间接成本 { 间接费用 }
7	施工企业的主营业务收入是建造合同收入。当建造合同的结果能够可靠估计时，企业应采用完工百分比法确认合同收入、合同费用与合同利润
8	工程价款的结算方式与工程实际成本的计算期相一致，有按月结算、分段结算、竣工后一次性结算和其他结算方式。施工企业应根据所承包的施工工程规模与工程造价价值量的具体情况，采用与工程项目相适合的结算方式与建设单位办理工程价款的结算
9	利润是企业在一定会计期间生产经营活动的成果。利润总额由营业利润加营业外收支净额组成。企业实现的利润总额应向国家交纳企业所得税，交纳所得税后的利润称为净利润。净利润属于企业的净收益，应按相关法律和公司章程规定的顺序进行分配

第五章 会计凭证

本章学习要点：

1. 了解会计凭证的概念。
2. 了解会计凭证的种类。

第一节 会计凭证概述

一、会计凭证的概念

会计凭证指记录经济业务发生或者完成情况的书面证明，是登记账簿的依据。每个企业都必须按一定的程序填制和审核会计凭证，如实反映企业的经济业务，并根据审核无误的会计凭证登记账簿。

二、会计凭证的意义

填制和审核会计凭证，是对经济业务进行日常监督的重要环节。
1）可以及时正确地反映各项经济业务的完成情况。
2）可以更有效地发挥会计的监督作用，使经济业务合理合法。
3）便于分清经济责任，可以加强经济管理中的责任制。

三、会计凭证的种类

会计凭证按照其填制程序和用途的不用，分为原始凭证和记账凭证两大类。

（一）原始凭证

原始凭证按来源不同，可分为外来原始凭证和自制原始凭证；按填制手续和方法的不同，可分为一次原始凭证、累计原始凭证和汇总原始凭证。

（二）记账凭证

记账凭证按照其记录反映的经济业务的内容不同，可分为专用记账凭证和通用记账凭证，其中专用记账凭证又分为收款凭证、付款凭证和转账凭证三种。

第二节 原始凭证

一、原始凭证的概念

原始凭证是在经济业务发生或完成时取得或填制的，用于记录或证明经济业务的发生或完成情况、明确经济责任、具有法律效力的书面证明，是编制记账凭证的依据。

> **练一练**：下列哪些单据不是原始凭证。
> ①发票；②火车票；③请购单；④购货合同；⑤银行结算凭证。

二、原始凭证的种类

原始凭证的种类繁多，按照不同的分类方法，可以分成不同的种类，下面按照原始凭证的来源不同及填制手续和方法不同，对原始凭证进行分类介绍。

（一）按来源不同分类

按取得的来源渠道不同，可将原始凭证分成外来原始凭证和自制原始凭证两类。

1. 外来原始凭证

外来原始凭证指在同外单位或个人发生经济业务往来时，从外单位或个人手中取得的原始凭证。如飞机和火车的票据、银行收付款通知单、企业购买材料时从供货单位取得的发票等，见表5-1～表5-3。

表5-1 进账单

中国银行　进账单（收账通知）

年　月　日

出票人	全　称			收款人	全　称											此联由收款人开户银行作贷方凭证
	账　号				账　号											
	开户银行				开户银行											
金额	人民币（大写）					千	百	十	万	千	百	十	元	角	分	
票据种类		通过××市电子支付系统														
票据张数																
票据号码						受理银行签章										

表5-2 收据

收　据

年　月　日　　　　　　　　　　　　　　　　第023号

今收到				第三联 记账联
人民币（大写）			¥	
事由：		现金		
		支票第　　　号		
收款单位		财务主管	收款人	

表 5-3　增值税专用发票

××省增值税专用发票
抵　扣　联　　　　　　　　　　　　　　　No 01034211
开票日期：　年　月　日

第二联　抵扣联　购货方抵扣凭证

购货单位	名　　　称： 纳税人识别号： 地址、电话： 开户行及账号：	密码区	略

货物或应税劳务名称	规格型号	单位	数量	单价	金额	税率	税额
合计							

合　计　　　　　　　　　　仟 佰 拾 万 仟 佰 拾 元 角 分　￥_____

销货单位	名　　　称： 纳税人识别号： 地址、电话： 开户行及账号：	备注	

收款人：　　　　复核：　　　　开票人：　　　　销货单位：

2. 自制原始凭证

自制原始凭证是由本单位内部经办业务的部门或个人在执行或完成某项经济业务时所填制的原始凭证，见表 5-4、表 5-5。常见的自制原始凭证有企业仓库部门填制的材料收料单、产品入库验收单，生产车间及其他部门申请领料时填制的领料单，以及财会部门编制的工资费用结算单、制造费用分配表等。

表 5-4　收料单

收　料　单

材料科目：　　　　　　　　　　　　　　　　　　　　　编号：
材料类别：　　　　　　　　　　　　　　　　　　　　　收料仓库：
供应单位：　　　　　　　　年　月　日　　　　　　　发票号码：

材料编号	材料名称	规格	计量单位	数量		实际价格			
				应收	实收	单价	发票金额	运费	合计
备注									

采购员：　　　　　检验员：　　　　　记账员：　　　　　保管员：

表 5-5 差旅费报销单

差旅费报销单

　　　　　　　　　　年　　月　　日　　　　　　　　　　　单据张数　　张

姓名　　　　　　部门　　　　　　　　　出差事由

起止日期			起止地点	火车费	市内车费	住宿费	途中伙食补助			住勤费		合计
月	日	月	日					标准	天数	金额	天数	金额	
合　计												

人民币（大写）　　　　　　　备注：原预借　　元　　应退（补）　　元

审核：　　　　　　部门主管：　　　　　　财务主管：

（二）按填制手续和方法的不同分类

按填制手续和方法的不同，可将原始凭证分为一次原始凭证、累计原始凭证和汇总原始凭证三类。

1. 一次原始凭证

一次原始凭证是在经济业务发生或完成时，由经办人员填制的，只反映一项经济业务或者同时反映若干项同类性质的经济业务的原始凭证，如收料单、领料单、入库单等。

2. 累计原始凭证

累计原始凭证是在一定时期内连续多次记录若干不断重复发生的同类经济业务，到期满后，结出累计总额，再以此作为会计核算依据的原始凭证，如限额领料单，见表 5-6。

表 5-6 限额领料单

限额领料单

材料科目：　　　　　　　　　　　　　　　　　　　　　　　　材料类别：
领料车间（部门）：　　　　　　年　　月　　　　　　　　　　编号：
用途：　　　　　　　　　　　　　　　　　　　　　　　　　　仓库：

材料编号	材料名称	规格	计量单位	领用限额	实际领用			备注	第二联 财务核算联
					数量	单位成本	金额		
日期	请　领		实　发			退　回		限额结余	
	数量	领料单位	数量	发料人签章	领料人签章	数量	领料人签章	退料人签章	
合计									

生产计划部门负责人：　　　　　供应部门负责人：　　　　　仓库负责人：

3. 汇总原始凭证

汇总原始凭证是将一定时期内反映相同经济业务的多张原始凭证，按照一定的管理要求汇总编制而成的一种原始凭证。汇总原始凭证可以集中反映一定时期内某项经济业务的总括发生情况，既简化了会计核算工作，又便于进行经济业务的分析比较，如工资汇总表、现金收入汇总表、发料凭证汇总表等，见表5-7。

表 5-7 发料凭证汇总表

××公司发料凭证汇总表

年 月 日 至 年 月 日

材料名称	领用部门					
	生产产品		车间	厂部	销售部门	合计
	A产品	B产品				
甲材料						
乙材料						
丙材料						
丁材料						
合计						

财务主管： 记账： 复核： 制单：

三、原始凭证的内容

1）原始凭证的名称及编号。
2）填制原始凭证的日期。
3）接受原始凭证的单位名称或个人姓名。
4）填制原始凭证的单位名称或填制人姓名。
5）经济业务的内容、单位、数量、单价和金额。
6）经办人或责任人的签名或盖章。

练一练：请在表5-8中找出原始凭证的基本内容，并把上述编号标记在相应的位置上。

表 5-8 增值税专用发票

河北省增值税专用发票

第二联 抵扣联 购货方抵扣凭证

NO 012345678
开票日期：2019年4月15日

购货单位	名 称：	联华百货公司	密码区	略
	纳税人识别号：	123456789101112		
	地 址、电 话：	上海市淮海路 021-12345678		
	开户行及账号：	中国工商银行淮海路支行 123456789		

货物或应税劳务名称	规格型号	单位	数量	单价	金额	税率	税额
B产品		件	1000	120.00	120,000.00	13%	15,600.00
合计					120,000.00		15,600.00
合 计	×仟×佰壹拾叁万伍仟陆佰零拾零元零角零分						￥135,600.00

销货单位	名 称：	河北××公司	备注	
	纳税人识别号：	121110987654321		
	地 址、电 话：	石家庄市东岗路 0311-87654321		
	开户行及账号：	中国银行石家庄市东岗路支行 123456789		

收款人：张亮 复核：王明 开票人：刘伟

四、原始凭证的填制

1）填制在原始凭证上的内容和数字必须真实可靠，符合实际情况。

2）原始凭证所要求的内容必须逐项填写齐全，不得遗漏。

3）手续要完备，必须有经办业务的有关部门和人员的签名盖章。

4）原始凭证的书写文字要规范，字迹清楚，易于辨认；不得使用未经国务院公布的简化字；阿拉伯数字要逐个写清楚，不得连写；在金额数字前应填写人民币符号"￥"。

5）大小写金额数字要符合规格，正确填写。大写金额数字应一律用如壹、贰、叁、肆、伍、陆、柒、捌、玖、拾、佰、仟、万、亿、元、角、分、零、整等；大写金额中有角分的，元以下不写"整"字；大小写金额必须相符。

6）原始凭证不得涂改、挖补。发现原始凭证有错误的，应当由开出单位重开或者更正，更正处应当加盖开出单位的公章。

7）原始凭证必须连续编号，作废时应当加盖"作废"戳记，连同存根一起保存，不得撕毁。

8）必须及时填制，送交财会部门加以审核，并据以编制记账凭证。

五、原始凭证的审核

会计机构、会计人员必须按照国家统一的会计制度的规定对原始凭证进行审核，对不真实、不合法的原始凭证有权不予接受，并向单位负责人报告；对记载不准确、不完整的原始凭证予以退回，并要求按照国家统一的会计制度的规定更正、补充。

审核原始凭证的主要要求如下：

1）审核原始凭证的合法性。审核所发生的经济业务是否符合国家有关法律法规、方针政策的要求，是否有违反合同规定的现象。

2）审核原始凭证的真实性。审核凭证中所列的经济业务事项是否真实，有无弄虚作假情况。

3）审核原始凭证的合理性。审核所发生的经济业务是否存在浪费的现象，是否有利于提高企业的经济效益。

4）审核原始凭证的完整性。审核原始凭证的基本内容是否完整，是否有应填未填或填写不清楚的现象。

5）审核原始凭证的正确性。审核原始凭证是否存在计算上的错误。

第三节 记账凭证

一、记账凭证的概念

记账凭证是由财会部门根据已审核的原始凭证填制的、记载经济业务简要内容、确定会计分录并作为记账依据的书面证明。记账凭证是登记账簿的依据。

> **练一练**：记账凭证和原始凭证的区别有哪些？从工作程序上看，哪个在先哪个在后？

二、记账凭证的种类

记账凭证按照不同的业务类型，可以分成不同的种类，下面对记账凭证进行分类介绍。

1. 专用记账凭证

1）收款凭证，指用于记录现金和银行存款收款业务的会计凭证，见表5-9。

表5-9 收款凭证

借方科目_____			年 月 日										字第 号	
摘 要	贷方总账科目	明细科目	√	金 额										附单据 张
				千	百	十	万	千	百	十	元	角	分	
合 计														

财务主管　　　　记账　　　　出纳　　　　审核　　　　制单

2）付款凭证，指用于记录现金和银行存款付款业务的会计凭证，见表5-10。

表5-10 付款凭证

贷方科目_____			年 月 日										字第 号	
摘 要	借方总账科目	明细科目	√	金 额										附单据 张
				千	百	十	万	千	百	十	元	角	分	
合 计														

财务主管　　　　记账　　　　出纳　　　　审核　　　　制单

3）转账凭证，指用于记录不涉及现金和银行存款业务的会计凭证，见表5-11。

表 5-11 转账凭证

转 账 凭 证

年　月　日　　　　　　　　　　　　　　　转字第　　号

摘要	总账科目	明细科目	√	借方金额 千 百 十 万 千 百 十 元 角 分	√	贷方金额 千 百 十 万 千 百 十 元 角 分	附单据 张
合计							

财务主管　　　　　记账　　　　　出纳　　　　　审核　　　　　制单

2. 通用记账凭证

通用记账凭证是相对于以上三种专用记账凭证而言的，是一种适合所有经济业务的记账凭证。对于收、付款经济业务不多的单位，可以使用通用记账凭证替代收款凭证、付款凭证和转账凭证，其格式与转账凭证基本相同，见表 5-12。

表 5-12 通用记账凭证

记 账 凭 证

年　月　日　　　　　　　　　　　　　　　记字第　　号

摘要	总账科目	明细科目	√	借方金额 千 百 十 万 千 百 十 元 角 分	√	贷方金额 千 百 十 万 千 百 十 元 角 分	附单据 张
合计							

财务主管　　　　　记账　　　　　出纳　　　　　审核　　　　　制单

三、记账凭证的内容

1）记账凭证的名称。
2）填制记账凭证的日期。
3）记账凭证的编号。
4）经济业务的摘要。
5）经济业务所涉及的会计科目（包括总账科目和明细科目）及其记账方向。
6）经济业务的金额。

7）记账标记。

8）所附原始凭证的张数。

9）有关责任人签名或盖章。

四、记账凭证的填制

（1）记账凭证各项内容必须完整。

（2）必须以审核无误的原始凭证为依据。可以根据每一张原始凭证填制，或根据若干张同类原始凭证汇总编制，也可以根据原始凭证汇总表填制。但不得将不同内容和类别的原始凭证汇总填制在一张记账凭证上。

（3）填写记账凭证的日期。既可以是填写凭证的当天日期，也可以是经济业务发生的日期或月末。

（4）记账凭证应连续编号。为了便于记账查账，必须将记账凭证按月连续编号，常用到的编号方法为以下两种：

1）将全部记账凭证统一编号，这种方法适用于通用记账凭证，即按照经济业务发生的先后顺序进行编号，本月的第一笔业务为"记字第1号"，至本月最后一张记账凭证"记字第×号"为止。

2）专用记账凭证编号：可以将三种不同的凭证分别编号为"收字第×号""付字第×号""转字第×号"，也可以将编号细化为"现收字第×号""现付字第×号""银收字第×号""银付字第×号""转字第×号"。

特别需要注意的是，当一项经济业务需要填制两张或两张以上的记账凭证时，可以采用分号编数法。如第20号记账凭证，需要填写三张凭证，则第一张编号为"记字第$20\frac{1}{3}$号"，第二张编号为"记字第$20\frac{2}{3}$号"，第三张编号为"记字第$20\frac{3}{3}$号"。

月末，在最后一张记账凭证的编号旁边，注明"全"，表明本月填制的记账凭证到此全部结束。

（5）记账凭证的内容摘要在填写时需做到真实准确、简明扼要、完整清楚。

（6）记账凭证会计科目包括总账科目和明细科目，应写全称，不得简写或只写编号。不能把不同内容、不同类型的经济业务合并编制在一张记账凭证上，这样会造成经济业务的具体内容不清楚，容易给记账、算账带来困难。

（7）填写记账凭证金额。记账凭证的金额必须与原始凭证相符，数字填写要清楚、规范，并注意与相应行次、栏次的对应要正确，金额数字要填写至"分"位。合计金额前应标明人民币符号"¥"。

（8）注销记账凭证中的空行。记账凭证所有内容填制完毕后，如有空行，应在金额栏划斜线或用S线注销。

（9）填写记账凭证所附原始凭证的张数。除结账和更正错误的记账凭证可以不附原始凭证外，其他记账凭证必须附有原始凭证。

（10）记账凭证上，必须有填制人员、审核人员、记账人员和会计主管的签名或盖章。

五、记账凭证的审核

记账凭证是登记账簿的依据，为了保证账簿登记的正确性，记账凭证填制完毕必须进行审核。审核的内容是：

1）内容是否真实。记账凭证是否附有原始凭证，所附原始凭证的张数、内容、金额与记账凭证上填写的是否相符。

2）记账凭证是否编号，编号是否正确。

3）经济业务摘要是否正确反映了经济业务的基本内容。

4）会计科目的名称及应借、应贷方向是否正确，总账科目和明细科目是否填写齐全，明细科目金额合计是否与所属总账科目金额相等。

5）相关责任人签名或盖章是否齐全。

经过审核的记账凭证，如无误，可作为登记账簿的依据。如有误，则根据是否入账进行不同的处理：如果发现未入账的记账凭证有错误，应重新编制；如果发现已入账的记账凭证有错误，应用适当的错账更正方法予以更正。

第四节　会计凭证的传递、装订和保管

一、会计凭证的传递

会计凭证的传递指会计凭证从填制或取得起到归档保管时止在本单位内部各有关部门和人员之间的传递程序。

会计凭证的传递，既需要企业根据自身经济业务的特点、经营管理的需要以及企业内部机构的设置和人员的分工情况，合理确定各种会计凭证传递路线；又需要确定合理的传递时间，明确规定会计凭证在各个环节的停留时间，这样可以防止不必要的延误，同时又避免时间定得过紧，影响业务手续的完成。

二、会计凭证的装订

会计凭证的装订指定期整理会计凭证，将整理完毕的会计凭证按照编号顺序，连同所附的原始凭证或原始凭证汇总表，外加封面、封底，装订成册，并在装订线上加盖封签。

小知识

会计凭证装订的方法

1. 装订前的准备

会计凭证装订前的准备，是对会计凭证进行排序、粘贴和折叠。原始凭证附在记账凭证上的顺序应与记账凭证所记载的内容顺序一致。凡是超过记账凭证宽度和长度的原始凭证，都要整齐地折叠进去，具体的折叠方法为先自右向后，再自下向后两次折叠。注意应把凭证

的左上角或左侧面让出来,以便装订后还可以展开查阅。

所有会计凭证都要加具封面和封底,分别如图 5-1、图 5-2 所示。

会计凭证封面

单位名称:					
日期: 自 年 月 日起至 年 月 日止					
凭证号数: 自 号至 号 凭证类别:					
册数: 本月共 册 本册是第 册					
原始凭证、汇总凭证张数: 共 张					
全宗号: 目录号: 案卷号:					
会计: 复核: 装订人: 年 月 日装订					

图 5-1 会计凭证封面

抽出附件登记表

抽出日期			原附件证号码	抽出附件的详细名称	抽出理由	抽取人签章	会计主管签收	归还日期		
年	月	日						年	月	日

图 5-2 会计凭证封底

2. 装订步骤

1)将凭证封面和封底分别附在凭证的前面和后面,再拿一张质地相同的纸放在封面上角,做护角。

2)在凭证的左上角画一边长为 5 厘米的等腰三角形,用夹子夹住,用装订机在底线上分布均匀地打两个孔。

3)用大针引线绳穿过两个孔。

4)在凭证的背面打结,把凭证两端也系上。

5)将护角向左上侧折叠,并将一侧剪开至凭证的左上角,然后抹上胶水。

6)向后折叠,并将侧面和背面的线绳扣粘上。

7)待晾干后,填好凭证封面,装订人在装订线封签处签名或盖章。

三、会计凭证的保管

会计机构、会计人员应妥善保管会计凭证。《会计基础工作规范》对会计凭证的保管做出了如下要求：

1）会计凭证应当及时传递，不得积压。

2）会计凭证登记完毕后，应当按照分类和编号顺序保管，不得散乱丢失。

3）记账凭证应当连同所附的原始凭证或者原始凭证汇总表，按照编号顺序，折叠整齐，按期装订成册，并加具封面，注明单位名称、年度、月份和起讫日期、凭证种类、起讫号码，由装订人在装订线封签处签名或者盖章。对于数量过多的原始凭证，可以单独装订保管，在封面上注明记账凭证日期、编号、种类，同时在记账凭证上注明"附件另订"和原始凭证名称及编号。各种经济合同、存出保证金收据以及涉外文件等重要原始凭证，应当另编目录，单独登记保管，并在有关的记账凭证和原始凭证上相互注明日期和编号。

4）原始凭证不得外借，其他单位如因特殊原因需要使用原始凭证时，经本单位会计机构负责人、会计主管人员批准，可以复制。向外单位提供的原始凭证复制件，应当在专设的登记簿上登记，并由提供人员和收取人员共同签名或者盖章。

5）从外单位取得的原始凭证如有遗失，应当取得原开出单位盖有公章的证明，并注明原来凭证的号码、金额和内容等，由经办单位会计机构负责人、会计主管人员和单位领导人批准后，才能代作原始凭证。如果确实无法取得证明的，如火车、轮船、飞机票等凭证，由当事人写出详细情况，由经办单位会计机构负责人、会计主管人员和单位领导人批准后，代作原始凭证。

本 章 小 结

序 号	内 容
1	本章介绍了关于会计凭证的基本知识。会计凭证指记录经济业务发生或者完成情况的书面证明，是登记账簿的依据，按照其填制程序和用途的不用，分为原始凭证和记账凭证两大类
2	原始凭证是在经济业务发生或完成时取得或填制的，用于记录或证明经济业务的发生或完成情况、明确经济责任、具有法律效力的书面证明，是编制记账凭证的依据
3	记账凭证是由财会部门根据已审核的原始凭证填制的、记载经济业务简要内容、确定会计分录并作为记账依据的书面证明
4	会计凭证需按照有关规定进行传递、装订和保管

会计账簿

本章学习要点:

1. 了解会计账簿的概念。
2. 知道会计账簿的种类。

第一节 会计账簿概述

一、会计账簿的概念

会计账簿是以经过审核的会计凭证为依据填制的,二者虽然都是用来记录经济业务,但作用有所不同。在会计核算中,对每一项经济业务,都必须取得和填制会计凭证,每张凭证只能记载个别经济业务的内容,因而会计凭证数量多且分散,所提供的资料也是零星的,不能全面、连续、系统地记录各项经济业务。为了给经济管理提供系统的会计核算资料,各单位都必须在填制和审核会计凭证的基础上,把分散在会计凭证上的大量核算资料,加以集中和归类整理,这时就用到了会计账簿。

会计账簿指由一定格式账页组成的,以经过审核的会计凭证为依据,全面、系统、连续、综合地记录各项经济业务的簿籍。

二、会计账簿的种类

会计账簿的种类如图 6-1 所示。

(一)账簿按用途分类

账簿按用途可分为序时账簿、分类账簿和备查账簿。

1)序时账簿:又称日记账,它是按照经济业务发生的时间先后顺序,逐日逐笔登记经济业务的账簿。按其记录经济业务内容不同又分为普通日记账和特种日记账。

普通日记账是用来登记全部经济业务发生情况的日记账。特种日记账是只记录某一类经济业务,反映特定项目的详细情况的日记账,如现金日记账和银行存款日记账。

2)分类账簿:是按照分类账户设置登记的账簿,有总分类账簿和明细分类账簿两种。按照总分类账户分类登记的账簿是总分类账簿,简称总账。按照明细分类账户分类登记的账簿是明细分类账簿,简称明细账。

3)备查账簿:备查账簿是对一些在序时账簿和分类账簿中不能记载或记载不全的经济

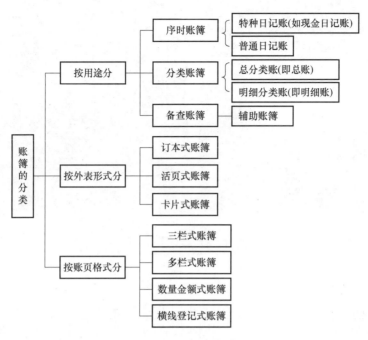

图 6-1　会计账簿的分类

业务进行补充登记的账簿，对序时账簿和分类账簿起补充作用，如委托加工材料登记簿、租入固定资产登记簿等。

（二）账簿按外表形式分类

账簿按外表形式可分为订本式账簿、活页式账簿和卡片式账簿。

1）订本式账簿：是在启用前就将一定数量的账页装订在一起，并对账页按顺序编号的账簿。订本式账簿能够避免账页散失或被抽换，安全性较高，但不能增减，且在同一时间内只能由一人登记，不便于记账人员分工协作，因此使用起来不够灵活，一般适用于总分类账、现金日记账、银行存款日记账，如图 6-2 所示。

2）活页式账簿：是将账页放置于账夹内，可以根据需要随时增加或减少账页的账簿。采用这种账簿，可根据实际需要增补账页，使用灵活，便于分工记账，但账页容易散失或被抽换。一般适用于各类明细分类账，如图 6-3 所示。

3）卡片式账簿：是将一定数量的卡片式账页存放于专设的卡片箱中，可以根据需要随时增添账页的账簿。这种账簿灵活方便，可随时存取，便于日常查阅，但账页容易散失或被抽换。一般适应于账页需要随着物资使用或存放地点的转移而重新排列的明细账，如固定资产明细分类账，如图 6-4 所示。

（三）账簿按所使用的账页格式分类

账簿按所使用的账页格式可分为三栏式账簿、多栏式账簿、数量金额式账簿和横线登记式账簿。

图 6-2 订本式账簿

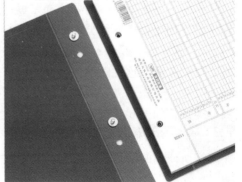

图 6-3 活页式账簿

固定资产卡片(正面)

类别:
名称:

形 式		停 用 记 录						备注
		原因	日期	原因	日期	原因	日期	
制造国家								
制造厂商								
制造日期								
制造号码								
使用年限								
购置日期								
原 值								
其中:安装费				大修记录				
净残值率				日期	凭证号	摘要	金额	
折 旧	年	月						
折 旧 额								

图 6-4 卡片式账簿

1) 三栏式账簿:指设有借方、贷方和余额三个金额栏目的账簿。这种账簿适用于只需要进行金额核算的经济业务,用来反映某项资金的增加、减少和结余情况,如图 6-5 所示。

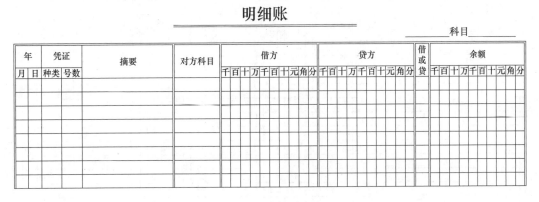

图 6-5 三栏式账簿

2) 多栏式账簿:指在借方、贷方栏下按需要再分设若干专栏的账簿。这种账簿适用于需要分项目具体反映金额的经济业务,如制造费用、生产成本、本年利润等明细分类账,如图 6-6 所示。

3) 数量金额式账簿:是借方、贷方、余额三个栏目下再分设数量、单价、金额三小栏,用以反映数量、单价、金额三者关系的账簿。这种账簿适用于既需要金额核算又需要数量核算的经济业务,如原材料、库存商品等明细账,如图 6-7 所示。

年		凭证编号	摘要	亿千百十万千百十元角分	亿千百十万千百十元角分	亿千百十万千百十元角分	亿千百十万千百十元角分	亿千百十万千百十元角分	亿千百十万千百十元角分
月	日								

图 6-6 多栏式账簿

库存商品明细账

总页号_____ 分页号_____

最高存量_____ 编 号_____

最低存量_____ 存储地点_____ 规格_____ 类别_____ 计量单位_____ 品 名_____

年		凭证		摘要	借方			贷方			余额		
月	日	种类	号数		数量	单价	金额 千百十万千百十元角分	数量	单价	金额 千百十万千百十元角分	数量	单价	金额 千百十万千百十元角分
				过次页									

图 6-7 数量金额式账簿

4）横线登记式账簿：是在同一张账页的同一行，记录某项经济业务从发生到结束的有关内容。这种账簿适用于需要逐笔进行结算的经济业务，如其他应收款、在途物资等明细分类账户，如图6-8所示。

						借方			贷方	余额
年	凭证号数	摘要	计量单位	发票数量	实收数量	发票价格	运杂费等	合计		
月 日						十万千百十元角分	十万千百十元角分	十万千百十元角分	十万千百十元角分	十万千百十元角分

明细账　　　编号____ 页次____ 总页____
材料科目_____
材料类别或名称_____

图6-8　横线登记式账簿

三、会计账簿的基本要素

1）封面：标明账簿的名称，如图6-9所示。

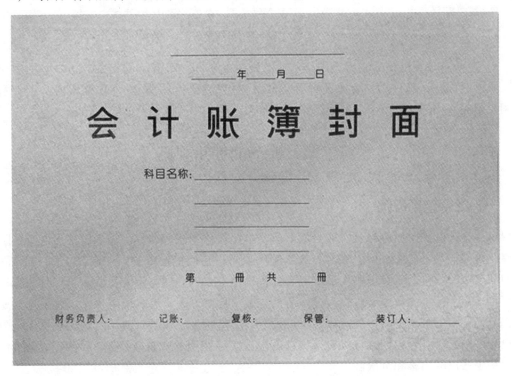

图6-9　账簿封面

2）扉页：主要是列明科目索引、账簿启用表和经管人员一览表，如图6-10所示。

账 簿 启 用 表

单位名称									单位盖章	
账簿名称										
账簿编号			年	总		册	第	册		
账簿页数										
启用日期										

经管人员	负 责 人			主 办 会 计			记 账			
	职别	姓名	盖章	职别	姓名	盖章	职别	姓名	盖章	

交接记录	职别	姓名	接 管			移 交			印花税票粘帖处
			年	月	日	盖章	年	月	日	盖章	

图 6-10 账簿扉页

3）账页：账页的格式，因反映经济业务内容的不同，可有不同格式，但基本内容应包括账户的名称、记账日期栏、凭证种类和号数栏、摘要栏、金额栏（包括借方金额、贷方金额及余额）、余额方向栏、总页数和分页数等。

第二节 账簿的使用规则

一、账簿启用规则

启用会计账簿时，应当在账簿封面上写明单位名称和账簿名称。在账簿扉页上应当附启用表，内容包括：启用日期、账簿页数、记账人员和会计机构负责人、会计主管人员姓名，并加盖名章和单位公章。记账人员或者会计机构负责人、会计主管人员调动工作时，应当注明交接日期、接办人员或者监交人员姓名，并由交接双方人员签名或者盖章。启用订本式账簿，应当从第一页到最后一页按顺序编写页数，不得跳页、缺号。使用活页式账页，应当按账户顺序编号，并须定期装订成册。装订后再按实际使用的账页顺序编写页码，另加目录，记明每个账户的名称和页次。

二、账簿登记规则

会计人员应当根据审核无误的会计凭证登记会计账簿。登记账簿的基本要求是：

1）登记会计账簿时，应当将会计凭证日期、编号、业务内容摘要、金额和有关资料逐项记入账内，做到数字准确、摘要清楚、登记及时、字迹工整。

2）登记完毕后，要在记账凭证上签名或者盖章，并注明已经登账的符号，表示已经记账。

3）账簿中书写的文字和数字上面要留有适当空格，不要写满格，一般应占格距的二分之一。

4）登记账簿要用蓝黑墨水或者碳素墨水书写，不得使用圆珠笔（银行的复写账簿除外）或者铅笔书写。

5）下列情况，可以用红色墨水记账：①按照红字冲账的记账凭证，冲销错误记录；②在不设借贷等栏的多栏式账页中，登记减少数；③在三栏式账户的余额栏前，如未印明余额方向的，在余额栏内登记负数余额；④根据国家统一会计制度的规定可以用红字登记的其他会计记录。

6）各种账簿按页次顺序连续登记，不得跳行、隔页。如果发生跳行、隔页，应当将空行、空页划线注销，或者注明"此行空白""此页空白"字样，并由记账人员签名或者盖章。

7）凡需要结出余额的账户，结出余额后，应当在"借或贷"等栏内写明"借"或者"贷"等字样。没有余额的账户，应当在"借或贷"等栏内写"平"字，并在余额栏内用"0"表示。现金日记账和银行存款日记账必须逐日结出余额。

8）每一账页登记完毕结转下页时，应当结出本页合计数及余额，写在本页最后一行和下页第一行有关栏内，并在摘要栏内分别注明"过次页"和"承前页"字样；也可以将本页合计数及金额只写在下页第一行有关栏内，并在摘要栏内注明"承前页"字样。对需要结计本月发生额的账户，结计"过次页"的本页合计数应当为自本月初起至本页末止发生额合计数；对需要结计本年累计发生额的账户，结计"过次页"的本页合计数应当为自年初起至本页末止的累计数；对既不需要结计本月发生额也不需要结计本年累计发生额的账户，可以只将每页末的余额转次页。

9）实行会计电算化的单位，总账和明细账应当定期打印。发生收款和付款业务的，在输入收款凭证和付款凭证的当天必须打印出现金日记账、银行存款日记账，并与库存现金核对无误。

10）账簿记录发生错误，不准涂改、挖补、刮擦或者用药水消除字迹，不准重新抄写，必须按照下列方法进行更正：①登记账簿时发生错误，应当将错误的文字或者数字划上红线注销，但必须使原有字迹仍可辨认；然后在划线上方填写正确的文字或者数字，并由记账人员在更正处盖章。对于错误的数字，应当全部划红线更正，不得只更正其中的错误数字。对于文字错误，可只划去错误的部分。②由于记账凭证错误而使账簿记录发生错误，应当按更正的记账凭证登记账簿。

第三节 账簿的设置和登记

一、日记账的设置和登记

（一）现金日记账的设置和登记

现金日记账是由出纳人员根据审核无误的现金收付凭证，按照经济业务发生的时间顺序，逐日逐笔登记并结出余额的账簿。

现金日记账必须采用订本式账簿，其账页格式可以采用"收入（借方）""支出（贷方）"和"余额"三栏式，也可以采用多栏式的格式，即将收入栏和支出栏分别按照对方科目设置若干专栏，如图 6-11 所示。

月	日	凭证字号	对方科目	摘要	借方 十亿千百十万千百十元角分	√	贷方 十亿千百十万千百十元角分	√	余额 十亿千百十万千百十元角分	√

图 6-11 现金日记账

为了及时掌握现金收、付和结余情况，现金日记账必须当日账务当日记录，并于当日结出余额；有些现金收、付业务频繁的单位，还应随时结出余额。

登记现金日记账时，除了遵循账簿登记的基本要求外，还应注意以下栏目的填写方法：

1）日期：日期的填写应为所依据的记账凭证的日期。

2）凭证编号：应填写据以登账的会计凭证的类型及编号。

3）摘要：清楚、简练地说明经济业务的要点。

4）对方科目：记录记账凭证中"库存现金"科目的对应科目。

5）借方、贷方：根据记账凭证记录现金的增加、减少。

6）余额：记录现金收付后的余额。

（二）银行存款日记账的设置和登记

银行存款日记账是由出纳人员根据审核无误的银行存款收付凭证，按照经济业务发生的时间顺序，逐日逐笔登记并结出余额的账簿。

银行存款日记账必须采用订本式账簿，其账页格式可以采用"收入（借方）""支出（贷方）"和"余额"三栏式，也可以采用多栏式账页，如图 6-12 所示。

银 行 存 款 日 记 账

年 月 日	凭证编号	摘要	对方科目	借方 千百十万千百十元角分	√	贷方 千百十万千百十元角分	√	余额 千百十万千百十元角分

图 6-12 银行存款日记账

银行存款日记账与现金日记账的填制要点基本相同，此处不再赘述。

二、分类账的设置和登记

（一）总分类账的设置和登记

总分类账简称总账，是按总分类账户进行登记的账簿。总分类账能全面、总括地反映经济活动的总体状况，并为编制会计报表提供数据资料。因此，每个单位都必须设置总分类账。

总分类账的账页格式，一般采用"借方""贷方""余额"三栏式，如图6-13所示。

总分类账

会计科目 _____

年		记账凭证号数	摘 要	对方科目	借 方	贷 方	借或贷	余 额
月	日				千百十万千百十元角分	千百十万千百十元角分		千百十万千百十元角分

图6-13 总分类账

由于不同单位所采用的会计核算程序不同，总分类账的登记方法也有所不同。会计人员可根据记账凭证逐笔登记，也可以根据定期编制的记账凭证汇总表进行登记。

（二）明细分类账的设置和登记

明细分类账简称明细账，指按照明细分类账户进行登记的账簿，用来对经济业务的详细内容进行核算，对总分类账中记录的总括资料起补充作用。

明细分类账的账页格式，根据所登记经济业务的不同需要，可采用三栏式账页、多栏式账页、数量金额式账页或横线登记式账页。

三、备查账簿的设置和登记

备查账簿指对一些在序时账簿和分类账簿中不能记载或记载不全的经济业务进行补充登记的账簿，对序时账簿和分类账簿起补充作用，如委托加工材料登记簿、租入固定资产登记簿等。备查账簿没有固定格式，各企业、单位可以根据实际需要来设置这类账簿。

第四节　对账和结账

一、对账

对账，就是核对账目，指在会计核算中，为保证账簿记录正确可靠，对账簿中的有关数据进行检查和核对的工作。

各单位应当定期对会计账簿记录的有关数字与库存实物、货币资金、有价证券、往来单位或者个人进行相互核对，保证账证相符、账账相符、账实相符。对账工作每年至少进行一次。

1）账证核对：核对会计账簿记录与原始凭证、记账凭证的时间、凭证字号、内容、金额是否一致，记账方向是否相符。

2）账账核对：核对不同会计账簿之间的账簿记录是否相符，包括：总账有关账户的余额核对，总账与明细账核对，总账与日记账核对，会计部门的财产物资明细账与财产物资保管和使用部门的有关明细账核对等。

3）账实核对：核对会计账簿记录与各项财产等实有数额是否相符。包括：现金日记账账面余额与现金实际库存数相核对；银行存款日记账账面余额与银行对账单相核对；各种应收、应付款明细账账面余额与有关债务、债权单位或者个人核对等。

二、结账

结账是对各种账簿的本期发生额和期末余额进行计算，总结某一个会计期间内的经济业务的发生情况及其结果，据以编制财务会计报表。各单位应当按照规定定期结账。

结账的具体要求如下：

（1）结账前，必须将本期内所发生的各项经济业务全部登记入账。

（2）结账时，应当结出每个账户的期末余额。

1）日结：需要每日都进行结账的，应在每日终了时在摘要栏注明"本日合计"字样，计算出本日的发生额及余额。

2）月结：需要结出当月发生额的，应当在摘要栏内注明"本月合计"字样，并在下面通栏划单红线以便与下月发生额划清。

3）年结：年度终了，需要结出本年累计发生额及余额，应当在摘要栏内注明"本年合计"字样，并在下面通栏划单红线；12月末的"本年合计"就是全年累计发生额。全年累计发生额下面应当通栏划双红线。

（3）年度终了，要把各账户的余额转到下一会计年度，并在摘要栏注明"结转下年"字样；在下一会计年度新建有关会计账簿的第一行余额栏内填写上年结转的余额，并在摘要栏注明"上年结转"字样。

本 章 小 结

序 号	内 容
1	本章介绍了有关会计账簿的相关知识。会计账簿指由一定格式账页组成的，以经过审核的会计凭证为依据，全面、系统、连续、综合地记录各项经济业务的簿籍
2	按照不同的分类方法，账簿可以分成不同的种类，并有不同的适用范围、格式和登记方法
3	各单位应定期进行对账，保证账证相符、账账相符、账实相符，也应定期进行结账，据以编制财务会计报表

第七章 财 产 清 查

本章学习要点：

1. 了解财产清查的概念与分类。
2. 了解财产清查的意义。
3. 了解财产清查的内容与方法。
4. 了解财产清查的结果及其处理方法。

第一节 财产清查概述

一、财产清查的意义

财产清查是对企业的货币资金、实物资产和往来款项进行实地盘点或核对账目，以确定其在某一时点的实存数与账存数是否相符，即账实是否相符的各种专门方法。

保证会计信息资料的真实性是对会计核算工作最重要的质量要求，只有真实的会计信息才能起到会计核算应有的作用。会计核算通过审核原始凭证、填制记账凭证、登记有关账簿，反映资产、负债和所有者权益的增减变化及其结果，因而账簿记录与财产物资的实际结存数应保持一致。但是，在实际工作中，由于种种主客观原因往往会造成某些财产物资账存数与实存数不符的现象。造成账实不符的原因主要有以下几个：

1）在财产收、发过程中，由于计量、检验不准确而发生品种、数量或质量上的差错。

2）在财产发生增减变动时，没有及时填制凭证、登记入账；或者在填制凭证、登记入账时，发生计算上或登记上的差错。

3）在财产的保管过程中，受到气候等自然因素影响而发生的数量和质量上的变化。

4）由于保管不善或工作人员失职发生的财产残损、变质与短缺，以及货币资金、债权债务的差错。

5）由于不法分子营私舞弊、贪污盗窃等而造成的财产物资损失。

6）因未达账项或拒付而引起单位之间的账账不符等。

由于上述原因，有必要对财产物资进行清点，查明其实际结存数；对银行存款和各项应收、应付款项进行查询、核对，及时结算，避免债权债务长期拖欠、挂账。企业应建立清查制度，加强管理。清点工作结束后，应以实际结存数为准，调整账面记录。

进行财产清查的意义：

1)可以查明各项财产物资的实存数,与其账存数相核对,查明各项财产物资的账实是否相符及差错产生的原因,及时调整账面记录,使其账实相符,从而保证会计账簿记录的真实性,进而保证下一步编制的会计报表所提供的财务信息的真实性。

2)可以促使企业及时发现财产管理上存在的问题,不断改善管理方法和手段,加强监督,健全财产物资管理制度。可以促进财产物资的有效使用,避免损失浪费。

3)通过对银行存款的核对与应收、应付款的及时结算,避免债权债务长期挂账、拖欠,共同维护结算纪律和商业信用。

二、财产清查的种类

企业在编制年度财务会计报告前应全面清查财产,核实债权、债务。财产清查的方法、手段各种各样,可以按不同的标准进行分类。

(一)按财产清查的范围划分

按财产清查的范围,可以分为全面清查和局部清查,具体见表7-1。

表7-1 按财产清查的范围划分

种 类	概 念	特 点	范 围
全面清查	是对属于本单位的所有财产物资、货币资金和应收应付款进行全面、彻底的盘点、核对	清查内容多,范围广泛	在年终决算之前,资产评估,本单位撤销、合并或改变隶属关系时
局部清查	根据企业管理的需要或有关规定,对部分财产物资、应收应付款进行的盘点、核对	有针对性地进行清查	对现金的每日清查、对银行存款与银行进行的每月核对、存货与贵重物品经常清查、应收应付款的年内核对。保管人员变动时

(二)按财产清查的时间划分

按财产清查的时间划分,可以分为定期清查和不定期清查,具体见表7-2。

表7-2 按财产清查的时间划分

种 类	概 念	特 点	范 围
定期清查	按照预先计划安排好的具体时间进行的清查	一般定于月末、季末、年末结账之前进行	可以是全面清查,也可以是局部清查
不定期清查	事先并无计划安排,根据实际情况需要进行的临时性的、随机性的清查	不规定具体的时间,如果管理需要,可随时进行	保管人员变动时,分清责任;发生自然灾害或意外损失时,查明损失;本单位撤销、合并或改变隶属关系时,摸清家底;政府有关管理部门突击检查时等

三、财产清查的内容与方法

(一)货币资金清查

1)现金清查:采用实地盘点确定库存现金实际结存数,再与现金日记账账面余额数相核对,查明账实是否相符及长短款的情况。清点库存现金时,出纳人员必须在场,以明确责任。清点结束后,将清查结果填入库存现金盘点表,由盘点人员和出纳员签章。库存现金盘点表的格式见表 7-3。

表 7-3　库存现金盘点表

账目金额	实存金额	盘　盈	盘　亏	备　注

2）银行存款清查：通过与企业开户银行提供的"对账单"进行核对，查明企业银行存款实际结存数额。清查之前，应检查本单位发生的与银行存款有关的经济业务是否已经全部记入企业的"银行存款日记账"，确定账簿记录的完整与准确。然后，将银行提供的当期"对账单"与"银行存款日记账"的账面记录进行逐笔核对。如果经过逐笔核对，企业的"银行存款日记账"的余额与当期银行的"对账单"余额相等，证明账簿记录无误。如果双方余额不相等，可能有一方或双方记账错误；但是，也存在双方记录都无误而出现双方余额不相等的现象。这是由于"未达账项"的出现，致使双方余额不相等。"未达账项"指企业与银行由于收到结算凭证与核算时间的不同，因而出现一方已经入账，而另一方尚未入账的会计事项。"未达账项"有以下四种情况：

一是企业收到或送存银行的款项，企业已入账，而银行尚未办理完转账手续因而收付款未入账的款项，如收到外单位的转账支票。

二是企业已经付款入账，而银行尚未办理完转账手续因而收付款未入账的款项，如企业已开出支票支付水费而持票人尚未通知银行转账。

三是银行已经收款入账，而企业尚未收到银行的收款通知因而收付款未入账的款项，如企业销售货物委托银行收款。

四是银行已经付款入账，而企业尚未收到银行的付款通知因而收付款未入账的款项，如企业在银行的借款利息到期银行直接扣付。

上述任何一种情况出现，都会造成企业"银行存款日记账"的账面余额与银行"对账单"上的余额不相等。因此，在清查时如果双方账目记录都没有错记、漏记、重记的事项，应注意查明是否存在"未达账项"。如果发现存在"未达账项"，需要根据"未达账项"的有关数据编制"银行存款余额调节表"，然后，再根据此表核查双方余额是否一致。

【例87】某公司 2016 年 8 月"银行存款日记账"的余额为 682 000 元，银行对账单上的余额为 655 000 元。经逐笔核对，发现有以下未达账项：

1）企业已付款支付的水费 3 000 元，银行尚未收到单据，未付款入账。

2）企业已收到的结算款 128 000 元，银行尚未收到单据，未收款入账。

3）银行直接扣付的企业的短期借款利息 2 000 元，已从企业的基本存款账户上划出，企业尚未收到有关凭证，未付款入账。

4）银行收到的建设单位的预付工程款 100 000 元，已划入企业基本存款账户，企业尚未收到有关凭证，未收款入账。

根据上述资料，编制"银行存款余额调节表"，见表 7-4。

表 7-4 银行存款余额调节表

项 目	金 额	项 目	金 额
企业银行存款日记账余额	682 000	银行对账单余额	655 000
加：银行已收，企业未收	100 000	加：企业已收，银行未收	128 000
减：银行已付，企业未付	2 000	减：企业已付，银行未付	3 000
调整后的存款余额	780 000	调整好的存款余额	780 000

（二）实物清查

实物清查包括对存货与固定资产的清查。存货与固定资产的清查方法一般都是采用实地盘点的方法进行。

实地盘点法指在财产物资的存放现场逐一清点数量或用计量仪器确定其实存数额的方法。如逐一清点各种机器设备的数量，用秤计量库存多少吨钢材。这种方法直观、准确，大多数财产物资的清查都可以采用这种方法。

对于价值低、数量大的财产物资，如大量堆放、成堆堆放的沙石、土方等笨重的财产物资，难以逐一清点其数量，可以通过测量体积、长度、平方等技术，推算出财产物资实存数。这种方法叫技术推算法。

在盘点财产物资时，财产物资的保管人员必须在现场。盘点时，盘点人员要做好盘点记录；盘点结束，盘点人员应根据盘点记录，编制"盘点表"，并由盘点人员和保管人员及有关责任人签章。"盘点表"是记录财产物资盘点结果的书面证明，是反映财产物资实有数额的原始凭证。通常一式两份，一份由实物保管人留存，一份送交会计部门与账面记录核对。"盘点表"的一般格式见表 7-5。

表 7-5 盘点表的一般格式

盘点部门		存放地点				年 月 日	
编 号	物资名称	规格型号	计量单位	数 量	单 价	金 额	备 注

在"盘点单"填制审核完毕后，应将其与有关账簿记录资料进行核对，并将核对结果填制"实存账存对比表"，通过数据比较分析确定账实是否相符，确定实物的盈亏情况。根据"实存账存对比表"的结果，分析差异的产生原因，做出相应处理。"实存账存对比表"是用以调整账面记录的原始单据，是确定有关责任人员经济责任的依据。"实存账存对比表"的一般格式见表 7-6。

表 7-6 实存账存对比表

编号	物资名称	规格型号	计量单位	单价	实存数		账存数		盘盈		盘亏		备注
					数量	金额	数量	金额	数量	金额	数量	金额	

(三) 应收应付往来款项的清查

对于应收和应付款项的清查一般通过向对方发函询证或面询的方法进行，即与对方核对账单，并根据查询结果与企业记录进行比对，填制"结算款项核对登记表"，经过分析研究，做出处理。

四、财产清查的一般程序

1）制订财产清查计划，成立清查小组。确立财产清查的范围、时间和方法，确定参加清查的人员职责和分工。清查小组一般由会计、业务、仓库保管等有关部门人员组成，并由具有一定职权的人员负责清查组织的各项工作。清查小组应及时将清查结果总结、整理，以书面报告形式向有关管理机构报告。

2）会计部门应在财产清查之前，确认账簿记录完整，计算准确，做到账账相符，账证相符，为账实核对提供真实、正确的账簿资料。

3）财产物资的保管和使用部门应对截止到清查日期止所经办的业务，办好手续，登记好所经管的各种财产物资的明细账、卡，并将所保管和使用的各项财产物资整理好，挂上标签，标明品种、规格和结存数量，以便盘点核对。

4）准备好有关清查登记使用的表册和各种计量器具。

5）对银行存款、往来款项，在清查之前，应与对方取得联系，取得对方的有关对账单，或将本单位的对账单（有关凭证的复印件）寄给对方，以便进行核对。

第二节　财产清查结果的处理

一、财产清查结果的处理步骤

财产清查后，如果实存数与账存数相符，不必做账务处理。如果出现实存数与账存数不相符，有两种情况：一是实存数大于账存数，称为盘盈；二是实存数小于账存数，称为盘亏。无论是盘盈还是盘亏，都必须进行账务处理，调整账存数，使账存数与实存数相一致，保证账实相符。盘盈时，调整账存数使其增加，与实存数相一致；盘亏时，调整账存数使其减少，与实存数相符。盘盈、盘亏都说明企业在经营管理和财产物资的保管中，存在一定问题。对于在财产清查中出现的资产与权益的盘盈、盘亏等，清查小组应及时上报管理部门做出处理决定，并进行账务处理，调整账簿记录，做到账实相符。

因此，当财产清查后，发现账存数与实存数不相一致时，应核准数字，并进一步分析形成的原因，明确经济责任，并提出相应的处理意见。有关管理部门对处理意见做出处理决定，按规定的程序批准后，才能对差异进行处理。这个结果的会计处理过程分两步：第一步是根据清查过程中查明的盘盈、盘亏的数目所编制的"实存账存对比表"，填制记账凭证，并据此登记有关账户，以调整账面记录，使各项财产物资的账目结存数与实际结存数相一致，并反映出待处理的财产物资的损益情况。第二步是在查清财产物资的损溢原因，明确经济责任之后，根据管理部门的处理决定，填制记账凭证，分别记入有关账户。

二、财产清查结果的处理方法

为了核算和监督财产清查的盈亏处理结果，需设置"待处理财产损溢"账户。该账户属于资产类账户，核算企业在财产清查中查明的各项财产物资的盘盈、盘亏的金额。借方登记查明的等待处理结果的财产物资的盘亏数额以及经批准转销的盘盈数额；贷方登记在财产清查中查明的等待处理结果的财产物资的盘盈数额以及经批准转销的盘亏数额。期末借方余额，反映尚未批准处理的盘亏数额；期末贷方余额，反映尚未批准的盘盈数额，见表7-7。盘盈、盘亏的各项财产的损溢，应于期末结账前查明原因，经有权限的管理部门批准后，在结账时处理完毕。经批准，盘盈或盘亏转销后，本账户无余额。

表7-7 "待处理财产损溢"账户

借方	待处理财产损溢	贷方
查明的等待处理结果的财产物资的盘亏金额，经批准转销的盘盈数额		查明的等待处理结果的财产物资的盘盈金额，经批准转销的盘亏数额
余额：尚未批准处理的盘亏数额		余额：尚未批准的盘盈数额

本账户应设置"待处理流动资产损溢"和"待处理固定资产损溢"两个明细账户，分别对流动资产（如原材料等存货的盘盈）和固定资产（如机器设备）损溢进行核算。

【例88】 某企业在3月末进行财产清查，发现库存现金短缺15元。简述财产清查结果的处理。

第一步，填制"库存现金盘点表"，据此编制会计分录如下：

借：待处理财产损溢——待处理流动资产损溢　　　　　　　　　　15
　　贷：库存现金　　　　　　　　　　　　　　　　　　　　　　　　15

第二步，经过清查，短款原因系出纳人员工作疏忽造成的，由其负责赔偿。收到赔偿款后，编制会计分录如下：

借：库存现金　　　　　　　　　　　　　　　　　　　　　　　　15
　　贷：待处理财产损溢——待处理流动资产损溢　　　　　　　　　　15

如果上述短款是由于非常损失（如火灾、盗窃等）造成的，经报批核销时，编制会计分录如下：

借：营业外支出　　　　　　　　　　　　　　　　　　　　　　　15
　　贷：待处理财产损溢——待处理流动资产损溢　　　　　　　　　　15

【例89】 企业在清查中发现A材料短缺2吨，每吨单价500元。简述财产清查结果的处理。

第一步，填制"实存账存对比表"，据此编制会计分录如下：

借：待处理财产损溢——待处理流动资产损溢　　　　　　　　　1 000
　　贷：原材料——A材料　　　　　　　　　　　　　　　　　　　1 000

第二步，经查明原因，材料短缺是因为定额内的自然损耗造成的。有关权力部门做出处理决定：定额内的自然损耗，属于正常损失。据此，会计部门可作为"当期损益"进行核算。

借：管理费用 1 000
　　贷：待处理财产损溢——待处理流动资产损溢 1 000

如果上述短款是由于保管人员管理不善造成的，属于非正常损失。有关权力部门应做出处理决定：管理不当造成的损失，属于非正常损失，应由其赔偿。据此，会计部门可作为"其他应收款"进行核算，待责任人交来赔偿款后，再做进一步的处理。

借：其他应收款 1 000
　　贷：待处理财产损溢——待处理流动资产损溢 1 000

【例90】 企业在财产清查过程中，发现一台账外设备，估计同类设备的市场价格为10 000元，估计价值损耗为4 000元。简述财产清查结果的处理。

盘盈的固定资产，按照同类或类似固定资产的市场价格，减去按该项资产的新旧程度估计的价值损耗后的余额，作为其入账价值。编制会计分录如下：

借：固定资产 6 000
　　贷：待处理财产损溢——待处理固定资产损溢 6 000

将上述盘盈结果上报，经审核批准后可转作"营业外收入"，编制会计分录如下：

借：待处理财产损溢——待处理固定资产损溢 6 000
　　贷：营业外收入 6 000

本 章 小 结

序号	内容
1	财产清查是对企业的货币资金、实物资产和往来款项进行实地盘点或核对账目，以确定在某一时点的实存数与账存数是否相符，即账实是否相符的各种专业方法
2	财产清查按照清查的范围分为全面清查和局部清查；按财产清查的时间可以分为定期清查和不定期清查
3	财产清查的内容包括货币资金的清查、实物资产的清查和往来款项的清查
4	财产清查后，如果出现实存数与账存数不相符，会出现盘盈或盘亏这两种情况。无论是盘盈还是盘亏，都必须进行账务处理，调整账存数，使账存数与实存数一致，保证账实相符
5	财产清查结果的会计处理过程分两步：第一步是调整账面记录，使各项财产物资的账目结存数与实际结存数一致。第二步是在查清原因，明确经济责任之后，根据管理部门的处理决定，填制记账凭证，分别记入有关账户

第八章 会计核算程序

本章学习要点：

1. 了解会计核算程序的概念。
2. 了解会计核算程序的种类。
3. 掌握记账凭证核算的方法。
4. 了解科目汇总表核算程序。

第一节 会计核算程序概述

一、会计核算程序的概念

会计核算程序也叫账务处理程序或会计核算组织程序，指在会计核算中会计凭证组织、会计账簿组织、记账程序和方法相互结合的方式。包括会计凭证和账簿的种类、格式，会计凭证与账簿之间的联系方法，以及从原始凭证到编制记账凭证、登记明细分类账和总分类账、编制会计报表的工作程序和方法。

会计凭证组织指凭证的种类、格式和相互之间的关系；会计账簿组织指所应用账簿的种类、格式以及各种账簿间的关系；记账程序和方法指编制记账凭证、登记账簿和提供会计报表所需资料等的程序和方法。

会计凭证、会计账簿、会计报表这三个要素之间结合方式的不同，尤其是登记总分类账的方法不同，就形成了不同的会计核算程序。在长期的会计核算工作实践中，形成了记账凭证核算程序、科目汇总表核算程序和汇总记账凭证核算程序等。不同的会计核算程序又有不同的方法、特点和适用范围。本教材只介绍前两种核算程序。

二、选择会计核算程序的原则

企业要本着适应企业经济业务的特点，满足管理需要，有利于提高会计核算工作的效率，保证会计核算资料和会计信息的正确与完整的原则，选择适合的会计核算程序。

第二节 记账凭证会计核算程序

一、记账凭证核算程序的概念

记账凭证核算程序指对发生的经济业务，都要根据原始凭证或汇总原始凭证编制记账凭证,然后直接根据记账凭证逐笔登记现金日记账、银行存款日记账、明细分类账和总分类账的一种账务处理程序。在这种核算程序下,需要设置现金日记账、银行存款日记账、明细分类账和总分类账,其中现金日记账、银行存款日记账和总分类账一般采用三栏式,明细分类账根据需要可采用三栏式、多栏式和数量金额式。记账凭证可以采用通用记账凭证,也可以分别采用收款凭证、付款凭证和转账凭证,它是会计核算工作中最基本的一种账务处理程序,其一般步骤是:

1)根据原始凭证编制汇总原始凭证。
2)根据原始凭证或汇总原始凭证,编制记账凭证。
3)根据记账凭证逐笔登记现金日记账、银行存款日记账。
4)根据记账凭证逐笔登记各种明细分类账。
5)根据记账凭证逐笔登记总分类账。
6)期末,将现金日记账、银行存款日记账和明细分类账的余额与有关总分类账的余额核对是否相符。
7)期末,根据总分类账和明细分类账的记录,编制会计报表。

记账凭证核算程序如图 8-1 所示。

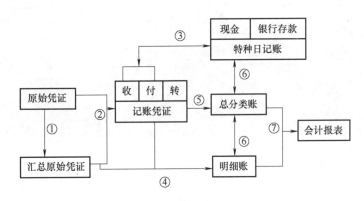

图 8-1 记账凭证核算程序图

二、记账凭证核算程序的特点

记账凭证核算程序是直接根据记账凭证逐笔登记总分类账。它具有简单明了,易于理解的优点,总分类账可以较详细地反映经济业务的发生情况。但也具有登记总分类账的工作量较大的缺点,适用于生产规模较小、业务量较少的企业。

三、记账凭证核算程序的应用

以 ABC 建筑公司 2016 年 12 月份的经济业务为例(见第四章例 19~例 77),详细介绍记账凭证核算程序的账务处理过程。各个会计科目明细账账簿记录详见下文"小知识——会计电算化"导出的账簿登记内容。**会计电算化财务处理操作视频参见配套资源"会计电算化"。**

小知识

会计电算化

所谓会计电算化，指以电子计算机为主体的信息技术在会计工作中的应用，具体而言，就是利用专业会计软件，指挥计算机设备代替人工完成记账、算账和报账的会计工作过程。

现在各企业财务部门常用的软件有金蝶、用友、浪潮等软件，各种软件虽各有长处，但是基本的操作原理和账务处理程序是一样的。为便于教学，这里我们选用了一款免费软件"柠檬云"示例讲解。柠檬云软件可在互联网下载使用。柠檬云财税是一款专业财务软件，凭证、账簿、报表生成、固定资产、辅助核算、打印备份等功能一应俱全。它适合所有行业使用，支持电脑、手机平板等设备，数据自动同步。软件下载安装后，进入首页（图8-2）后，注册账号就可以使用。查看菜单，单击"首页"，即可进入网络版首页页面，如图8-3所示。

图 8-2　柠檬云财税页面

图 8-3　网络版首页页面

下面,利用本教材第四章例19~例70这52个例题,给大家演示利用这款软件记账的操作过程。

第一步,设置账套。在网页左侧的菜单中找到"设置"菜单,然后从右拉出"账套"菜单,如图8-4所示。单击选中,出现"账套管理"页面,如图8-5所示。在这里,我们首先来输入企业的基本信息,如企业名称、账套启用年月等参数。输入完毕后,单击"创建账套"即完成了账套的设置,如图8-6所示。

图8-4 查找"账套"菜单

图8-5 "账套管理"页面

第二步,设置会计科目。一般一级科目系统已提供,可以满足我们的需要,我们只需要按照经济业务核算内容设置明细科目即可。还是从左侧的菜单栏,找到"设置"菜单,然后,再右拉出"科目"菜单,单击选中,会显示出"科目管理"编辑页面,如图8-7所示。

图 8-6　创建账套

图 8-7　"科目管理"页面

在"科目管理"页面中，找到需要设置明细科目的科目，然后单击"新增"，在新增科目窗口输入明细科目名称即可，系统自动生成明细科目代码，如"原材料"科目的明细科目如图 8-8 所示。

第三步，输入期初余额。我们依然是在左侧"设置"菜单右拉出"期初"菜单，单击选中，会显示出"期初设置"编辑页面，在这里可以输入各个科目的期初余额，如图 8-9 所示。选中要输入期初余额的科目名称，再选中余额方向，然后，在编辑栏输入余额即可。全部科目余额输入完毕后，单击右上方的"试算平衡"按钮，可以进行期初余额的试算平衡，结果如图 8-10 所示。

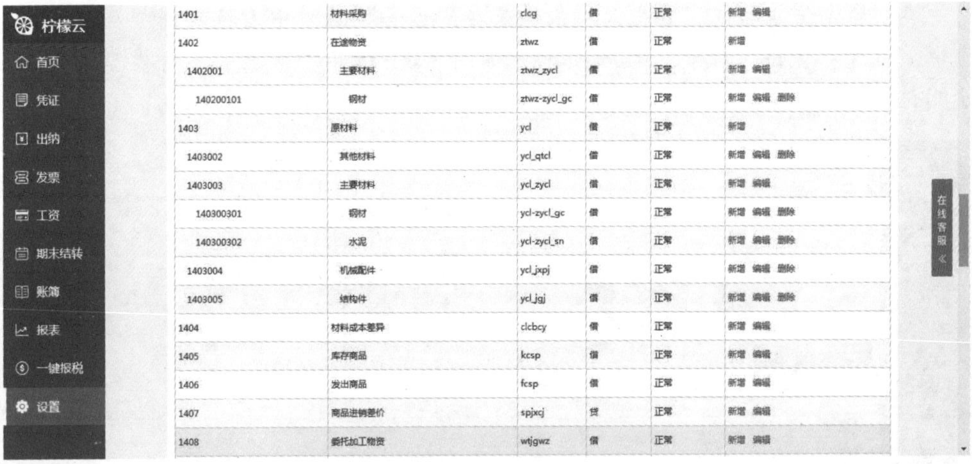

图 8-8 "原材料"明细科目

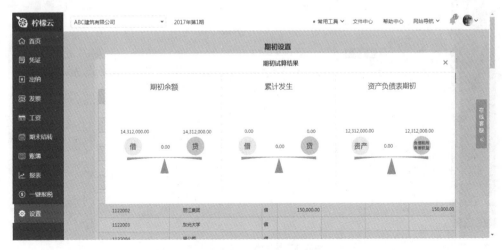

图 8-9 期初设置

图 8-10 试算平衡结果

第四步，填制记账凭证。首先，我们还是在"设置"菜单中右拉找到"凭证字"菜单，单击选中，出现"凭证字设置"编辑页面，如图8-11所示。这里有各种类型的记账凭证，如"通用记账凭证"和"收、付、转"分类记账凭证可以供我们选择采用。

图8-11 "凭证字设置"页面

选好记账凭证的类型后，可开始填制记账凭证。在左侧的菜单栏找到"凭证"菜单，右拉选中"新增凭证"（图8-12），进入"记账凭证"的编辑窗口，如图8-13所示。在这里我们可以输入记账凭证的内容，如凭证的编号、日期、摘要、科目名称、金额等。其中，科目名称的输入方法，可以输入科目代码，也可以直接输入科目名称，还可以单击"会计科目"栏目框内（图8-13），出现的所有科目。记账凭证的内容全部输入完毕后，单击左上方的"保存并新增"按钮，就可以完成一个记账凭证的输入，并自动出现下一张需要输入的凭证。如果凭证输入后，发现记账凭证有输入错误，可以通过"凭证"→"查看凭证"菜单，单击"修改"按钮，进行修改，如图8-14所示。

图8-12 选中"新增凭证"

图 8-13 "记账凭证"编辑窗口

图 8-14 凭证修改

第五步，进行期末结账。我们在左侧的菜单栏，单击"期末结转"按钮，出现"期末处理"编辑窗口，选择"期末处理"菜单并选择要进行期末结账的日期"2016-12"，如图 8-15 所示。单击并出现"第1步 期末检查"的页面，如图 8-16 所示。如果没有需要特殊处理的内容，直接单击"下一步"按钮即可，直到出现结账的页面，单击"结账"按钮，如图 8-17 所示，即可完成该月的记账处理。如果记账后，发现凭证有错误，可以通过"期末结账"→"反结账"→"凭证"→"查看凭证"进行修改处理。

第六步，记账完成后，在左侧的菜单栏，找到"账簿"菜单，右拉显示出本期登记的各种"明细账"和"总账"等，然后我们可以在这个页面下，在右方找到我们想查看的各个账户的登记记录。单击进入其中一个账户，再单击"导出"按钮，即可导出账簿记录到

图 8-15 期末处理

图 8-16 "第 1 步 期末检查"页面

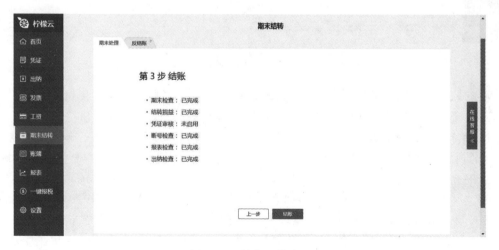

图 8-17 单击"结账"

电脑上并保存,连接打印机打印即可得到纸质的账簿记录。例如"库存现金 明细账",如图 8-18 所示。

图 8-18 "库存现金 明细账"页面

第七步,从左侧的菜单栏,找到"报表"菜单,显示本期的所有报表,如资产负债表、利润表等,单击进入即可显示出资产负债表的内容页面,如图 8-19 所示。

图 8-19 "资产负债表"页面

会计电算化极大地提高了会计核算的工作效率,已普遍应用到会计工作中。

根据教材中的例 19~例 70,采用会计电算化进行账务处理后,导出的记账凭证见表 8-1,导出的各种明细账见表 8-2~表 8-61。

表 8-1 记账凭证的填制

日 期	凭证号	摘 要	科目编码	科目名称	借 方	贷 方
2016-12-01	记-19	收到投资	1002	银行存款	500 000.00	
2016-12-01	记-19	收到投资	4001	实收资本		500 000.00
2016-12-02	记-20	收到原材料投资	1403001	原材料——主要材料	100 000.00	
2016-12-02	记-20	收到原材料投资	222100101	应交税费——应交增值税——进项税额	16 000.00	
2016-12-02	记-20	收到原材料投资	4001	实收资本		116 000.00
2016-12-03	记-21	接受专利技术	1701	无形资产	234 000.00	
2016-12-03	记-21	接受专利技术	4001	实收资本		234 000.00
2016-12-03	记-22	接受投资机器	1601	固定资产	150 000.00	
2016-12-03	记-22	接受投资机器	4001	实收资本		150 000.00
2016-12-03	记-28	购入材料	1403001	原材料——主要材料	280 000.00	
2016-12-03	记-28	购入材料	222100101	应交税费——应交增值税——进项税额	44 800.00	
2016-12-03	记-28	购入材料	1002	银行存款		324 800.00
2016-12-03	记-34	发工资	2211001	应付职工薪酬——工资	500 000.00	
2016-12-03	记-34	发工资	1002	银行存款		500 000.00
2016-12-04	记-23	借短期借款	1002	银行存款	100 000.00	
2016-12-04	记-23	借短期借款	2001	短期借款		100 000.00
2016-12-04	记-35	向分包单位预付货款	1123001	预付账款——某分包单位	60 000.00	
2016-12-04	记-35	向分包单位预付货款	1002	银行存款		60 000.00
2016-12-06	记-29	购入材料未入库	1402002	在途物资——主要材料	400 000.00	
2016-12-06	记-29	购入材料未入库	222100101	应交税费——应交增值税——进项税额	64 000.00	
2016-12-06	记-29	购入材料未入库	1002	银行存款		464 000.00
2016-12-08	记-24	借2年期借款	1002	银行存款	500 000.00	
2016-12-08	记-24	借2年期借款	2501	长期借款		500 000.00
2016-12-08	记-30	购入材料	1403001	原材料——主要材料	19 000.00	
2016-12-08	记-30	购入材料	222100101	应交税费——应交增值税——进项税额	3 040.00	
2016-12-08	记-30	购入材料	2202001	应付账款——中原建材公司		22 040.00
2016-12-10	记-31	购入钢材到达	1403001	原材料——主要材料	400 000.00	
2016-12-10	记-31	购入钢材到达	1402002	在途物资——主要材料		400 000.00
2016-12-10	记-36	支付水电费	6602005	管理费用——水电费	1 000.00	
2016-12-10	记-36	支付水电费	540100101	工程施工——合同成本——间接费用	1 500.00	
2016-12-10	记-36	支付水电费	1002	银行存款		2 500.00
2016-12-10	记-51	收到欠款	1002	银行存款	200 000.00	
2016-12-10	记-51	收到欠款	1122001	应收账款——华都集团		200 000.00
2016-12-11	记-25	增加投资	1002	银行存款	100 000.00	
2016-12-11	记-25	增加投资	4002	资本公积		100 000.00

(续)

日 期	凭证号	摘 要	科目编码	科目名称	借 方	贷 方
2016-12-11	记-37	购买办公用品	6602004	管理费用——办公费	300.00	
2016-12-11	记-37	购买办公用品	540100101	工程施工——合同成本——间接费用	200.00	
2016-12-11	记-37	购买办公用品	1001	库存现金		500.00
2016-12-11	记-38	取现金备用	1001	库存现金	500.00	
2016-12-11	记-38	取现金备用	1002	银行存款		500.00
2016-12-11	记-39	刘明出差	1221	其他应收款	1 000.00	
2016-12-11	记-39	刘明出差	1001	库存现金		1 000.00
2016-12-12	记-32	归还欠款	2202001	应付账款——中原建材公司	22 040.00	
2016-12-12	记-32	归还欠款	1002	银行存款		22 040.00
2016-12-12	记-33	东光大学预付工程款	1002	银行存款	100 000.00	
2016-12-12	记-33	东光大学预付工程款	2203001	预收账款——东光大学		100 000.00
2016-12-12	记-40	支付利息	6603001	财务费用——利息费用	1 020.00	
2016-12-12	记-40	支付利息	2231	应付利息		1 020.00
2016-12-13	记-26	偿还短期借款	2001	短期借款	200 000.00	
2016-12-13	记-26	偿还短期借款	1002	银行存款		200 000.00
2016-12-15	记-41	刘明出差回来报销	1001	库存现金	200.00	
2016-12-15	记-41	刘明出差回来报销	6602006	管理费用——差旅费	800.00	
2016-12-15	记-41	刘明出差回来报销	1221	其他应收款		1 000.00
2016-12-15	记-52	销售钢材	1002	银行存款	52 200.00	
2016-12-15	记-52	销售钢材	6051	其他业务收入		45 000.00
2016-12-15	记-52	销售钢材	222100105	应交税费——应交增值税——销项税额		7 200.00
2016-12-15	记-53	结转钢材成本	6402	其他业务成本	40 000.00	
2016-12-15	记-53	结转钢材成本	1403001	原材料——主要材料		40 000.00
2016-12-15	记-59	收到违约金	1002	银行存款	6 000.00	
2016-12-15	记-59	收到违约金	6301003	营业外收入——捐赠收益		6 000.00
2016-12-20	记-42	支付标牌制作费	540100101	工程施工——合同成本——间接费用	800.00	
2016-12-20	记-42	支付标牌制作费	1002	银行存款		800.00
2016-12-20	记-60	捐款支出	6711003	营业外支出——捐赠支出	20 000.00	
2016-12-20	记-60	捐款支出	1002	银行存款		20 000.00
2016-12-20	记-61	收到投资的利润	1002	银行存款	10 000.00	
2016-12-20	记-61	收到投资的利润	6111	投资收益		10 000.00
2016-12-31	记-27	资本公积转增资本	4002	资本公积	200 000.00	
2016-12-31	记-27	资本公积转增资本	4001	实收资本		200 000.00
2016-12-31	记-43	计提固定资产	6602007	管理费用——折旧费	4 000.00	
2016-12-31	记-43	计提固定资产	540100101	工程施工——合同成本——间接费用	500.00	

(续)

日期	凭证号	摘要	科目编码	科目名称	借方	贷方
2016-12-31	记-43	计提固定资产	1602	累计折旧		4 500.00
2016-12-31	记-44	东光大学领用材料	540100102	工程施工——合同成本——宿舍楼	312 000.00	
2016-12-31	记-44	东光大学领用材料	540100103	工程施工——合同成本——食堂	213 000.00	
2016-12-31	记-44	东光大学领用材料	1403001	原材料——主要材料		308 000.00
2016-12-31	记-44	东光大学领料	1403001	原材料——主要材料		209 000.00
2016-12-31	记-44	东光大学领用材料	1403002	原材料——其他材料		8 000.00
2016-12-31	记-45	分配职工工资	540100102	工程施工——合同成本——宿舍楼	200 000.00	
2016-12-31	记-45	分配职工工资	540100103	工程施工——合同成本——食堂	150 000.00	
2016-12-31	记-45	分配职工工资	540100101	工程施工——合同成本——间接费用	50 000.00	
2016-12-31	记-45	分配职工工资	6602001	管理费用——管理人员职工薪酬	100 000.00	
2016-12-31	记-45	分配职工工资	2211001	应付职工薪酬——工资		500 000.00
2016-12-31	记-46	计提三险一金	540100102	工程施工——合同成本——宿舍楼	78 000.00	
2016-12-31	记-46	计提三险一金	540100103	工程施工——合同成本——食堂	58 500.00	
2016-12-31	记-46	计提三险一金	540100101	工程施工——合同成本——间接费用	19 500.00	
2016-12-31	记-46	计提三险一金	6602001	管理费用——管理人员职工薪酬	39 000.00	
2016-12-31	记-46	计提三险一金	2211002	应付职工薪酬——社会保险费		145 000.00
2016-12-31	记-46	计提三险一金	2211003	应付职工薪酬——住房公积金		50 000.00
2016-12-31	记-47	支付租入机械租赁费	540100102	工程施工——合同成本——宿舍楼	100 000.00	
2016-12-31	记-47	支付租入机械租赁费	540100103	工程施工——合同成本——食堂	96 000.00	
2016-12-31	记-47	支付租入机械租赁费	1002	银行存款		196 000.00
2016-12-31	记-48	支付技术指导费	540100102	工程施工——合同成本——宿舍楼	13 000.00	
2016-12-31	记-48	支付技术指导费	540100103	工程施工——合同成本——食堂	7 000.00	
2016-12-31	记-48	支付技术指导费	1002	银行存款		20 000.00
2016-12-31	记-49	分配间接费用	540100102	工程施工——合同成本——宿舍楼	41 420.00	
2016-12-31	记-49	分配间接费用	540100103	工程施工——合同成本——食堂	31 080.00	

(续)

日期	凭证号	摘要	科目编码	科目名称	借方	贷方
2016-12-31	记-49	分配间接费用	540100101	工程施工——合同成本——间接费用		72 500.00
2016-12-31	记-50	工程完工，结转成本	5402	工程结算	1 300 000.00	
2016-12-31	记-50	工程完工，结转成本	540100102	工程施工——合同成本——宿舍楼		744 420.00
2016-12-31	记-50	工程完工，结转成本	540100103	工程施工——合同成本——食堂		555 580.00
2016-12-31	记-54	确定合同成本、收入、毛利	6401	主营业务成本	1 300 000.00	
2016-12-31	记-54	确定合同成本、收入、毛利	5401002	工程施工——合同毛利	200 000.00	
2016-12-31	记-54	确定合同成本、收入、毛利	6001	主营业务收入		1 500 000.00
2016-12-31	记-55	结算工程款	1122003	应收账款——东光大学	1 550 000.00	
2016-12-31	记-55	结算工程款	2203001	预收账款——东光大学	100 000.00	
2016-12-31	记-55	结算工程款	5402	工程结算		1 500 000.00
2016-12-31	记-55	结算工程款	222100105	应交税费——应交增值税——销项税额		150 000.00
2016-12-31	记-56	结转合同毛利	5402	工程结算	200 000.00	
2016-12-31	记-56	结转合同毛利	5401002	工程施工——合同毛利		200 000.00
2016-12-31	记-57	计算增值税	222100103	应交税费——应交增值税——转出未交增值税	29 360.00	
2016-12-31	记-57	计算增值税	2221002	应交税费——未交增值税		29 360.00
2016-12-31	记-58	计算城建税、教育费附加	6403	税金及附加	2 936.00	
2016-12-31	记-58	计算城建税、教育费附加	2221008	应交税费——应交城市维护建设税		2 055.20
2016-12-31	记-58	计算城建税、教育费附加	2221013	应交税费——教育费附加		880.80
2016-12-31	记-62	结转收入类至本年利润	6001	主营业务收入	1 500 000.00	
2016-12-31	记-62	结转收入类至本年利润	6051	其他业务收入	45 000.00	
2016-12-31	记-62	结转收入类至本年利润	6111	投资收益	10 000.00	
2016-12-31	记-62	结转收入类至本年利润	6301003	营业外收入——捐赠收益	6 000.00	
2016-12-31	记-62	结转收入类至本年利润	4103	本年利润		1 561 000.00
2016-12-31	记-63	结转成本类至本年利润	4103	本年利润	1 509 056.00	
2016-12-31	记-63	结转成本类至本年利润	6401	主营业务成本		1 300 000.00
2016-12-31	记-63	结转成本类至本年利润	6402	其他业务成本		40 000.00
2016-12-31	记-63	结转成本类至本年利润	6403	税金及附加		2 936.00
2016-12-31	记-63	结转成本类至本年利润	6602001	管理费用——管理人员职工薪酬		145 100.00
2016-12-31	记-63	结转成本类至本年利润	6603001	财务费用——利息费用		1 020.00
2016-12-31	记-63	结转成本类至本年利润	6711003	营业外支出——捐赠支出		20 000.00

（续）

日　期	凭证号	摘　要	科目编码	科目名称	借　方	贷　方
2016-12-31	记-64	计算所得税	6801	所得税费用	12 986.00	
2016-12-31	记-64	计算所得税	2221006	应交税费——应交所得税		12 986.00
2016-12-31	记-65	结转所得税费用	4103	本年利润	12 986.00	
2016-12-31	记-65	结转所得税费用	6801	所得税费用		12 986.00
2016-12-31	记-66	结转本年利润至利润分配	4103	本年利润	400 000.00	
2016-12-31	记-66	结转本年利润至利润分配	4104006	利润分配——未分配利润		400 000.00
2016-12-31	记-67	提取盈余公积	4104003	利润分配——提取法定公益金	40 000.00	
2016-12-31	记-67	提取盈余公积	4101001	盈余公积——法定盈余公积		40 000.00
2016-12-31	记-68	向投资者分配利润	4104005	利润分配——应付利润	180 000.00	
2016-12-31	记-68	向投资者分配利润	2232	应付股利		180 000.00
2016-12-31	记-69	结转利润分配项目至未分配利润	4104006	利润分配——未分配利润	220 000.00	
2016-12-31	记-69	结转利润分配项目至未分配利润	4104002	利润分配——提取法定盈余公积		40 000.00
2016-12-31	记-69	结转利润分配项目至未分配利润	4104005	利润分配——应付利润		180 000.00
2016-12-31	记-70	盈余公积转增资本	4101001	盈余公积——法定盈余公积	100 000.00	
2016-12-31	记-70	盈余公积转增资本	4001	实收资本		100 000.00

表8-2　库存现金明细账

编制单位：ABC建筑公司			科目：1001 库存现金		2016年第12期至2016年第12期			单位：元	
日　期	凭证字号	科目编码	科目名称	摘　要	借　方	贷　方	方向	余　额	
2016-12-01		1001	库存现金	期初余额			借	2 000.00	
2016-12-11	记-37	1001	库存现金	购买办公用品		500.00	借	1 500.00	
2016-12-11	记-38	1001	库存现金	取现金备用	500.00		借	2 000.00	
2016-12-11	记-39	1001	库存现金	刘明出差借款		1 000.00	借	1 000.00	
2016-12-15	记-41	1001	库存现金	刘明出差回来报销	200.00		借	1 200.00	
2016-12-31		1001	库存现金	本期合计	700.00	1 500.00	借	1 200.00	
2016-12-31		1001	库存现金	本年累计	700.00	1 500.00	借	1 200.00	

表8-3　银行存款明细账

编制单位：ABC建筑公司			科目：1002 银行存款		2016年第12期至2016年第12期			单位：元	
日　期	凭证字号	科目编码	科目名称	摘　要	借　方	贷　方	方向	余　额	
2016-12-01		1002	银行存款	期初余额			借	900 000.00	
2016-12-01	记-19	1002	银行存款	收到投资	500 000.00		借	1 400 000.00	
2016-12-04	记-23	1002	银行存款	借短期借款	100 000.00		借	1 500 000.00	
2016-12-08	记-24	1002	银行存款	借入2年期借款	500 000.00		借	2 000 000.00	

(续)

编制单位：ABC 建筑公司				科目：1002 银行存款			2016 年第 12 期至 2016 年第 12 期		单位：元	
日 期	凭证字号	科目编码	科目名称	摘 要	借 方	贷 方	方向	余 额		
2016-12-11	记-25	1002	银行存款	增加投资	100 000.00		借	2 100 000.00		
2016-12-13	记-26	1002	银行存款	偿还短期借款		200 000.00	借	1 900 000.00		
2016-12-03	记-28	1002	银行存款	购入材料		324 800.00	借	1 575 200.00		
2016-12-06	记-29	1002	银行存款	购入材料未入库		464 000.00	借	1 111 200.00		
2016-12-12	记-32	1002	银行存款	归还欠款		22 040.00	借	1 089 160.00		
2016-12-12	记-33	1002	银行存款	收到东光大学预付工程款	100 000.00		借	1 189 160.00		
2016-12-03	记-34	1002	银行存款	发工资		500 000.00	借	689 160.00		
2016-12-04	记-35	1002	银行存款	向分包单位预付款		60 000.00	借	629 160.00		
2016-12-10	记-36	1002	银行存款	支付水电费		2 500.00	借	626 660.00		
2016-12-11	记-38	1002	银行存款	取现金备用		500.00	借	626 160.00		
2016-12-20	记-42	1002	银行存款	支付标牌制作费		800.00	借	625 360.00		
2016-12-31	记-47	1002	银行存款	支付租入机械租赁费		196 000.00	借	429 360.00		
2016-12-31	记-48	1002	银行存款	支付指导费		20 000.00	借	409 360.00		
2016-12-10	记-51	1002	银行存款	收到欠款	200 000.00		借	609 360.00		
2016-12-15	记-52	1002	银行存款	销售钢材	52 200.00		借	661 560.00		
2016-12-15	记-59	1002	银行存款	收到违约会	6 000.00		借	667 560.00		
2016-12-20	记-60	1002	银行存款	捐款支出		20 000.00	借	647 560.00		
2016-12-20	记-61	1002	银行存款	收到投资的利润	10 000.00		借	657 560.00		
2016-12-31		1002	银行存款	本期合计	1 568 200.00	1 810 640.00	借	657 560.00		
2016-12-31		1002	银行存款	本年累计	1 568 200.00	1 810 640.00	借	657 560.00		

表 8-4 在途物资明细账

日 期	凭证字号	科目编码	科目名称	摘 要	借 方	贷 方	方向	余 额
2016-12-01		1402002	在途物资——主要材料	期初余额			平	
2016-12-06	记-29	1402002	在途物资——主要材料	购入材料未入库	400 000.00		借	400 000.00
2016-12-10	记-31	1402002	在途物资——主要材料	购入钢材到达入库		400 000.00	平	
2016-12-31		1402002	在途物资——主要材料	本期合计	400 000.00	400 000.00	平	
2016-12-31		1402002	在途物资——主要材料	本年累计	400 000.00	400 000.00	平	

表 8-5 在途物资——主要材料明细账

编制单位：ABC 建筑公司				科目：1402002 在途物资——主要材料			2016 年第 12 期至 2016 年第 12 期		单位：元	
日 期	凭证字号	科目编码	科目名称	摘 要	借 方	贷 方	方向	余 额		
2016-12-01		1402002	在途物资——主要材料	期初余额			平			
2016-12-06	记-29	1402002	在途物资——主要材料	购入材料未入库	400 000.00		借	400 000.00		
2016-12-10	记-31	1402002	在途物资——主要材料	购入钢材到达入库		400 000.00	平			
2016-12-31		1402002	在途物资——主要材料	本期合计	400 000.00	400 000.00	平			
2016-12-31		1402002	在途物资——主要材料	本年累计	400 000.00	400 000.00	平			

表8-6　原材料明细账

编制单位：ABC建筑公司			科目：1403001 原材料——主要材料					2016年第12期至 2016年第12期		单位：元
日　期	凭证字号	科目编码	科目名称	摘　要	借　方	贷　方	方向	余　额		
2016-12-01		1403001	原材料——主要材料	期初余额			借	220 000.00		
2016-12-02	记-20	1403001	原材料——主要材料	收到材料投资	100 000.00		借	320 000.00		
2016-12-03	记-28	1403001	原材料——主要材料	购入材料	280 000.00		借	600 000.00		
2016-12-08	记-30	1403001	原材料——主要材料	购入材料	19 000.00		借	619 000.00		
2016-12-10	记-31	1403001	原材料——主要材料	购入钢材到达	400 000.00		借	1 019 000.00		
2016-12-15	记-53	1403001	原材料——主要材料	结转钢材销售成本		40 000.00	借	462 000.00		
2016-12-31	记-44	1403001	原材料——主要材料	东光大学领用材料		308 000.00	借	711.000.00		
2016-12-31	记-44	1403001	原材料——主要材料	东光大学领用材料		209 000.00	借	502 000.00		
2016-12-31		1403001	原材料——主要材料	本期合计	799 000.00	557 000.00	借	462 000.00		
2016-12-31		1403001	原材料——主要材料	本年累计	799 000.00	557 000.00	借	462 000.00		

表8-7　原材料——主要材料明细账

编制单位：ABC建筑公司			科目：1403001 原材料——主要材料					2016年第12期至 2016年第12期		单位：元
日　期	凭证字号	科目编码	科目名称	摘　要	借　方	贷　方	方向	余　额		
2016-12-01		1403001	原材料——主要材料	期初余额			借	220 000.00		
2016-12-02	记-20	1403001	原材料——主要材料	收到材料投资	100 000.00		借	320 000.00		
2016-12-03	记-28	1403001	原材料——主要材料	购入材料	280 000.00		借	600 000.00		
2016-12-08	记-30	1403001	原材料——主要材料	购入材料	19 000.00		借	619 000.00		
2016-12-10	记-31	1403001	原材料——主要材料	购入钢材到达	400 000.00		借	1 019 000.00		
2016-12-15	记-53	1403001	原材料——主要材料	结转钢材销售成本		40 000.00	借	462 000.00		
2016-12-31	记-44	1403001	原材料——主要材料	东光大学领用材料		308 000.00	借	711.000.00		
2016-12-31	记-44	1403001	原材料——主要材料	东光大学领用材料		209 000.00	借	502 000.00		
2016-12-31		1403001	原材料——主要材料	本期合计	799 000.00	557 000.00	借	462 000.00		
2016-12-31		1403001	原材料——主要材料	本年累计	799 000.00	557 000.00	借	462 000.00		

表8-8　原材料——其他材料明细账

编制单位：ABC建筑公司			科目：1403002 原材料——其他材料					2016年第12期至 2016年第12期		单位：元
日　期	凭证字号	科目编码	科目名称	摘　要	借　方	贷　方	方向	余　额		
2016-12-01		1403002	原材料——其他材料	期初余额			借	40 000.00		
2016-12-31	记-44	1403002	原材料——其他材料	东光大学领用材料		8 000.00	借	32 000.00		
2016-12-31		1403002	原材料——其他材料	本期合计		8 000.00	借	32 000.00		
2016-12-31		1403002	原材料——其他材料	本年累计		8 000.00	借	32 000.00		

表 8-9　其他应收款明细账

编制单位：ABC 建筑公司			科目：1221 其他应收款				2016 年第 12 期至 2016 年第 12 期		单位：元
日　　期	凭证字号	科目编码	科目名称	摘　要	借　方	贷　方	方向	余　额	
2016-12-01		1221	其他应收款	期初余额			平		
2016-12-11	记-39	1221	其他应收款	刘明出差借款	1 000.00		借	1 000.00	
2016-12-15	记-41	1221	其他应收款	刘明出差回来报销		1 000.00	平		
2016-12-31		1221	其他应收款	本期合计	1 000.00	1 000.00	平		
2016-12-31		1221	其他应收款	本年累计	1 000.00	1 000.00	平		

表 8-10　应收账款明细账

编制单位：ABC 建筑公司			科目：1122 应收账款				2016 年第 12 期至 2016 年第 12 期		单位：元
日　　期	凭证字号	科目编码	科目名称	摘　要	借　方	贷　方	方向	余　额	
2016-12-01		1122	应收账款	期初余额			借	350 000.00	
2016-12-10	记-51	1122001	应收账款——华都集团	收到欠款		200 000.00	借	150 000.00	
2016-12-31	记-55	1122003	应收账款——东光大学	结算工程款	1 550 000.00		借	1 700 000.00	
2016-12-31		1122	应收账款	本期合计	1 550 000.00	200 000.00	借	1 700 000.00	
2016-12-31		1122	应收账款	本年累计	1 550 000.00	200 000.00	借	1 700 000.00	

表 8-11　应收账款——丽江集团

编制单位：ABC 建筑公司			科目：1122002 应收账款——丽江集团				2016 年第 12 期至 2016 年第 12 期		单位：元
日　　期	凭证字号	科目编码	科目名称	摘　要	借　方	贷　方	方向	余　额	
2016-12-01		1122002	应收账款——丽江集团	期初余额			借	150 000.00	
2016-12-31		1122002	应收账款——丽江集团	本期合计			借	150 000.00	
2016-12-31		1122002	应收账款——丽江集团	本年累计			借	150 000.00	

表 8-12　应收账款——华都集团

编制单位：ABC 建筑公司			科目：1122001 应收账款——华都集团				2016 年第 12 期至 2016 年第 12 期		单位：元
日　　期	凭证字号	科目编码	科目名称	摘　要	借　方	贷　方	方向	余　额	
2016-12-01		1122001	应收账款——华都集团	期初余额			借	200 000.00	
2016-12-10	记-51	1122001	应收账款——华都集团	收到欠款		200 000.00	平		
2016-12-31		1122001	应收账款——华都集团	本期合计		200 000.00	平		
2016-12-31		1122001	应收账款——华都集团	本年累计		200 000.00	平		

表 8-13　应收账款——东光大学

编制单位：ABC 建筑公司			科目：1122003 应收账款——东光大学				2016 年第 12 期至 2016 年第 12 期		单位：元
日　　期	凭证字号	科目编码	科目名称	摘　要	借　方	贷　方	方向	余　额	
2016-12-1		1122003	应收账款——东光大学	期初余额			平		
2016-12-31	记-54	1122003	应收账款——东光大学	结算工程款	1 550 000.00		借	1 550 000.00	
2016-12-31		1122003	应收账款——东光大学	本期合计	1 550 000.00		借	1 550 000.00	
2016-12-31		1122003	应收账款——东光大学	本年累计	1 550 000.00		借	1 550 000.00	

表8-14　预付账款明细账

编制单位：ABC建筑公司　　科目：1123 预付账款　　2016年第12期至2016年第12期　　单位：元

日期	凭证字号	科目编码	科目名称	摘要	借方	贷方	方向	余额
2016-12-01		1123	预付账款	期初余额			平	
2016-12-04	记-35	1123001	预付账款 某分包单位	向分包单位预付货款	60 000.00		借	60 000.00
2016-12-31		1123	预付账款	本期合计	60 000.00		借	60 000.00
2016-12-31		1123	预付账款	本年累计	60 000.00		借	60 000.00

表8-15　预付账款——某分包单位明细账

编制单位：ABC建筑公司　　科目：1123001 预付账款——某分包单位　　2016年第12期至2016年第12期　　单位：元

日期	凭证字号	科目编码	科目名称	摘要	借方	贷方	方向	余额
2016-12-01		1123001	预付账款——某分包单位	期初余额			平	
2016-12-04	记-35	1123001	预付账款——某分包单位	向分包单位预付货款	60 000.00		借	60 000.00
2016-12-31		1123001	预付账款——某分包单位	本期合计	60 000.00		借	60 000.00
2016-12-31		1123001	预付账款——某分包单位	本年累计	60 000.00		借	60 000.00

表8-16　固定资产明细账

编制单位：ABC建筑公司　　科目：1601 固定资产　　2016年第12期至2016年第12期　　单位：元

日期	凭证字号	科目编码	科目名称	摘要	借方	贷方	方向	余额
2016-12-01		1601	固定资产	期初余额			借	12 800 000.00
2016-12-03	记-22	1601	固定资产	接受机器投资	150 000.00		借	12 950 000.00
2016-12-31		1601	固定资产	本期合计	150 000.00		借	12 950 000.00
2016-12-31		1601	固定资产	本年累计	150 000.00		借	12 950 000.00

表8-17　累计折旧明细账

编制单位：ABC建筑公司　　科目：1602 累计折旧　　2016年第12期至2016年第12期　　单位：元

日期	凭证字号	科目编码	科目名称	摘要	借方	贷方	方向	余额
2016-12-01		1602	累计折旧	期初余额			贷	2 000 000.00
2016-12-31	记-43	1602	累计折旧	计提固定资产		4 500.00	贷	2 004 500.00
2016-12-31		1602	累计折旧	本期合计		4 500.00	贷	2 004 500.00
2016-12-31		1602	累计折旧	本年累计		4 500.00	贷	2 004 500.00

表8-18　无形资产明细账

编制单位：ABC建筑公司　　科目：1701 无形资产　　2016年第12期至2016年第12期　　单位：元

日期	凭证字号	科目编码	科目名称	摘要	借方	贷方	方向	余额
2016-12-01		1701	无形资产	期初余额			平	
2016-12-03	记-21	1701	无形资产	接受专利技术	234 000.00		借	234 000.00
2016-12-31		1701	无形资产	本期合计	234 000.00		借	234 000.00
2016-12-31		1701	无形资产	本年累计	234 000.00		借	234 000.00

表 8-19　短期借款明细账

编制单位：ABC 建筑公司　　　科目：2001 短期借款　　　2016 年第 12 期至 2016 年第 12 期　　　单位：元

日　期	凭证字号	科目编码	科目名称	摘　要	借　方	贷　方	方向	余　额
2016-12-01		2001	短期借款	期初余额			贷	200 000.00
2016-12-04	记-23	2001	短期借款	借短期借款		100 000.00	贷	300 000.00
2016-12-13	记-26	2001	短期借款	偿还短期借款	200 000.00		贷	100 000.00
2016-12-31		2001	短期借款	本期合计	200 000.00	100 000.00	贷	100 000.00
2016-12-31		2001	短期借款	本年累计	200 000.00	100 000.00	贷	100 000.00

表 8-20　长期借款明细账

编制单位：ABC 建筑公司　　　科目：2501 长期借款　　　2016 年第 12 期至 2016 年第 12 期　　　单位：元

日　期	凭证字号	科目编码	科目名称	摘　要	借　方	贷　方	方向	余　额
2016-12-01		2501	长期借款	期初余额			平	
2016-12-08	记-24	2501	长期借款	借 2 年借款		500 000.00	贷	500 000.00
2016-12-31		2501	长期借款	本期合计		500 000.00	贷	500 000.00
2016-12-31		2501	长期借款	本年累计		500 000.00	贷	500 000.00

表 8-21　应付账款明细账

编制单位：ABC 建筑公司　　　科目：2202 应付账款　　　2016 年第 12 期至 2016 年第 12 期　　　单位：元

日　期	凭证字号	科目编码	科目名称	摘　要	借　方	贷　方	方向	余　额
2016-12-01		2202	应付账款	期初余额			贷	232 000.00
2016-12-08	记-30	2202001	应付账款——中原建材公司	购入材料		22 040.00	贷	254 040.00
2016-12-12	记-32	2202001	应付账款——中原建材公司	归还欠款	22 040.00		贷	232 000.00
2016-12-31		2202	应付账款	本期合计	22 040.00	22 040.00	贷	232 000.00
2016-12-31		2202	应付账款	本年累计	22 040.00	22 040.00	贷	232 000.00

表 8-22　应付账款——东方公司

编制单位：ABC 建筑公司　　　科目：2202002 应付账款——东方公司　　　2016 年第 12 期至 2016 年第 12 期　　　单位：元

日　期	凭证字号	科目编码	科目名称	摘　要	借　方	贷　方	方向	余　额
2016-12-01		2202002	应付账款——东方公司	期初余额			贷	232 000.00
2016-12-31		2202002	应付账款——东方公司	本期合计			贷	232 000.00
2016-12-31		2202002	应付账款——东方公司	本年累计			贷	232 000.00

表 8-23　预收账款明细账

编制单位：ABC 建筑公司			科目：2203 预收账款		2016 年第 12 期至 2016 年第 12 期		单位：元	
日　期	凭证字号	科目编码	科目名称	摘　要	借　方	贷　方	方向	余　额
2016-12-01		2203	预收账款	期初余额			平	
2016-12-12	记-33	2203001	预收账款——东光大学	东光大学预付工程款		100 000.00	贷	100 000.00
2016-12-31	记-54	2203001	预收账款——东光大学	结算工程款	100 000.00		平	
2016-12-31		2203	预收账款	本期合计	100 000.00	100 000.00	平	
2016-12-31		2203	预收账款	本年累计	100 000.00	100 000.00	平	

表 8-24　应付职工薪酬明细账

编制单位：ABC 建筑公司			科目：2211 应付职工薪酬		2016 年第 12 期至 2016 年第 12 期		单位：元	
日　期	凭证字号	科目编码	科目名称	摘　要	借　方	贷　方	方向	余　额
2016-12-01		2211	应付职工薪酬	期初余额			平	
2016-12-03	记-34	2211001	应付职工薪酬——工资	发工资	500 000.00		贷	-500 000.00
2016-12-31	记-45	2211001	应付职工薪酬——工资	结转职工工资		500 000.00	平	
2016-12-31	记-46	2211002	应付职工薪酬——社会保障	计提三险一金		145 000.00	贷	145 000.00
2016-12-31	记-46	2211003	应付职工薪酬——住房公积	计提三险一金		50 000.00	贷	195 000.00
2016-12-31		2211	应付职工薪酬	本期合计	500 000.00	695 000.00	贷	195 000.00
2016-12-31		2211	应付职工薪酬	本年累计	500 000.00	695 000.00	贷	195 000.00

表 8-25　应付职工薪酬——工资明细账

编制单位：ABC 建筑公司			科目：2211001 应付职工薪酬——工资		2016 年第 12 期至 2016 年第 12 期		单位：元	
日　期	凭证字号	科目编码	科目名称	摘　要	借　方	贷　方	方向	余　额
2016-12-01		2211001	应付职工薪酬——工资	期初余额			平	
2016-12-03	记-34	2211001	应付职工薪酬——工资	发工资	500 000.00		平	-500 000.00
2016-12-31	记-45	2211001	应付职工薪酬——工资	结转职工工资		500 000.00	平	
2016-12-31		2211001	应付职工薪酬——工资	本期合计	500 000.00	500 000.00	平	
2016-12-31		2211001	应付职工薪酬——工资	本年累计	500 000.00	500 000.00	平	

表 8-26　应付职工薪酬——社会保险费明细账

编制单位：ABC 建筑公司			科目：2211002 应付职工薪酬——社会保险费		2016 年第 12 期至 2016 年第 12 期		单位：元	
日　期	凭证字号	科目编码	科目名称	摘　要	借　方	贷　方	方向	余　额
2016-12-01		2211002	应付职工薪酬——社会保险费	期初余额			平	
2016-12-31	记-46	2211002	应付职工薪酬——社会保险费	计提三险一金		145 000.00	贷	145 000.00
2016-12-31		2211002	应付职工薪酬——社会保险费	本期合计		145 000.00	贷	145 000.00
2016-12-31		2211002	应付职工薪酬——社会保险费	本年累计		145 000.00	贷	145 000.00

表 8-27 应付职工薪酬——住房公积金明细账

编制单位：ABC 建筑公司		科目：2211003 应付职工薪酬——住房公积金			2016 年第 12 期至 2016 年第 12 期			单位：元
日 期	凭证字号	科目编码	科目名称	摘 要	借 方	贷 方	方向	余 额
2016-12-01		2211003	应付职工薪酬——住房公积金	期初余额			平	
2016-12-31	记-46	2211003	应付职工薪酬——住房公积金	计提三险一金		50 000.00	贷	50 000.00
2016-12-31		2211003	应付职工薪酬——住房公积金	本期合计		50 000.00	贷	50 000.00
2016-12-31		2211003	应付职工薪酬——住房公积金	本年累计		50 000.00	贷	50 000.00

表 8-28 应交税费明细账

编制单位：ABC 建筑公司		科目：2221 应交税费			2016 年第 12 期至 2016 年 12 期			单位：元
日 期	凭证字号	科目编码	科目名称	摘 要	借 方	贷 方	方向	余 额
2016-12-01		2221	应交税费	期初余额			贷	38 958.00
2016-12-02	记-20	222100101	应交税费——应交增值税——进项税额	收到原材料投资	16 000.00		贷	22 958.00
2016-12-03	记-28	222100101	应交税费——应交增值税——进项税额	购入材料	44 800.00		贷	-21 842.00
2016-12-06	记-29	222100101	应交税费——应交增值税——进项税额	购入材料未入库	64 000.00		贷	-85 842.00
2016-12-08	记-30	222100101	应交税费——应交增值税——进项税额	购入材料	3 040.00		贷	-88 882.00
2016-12-15	记-52	222100105	应交税费——应交增值税——销项税额	销售钢材		7 200.00	贷	-81 682.00
2016-12-31	记-55	222100105	应交税费——应交增值税——销项税额	结算工程款		150 000.00	贷	68 318.00
2016-12-31	记-57	222100103	应交税费——应交增值税——转出未交增值税	计算增值税	29 360.00		贷	38 958.00
2016-12-31	记-57	2221002	应交税费——未交增值税	计算增值税		29 360.00	贷	68 318.00
2016-12-31	记-58	2221008	应交税费——应交城市维护建设税	计算城建税、教育费附加		2 055.20	贷	70 373.20
2016-12-31	记-58	2221013	应交税费——教育费附加	计算城建税、教育费附加		880.80	贷	71 254.00
2016-12-31	记-64	2221006	应交税费——应交所得税	计算所得税		12 986.00	贷	84 240.00
2016-12-31		2221	应交税费	本期合计	157 200.00	202 482.00	贷	84 240.00
2016-12-31		2221	应交税费	本年累计	157 200.00	202 482.00	贷	84 240.00

表 8-29　应交税费——应交增值税明细账

编制单位：ABC 建筑公司			科目：2221001 应交税费——应交增值税				2016 年第 12 期至 2016 年第 12 期		单位：元
日期	凭证字号	科目编码	科目名称	摘要	借方	贷方	方向	余额	
2016-12-01		2221001	应交税费——应交增值税	期初余额			平		
2016-12-02	记-20	222100101	应交税费——应交增值税——进项税额	收到原材料投资	16 000.00		贷	-16 000.00	
2016-12-03	记-28	222100101	应交税费——应交增值税——进项税额	购入材料	44 800.00		贷	-60 800.00	
2016-12-06	记-29	222100101	应交税费——应交增值税——进项税额	购入材料未入库	64 000.00		贷	-124 800.00	
2016-12-08	记-30	222100101	应交税费——应交增值税——进项税额	购入材料	3 040.00		贷	-127 840.00	
2016-12-15	记-52	222100105	应交税费——应交增值税——销项税额	销售钢材		7 200.00	贷	-120 640.00	
2016-12-31	记-54	222100105	应交税费——应交增值税——销项税额	结算工程款		150 000.00	贷	29 360.00	
2016-12-31	记-57	222100103	应交税费——应交增值税——转出未交增值税	计算应交增值税	29 360.00		平		
2016-12-31		2221001	应交税费——应交增值税	本期合计	157 200.00	157 200.00	平		
2016-12-31		2221001	应交税费——应交增值税	本年累计	157 200.00	157 200.00	平		

表 8-30　应交税费——未交增值税明细账

编制单位：ABC 建筑公司			科目：2221002 应交税费——未交增值税				2016 年第 12 期至 2016 年第 12 期		单位：元
日期	凭证字号	科目编码	科目名称	摘要	借方	贷方	方向	余额	
2016-12-01		2221002	应交税费——未交增值税	期初余额			平		
2016-12-31	记-57	2221002	应交税费——未交增值税	计算增值税		29 360.00	贷	29 360.00	
2016-12-31		2221002	应交税费——未交增值税	本期合计		29 360.00	贷	29 360.00	
2016-12-31		2221002	应交税费——未交增值税	本年累计		29 360.00	贷	29 360.00	

表 8-31　应交税费——应交所得税明细账

编制单位：ABC 建筑公司			科目：2221006 应交税费——应交所得税				2016 年第 12 期至 2016 年第 12 期		单位：元
日期	凭证字号	科目编码	科目名称	摘要	借方	贷方	方向	余额	
2016-12-01		2221006	应交税费——应交所得税	期初余额			贷	38 958.00	
2016-12-31	记-64	2221006	应交税费——应交所得税	计算所得税		12 986.00	贷	51 944.00	
2016-12-31		2221006	应交税费——应交所得税	本期合计		12 986.00	贷	51 944.00	
2016-12-31		2221006	应交税费——应交所得税	本年累计		12 986.00	贷	51 944.00	

表 8-32 应交税费——应交城市维护建设税

编制单位：ABC 建筑公司			科目：2221008 应交税费——应交城市维护建设税				2016 年第 12 期至 2016 年第 12 期		单位：元
日 期	凭证字号	科目编码	科目名称	摘 要	借 方	贷 方	方向	余 额	
2016-12-01		2221008	应交税费——应交城市维护建设税	期初余额			平		
2016-12-31	记-58	2221008	应交税费——应交城市维护建设税	计算城建税、教育费附加		2 055.20	贷	2 055.20	
2016-12-31		2221008	应交税费——应交城市维护建设税	本期合计		2 055.20	贷	2 055.20	
2016-12-31		2221008	应交税费——应交城市维护建设税	本年累计		2 055.20	贷	2 055.20	

表 8-33 应交税费——教育费附加

编制单位：ABC 建筑公司			科目：2221013 应交税费——教育费附加				2016 年第 12 期至 2016 年第 12 期		单位：元
日 期	凭证字号	科目编码	科目名称	摘 要	借 方	贷 方	方向	余 额	
2016-12-01		2221013	应交税费——教育费附加	期初余额			平		
2016-12-31	记-58	2221013	应交税费——教育费附加	计算城建税、教育费附加		880.80	贷	880.80	
2016-12-31		2221013	应交税费——教育费附加	本期合计		880.80	贷	880.80	
2016-12-31		2221013	应交税费——教育费附加	本年累计		880.80	贷	880.80	

表 8-34 应付利息明细账

编制单位：ABC 建筑公司			科目：2231 应付利息				2016 年第 12 期至 2016 年第 12 期		单位：元
日 期	凭证字号	科目编码	科目名称	摘 要	借 方	贷 方	方向	余 额	
2016-12-01		2231	应付利息	期初余额			平		
2016-12-12	记-40	2231	应付利息	支付利息		1 020.00	贷	1 020.00	
2016-12-31		2231	应付利息	本期合计		1 020.00	贷	1 020.00	
2016-12-31		2231	应付利息	本年累计		1 020.00	贷	1 020.00	

表 8-35 应付股利明细账

编制单位：ABC 建筑公司			科目：2232 应付股利				2016 年第 12 期至 2016 年第 12 期		单位：元
日 期	凭证字号	科目编码	科目名称	摘 要	借 方	贷 方	方向	余 额	
2016-12-01		2232	应付股利	期初余额			平		
2016-12-31	记-68	2232	应付股利	向投资者分配利润		180 000.00	贷	180 000.00	
2016-12-31		2232	应付股利	本期合计		180 000.00	贷	180 000.00	
2016-12-31		2232	应付股利	本年累计		180 000.00	贷	180 000.00	

表 8-36　实收资本明细账

编制单位：ABC 建筑公司			科目：4001 实收资本			2016 年第 12 期至 2016 年第 12 期			单位：元
日　　期	凭证字号	科目编码	科目名称	摘　　要	借　方	贷　方	方向	余　　额	
2016-12-01		4001	实收资本	期初余额			贷	10 000 000.00	
2016-12-01	记-19	4001	实收资本	收到投资		500 000.00	贷	10 500 000.00	
2016-12-02	记-20	4001	实收资本	收到原材料投资		116 000.00	贷	10 616 000.00	
2016-12-03	记-21	4001	实收资本	接受专利技术		234 000.00	贷	10 850 000.00	
2016-12-03	记-22	4001	实收资本	接受投资机器		150 000.00	贷	11 000 000.00	
2016-12-31	记-27	4001	实收资本	资本公积转增资本		200 000.00	贷	11 200 000.00	
2016-12-31	记-70	4001	实收资本	盈余公积转增资本		100 000.00	贷	11 300 000.00	
2016-12-31		4001	实收资本	本期合计		1 300 000.00	贷	11 300 000.00	
2016-12-31		4001	实收资本	本年累计		1 300 000.00	贷	11 300 000.00	

表 8-37　资本公积明细账

编制单位：ABC 建筑公司			科目：4002 资本公积			2016 年第 12 期至 2016 年第 12 期			单位：元
日　　期	凭证字号	科目编码	科目名称	摘　　要	借　方	贷　方	方向	余　　额	
2016-12-01		4002	资本公积	期初余额			贷	150 000.00	
2016-12-11	记-25	4002	资本公积	增加投资		100 000.00	贷	250 000.00	
2016-12-31	记-27	4002	资本公积	资本公积转增资本	200 000.00		贷	50 000.00	
2016-12-31		4002	资本公积	本期合计	200 000.00	100 000.00	贷	50 000.00	
2016-12-31		4002	资本公积	本年累计	200 000.00	100 000.00	贷	50 000.00	

表 8-38　盈余公积明细账

编制单位：ABC 建筑公司			科目：4101 盈余公积			2016 年第 12 期至 2016 年第 12 期			单位：元
日　　期	凭证字号	科目编码	科目名称	摘　　要	借　方	贷　方	方向	余　　额	
2016-12-01		4101	盈余公积	期初余额			贷	170 000.00	
2016-12-31	记-67	4101001	盈余公积——法定盈余公积	提取盈余公积		40 000.00	贷	210 000.00	
2016-12-31	记-70	4101001	盈余公积——法定盈余公积	盈余公积转增资本	100 000.00		贷	110 000.00	
2016-12-31		4101	盈余公积	本期合计	100 000.00	40 000.00	贷	110 000.00	
2016-12-31		4101	盈余公积	本年累计	100 000.00	40 000.00	贷	110 000.00	

表 8-39　本年利润明细账

编制单位：ABC 建筑公司			科目：4103 本年利润			2016 年第 12 期至 2016 年第 12 期			单位：元
日　　期	凭证字号	科目编码	科目名称	摘　　要	借　方	贷　方	方向	余　　额	
2016-12-01		4103	本年利润	期初余额			贷	361 042.00	
2016-12-31	记-62	4103	本年利润	结转收入类至本年利润		1 561 000.00	贷	1 922 042.00	
2016-12-31	记-63	4103	本年利润	结转成本类至本年利润	1 509 056.00		贷	412 986.00	

(续)

编制单位：ABC建筑公司				科目：4103 本年利润			2016年第12期至2016年第12期		单位：元
日期	凭证字号	科目编码	科目名称	摘要	借方	贷方	方向	余额	
2016-12-31	记-65	4103	本年利润	结转所得税费用	12 986.00		贷	400 000.00	
2016-12-31	记-66	4103	本年利润	结转本年利润至利润分配	400 000.00		平		
2016-12-31	记-71	4103	本年利润	第12期 结转损益	7 200.00		贷	-7 200.00	
2016-12-31	记-72	4103	本年利润	第12期 结转损益		7 200.00	平		
2016-12-31		4103	本年利润	本期合计	1 929 242.00	1 568 200.00	平		
2016-12-31		4103	本年利润	本年累计	1 929 242.00	1 568 200.00	平		

表8-40 利润分配明细账

编制单位：ABC建筑公司				科目：4104 利润分配			2016年第12期至2016年第12期		单位：元
日期	凭证字号	科目编码	科目名称	摘要	借方	贷方	方向	余额	
2016-12-01		4104	利润分配	期初余额			贷	1 160 000.00	
2016-12-31	记-66	4104006	利润分配——未分配利润	结转本年利润至利润		400 000.00	贷	1 560 000.00	
2016-12-31	记-67	4104003	利润分配——提取法定公益金	提取盈余公积	40 000.00		贷	1 520 000.00	
2016-12-31	记-68	4104005	利润分配——应付利润	向投资者分配利润	180 000.00		贷	1 340 000.00	
2016-12-31	记-69	4104002	利润分配——提取法定盈余公积	结转利润分配项目		40 000.00	贷	1 380 000.00	
2016-12-31	记-69	4104005	利润分配——应付利润	结转利润分配项目		180 000.00	贷	1 560 000.00	
2016-12-31	记-69	4104006	利润分配——未分配利润	结转利润分配项目	220 000.00		贷	1 340 000.00	
2016-12-31		4104	利润分配	本期合计	440 000.00	620 000.00	贷	1 340 000.00	
2016-12-31		4104	利润分配	本年累计	440 000.00	620 000.00	贷	1 340 000.00	

表8-41 利润分配——未分配利润

编制单位：ABC建筑公司				科目：4104006 利润分配——未分配利润			2016年第12期至2016年第12期		单位：元
日期	凭证字号	科目编码	科目名称	摘要	借方	贷方	方向	余额	
2016-12-01		4104006	利润分配——未分配利润	期初余额			贷	1 160 000.00	
2016-12-31	记-66	4104006	利润分配——未分配利润	结转本年利润至利润分配		400 000.00	贷	1 560 000.00	
2016-12-31	记-69	4104006	利润分配——未分配利润	结转利润分配项目至未分配利润	220 000.00		贷	1 340 000.00	
2016-12-31		4104006	利润分配——未分配利润	本期合计	220 000.00	400 000.00	贷	1 340 000.00	
2016-12-31		4104006	利润分配——未分配利润	本年累计	220 000.00	400 000.00	贷	1 340 000.00	

表8-42 利润分配——提取法定盈余公积

编制单位：ABC建筑公司			科目：4104002 利润分配——提取法定盈余公积			2016年第12期至2016年第12期			单位：元
日期	凭证字号	科目编码	科目名称	摘要	借方	贷方	方向	余额	
2016-12-01		4104002	利润分配——提取法定盈余公积	期初余额			平		
2016-12-31	记-67	4104002	利润分配——提取法定盈余公积	提取法定盈余公积	40 000.00		贷	-40 000.00	
2016-12-31	记-69	4104002	利润分配——提取法定盈余公积	结转利润分配项目至未分配利润		40 000.00	平		
2016-12-31		4104002	利润分配——提取法定盈余公积	本期合计	40 000.00	40 000.00	平		
2016-12-31		4104002	利润分配——提取法定盈余公积	本年累计	40 000.00	40 000.00	平		

表8-43 利润分配——应付利润

编制单位：ABC建筑公司			科目：4104005 利润分配——应付利润			2016年第12期至2016年第12期			单位：元
日期	凭证字号	科目编码	科目名称	摘要	借方	贷方	方向	余额	
2016-12-01		4104005	利润分配——应付利润	期初余额			平		
2016-12-31	记-68	4104005	利润分配——应付利润	向投资者分配利润	180 000.00		贷	-180 000.00	
2016-12-31	记-69	4104005	利润分配——应付利润	结转利润分配项目至未分配利润		180 000.00	平		
2016-12-31		4104005	利润分配——应付利润	本期合计	180 000.00	180 000.00	平		
2016-12-31		4104005	利润分配——应付利润	本年累计	180 000.00	180 000.00	平		

表8-44 主营业务收入

编制单位：ABC建筑公司			科目：6001 主营业务收入			2016年第12期至2016年第12期			单位：元
日期	凭证字号	科目编码	科目名称	摘要	借方	贷方	方向	余额	
2016-12-01		6001	主营业务收入	期初余额			平		
2016-12-31	记-54	6001	主营业务收入	确定合同成本、收入、毛利		1 500 000.00	贷	1 500 000.00	
2016-12-31	记-62	6001	主营业务收入	结转收入类至本年利润	1 500 000.00		平		
2016-12-31		6001	主营业务收入	本期合计	1 500 000.00	1 500 000.00	平		
2016-12-31		6001	主营业务收入	本年累计	1 500 000.00	1 500 000.00	平		

表8-45 投资收益明细账

编制单位：ABC建筑公司　　　　科目：6111 投资收益　　　　2016年第12期至2016年第12期　　　　单位：元

日期	凭证字号	科目编码	科目名称	摘要	借方	贷方	方向	余额
2016-12-01		6111	投资收益	期初余额			平	
2016-12-20	记-61	6111	投资收益	收到投资的利润		10 000.00	贷	10 000.00
2016-12-31	记-62	6111	投资收益	结转收入类至本年利润	10 000.00		平	
2016-12-31		6111	投资收益	本期合计	10 000.00	10 000.00	平	
2016-12-31		6111	投资收益	本年累计	10 000.00	10 000.00	平	

表8-46 其他业务收入明细账

编制单位：ABC建筑公司　　　　科目：6051 其他业务收入　　　　2016年第12期至2016年第12期　　　　单位：元

日期	凭证字号	科目编码	科目名称	摘要	借方	贷方	方向	余额
2016-12-01		6051	其他业务收入	期初余额			平	
2016-12-15	记-52	6051	其他业务收入	销售钢材		45 000.00	贷	45 000.00
2016-12-31	记-62	6051	其他业务收入	结转收入类至本年利润	45 000.00		平	
2016-12-31	记-71	6051	其他业务收入	第12期 结转损益	45 000.00		贷	-45 000.00
2016-12-31	记-72	6051	其他业务收入	第12期 结转损益	-45 000.00		平	
2016-12-31		6051	其他业务收入	本期合计	45 000.00	45 000.00	平	
2016-12-31		6051	其他业务收入	本年累计	45 000.00	45 000.00	平	

表8-47 营业外收入明细账

编制单位：ABC建筑公司　　　　科目：6301 营业外收入　　　　2016年第12期至2016年第12期　　　　单位：元

日期	凭证字号	科目编码	科目名称	摘要	借方	贷方	方向	余额
2016-12-01		6301	营业外收入	期初余额			平	
2016-12-15	记-59	6301003	营业外收入——捐赠收益	收到违约金		6 000.00	贷	6 000.00
2016-12-31	记-62	6301003	营业外收入——捐赠收益	结转收入类至本年利润	6 000.00		平	
2016-12-31		6301	营业外收入	本期合计	6 000.00	6 000.00	平	
2016-12-31		6301	营业外收入	本年累计	6 000.00	6 000.00	平	

表8-48 主营业务成本

编制单位：ABC建筑公司　　　　科目：6401 主营业务成本　　　　2016年第12期至2016年第12期　　　　单位：元

日期	凭证字号	科目编码	科目名称	摘要	借方	贷方	方向	余额
2016-12-01		6401	主营业务成本	期初余额			平	
2016-12-31	记-55	6401	主营业务成本	确定合同成本、收入、毛利	1 300 000.00		借	1 300 000.00
2016-12-31	记-63	6401	主营业务成本	结转成本类至本年利润		1 300 000.00	平	
2016-12-31		6401	主营业务成本	本期合计	1 300 000.00	1 300 000.00	平	
2016-12-31		6401	主营业务成本	本年累计	1 300 000.00	1 300 000.00	平	

表 8-49 其他业务成本明细账

编制单位：ABC 建筑公司			科目：6402 其他业务成本			2016 年第 12 期至 2016 年第 12 期		单位：元
日 期	凭证字号	科目编码	科目名称	摘 要	借 方	贷 方	方向	余 额
2016-12-01		6402	其他业务成本	期初余额			平	
2016-12-15	记-53	6402	其他业务成本	结转钢材成本	40 000.00		借	40 000.00
2016-12-31	记-63	6402	其他业务成本	结转成本类至本年利润		40 000.00	平	
2016-12-31		6402	其他业务成本	本期合计	40 000.00	40 000.00	平	
2016-12-31		6402	其他业务成本	本年累计	40 000.00	40 000.00	平	

表 8-50 税金及附加

编制单位：ABC 建筑公司			科目：6403 税金及附加			2016 年第 12 期至 2016 年第 12 期		单位：元
日 期	凭证字号	科目编码	科目名称	摘 要	借 方	贷 方	方向	余 额
2016-12-01		6403	税金及附加	期初余额			平	
2016-12-31	记-58	6403	税金及附加	计算城建税、教育费附加	2 936.00		借	2 936.00
2016-12-31	记-63	6403	税金及附加	结转成本类至本年利润		2 936.00	平	
2016-12-31		6403	税金及附加	本期合计	2 936.00	2 936.00	平	
2016-12-31		6403	税金及附加	本年累计	2 936.00	2 936.00	平	

表 8-51 管理费用明细账

编制单位：ABC 建筑公司			科目：6602 管理费用			2016 年第 12 期至 2016 年第 12 期		单位：元
日 期	凭证字号	科目编码	科目名称	摘 要	借 方	贷 方	方向	余 额
2016-12-01		6602	管理费用	期初余额			平	
2016-12-10	记-36	6602005	管理费用——水电费	支付水电费	1 000.00		借	1 000.00
2016-12-11	记-37	6602004	管理费用——办公费	购买办公用品	300.00		借	1 300.00
2016-12-15	记-41	6602006	管理费用——差旅费	刘明出差报销	800.00		借	2 100.00
2016-12-31	记-43	6602007	管理费用——折旧费	计提固定资产	4 000.00		借	6 100.00
2016-12-31	记-45	6602001	管理费用——管理人员职工薪酬	结转职工工资	100 000.00		借	106 100.00
2016-12-31	记-46	6602001	管理费用——管理人员职工薪酬	计提三险一金	39 000.00		借	145 100.00
2016-12-31	记-63	6602001	管理费用——管理人员职工薪酬	结转成本类至本年利润		145 100.00	平	
2016-12-31	记-71	6602001	管理费用——管理人员职工薪酬	第 12 期 结转损益		-6 100.00	借	6 100.00
2016-12-31	记-71	6602004	管理费用——办公费	第 12 期 结转损益		300.00	借	5 800.00
2016-12-31	记-71	6602005	管理费用——水电费	第 12 期 结转损益		1 000.00	借	4 800.00
2016-12-31	记-71	6602006	管理费用——差旅费	第 12 期 结转损益		8 000.00	借	-3 200.00
2016-12-31	记-71	6602007	管理费用——折旧费	第 12 期 结转损益		4 000.00	借	-7 200.00
2016-12-31	记-72	6602006	管理费用——差旅费	第 12 期 结转损益		-7 200.00	平	
2016-12-31		6602	管理费用	本期合计	145 100.00	145 100.00	平	
2016-12-31		6602	管理费用	本年累计	145 100.00	145 100.00	平	

表 8-52 财务费用明细账

编制单位：ABC 建筑公司　　　科目：6603 财务费用　　　2016 年第 12 期至 2016 年第 12 期　　　单位：元

日　期	凭证字号	科目编码	科目名称	摘　要	借　方	贷　方	方向	余　额
2016-12-01		6603	财务费用	期初余额			平	
2016-12-12	记-40	6603001	财务费用——利息费用	支付利息	1 020.00		借	1 020.00
2016-12-31	记-63	6603001	财务费用——利息费用	结转成本类至本年利润		1 020.00	平	
2016-12-31		6603	财务费用	本期合计	1 020.00	1 020.00	平	
2016-12-31		6603	财务费用	本年累计	1 020.00	1 020.00	平	

表 8-53 营业外支出明细账

编制单位：ABC 建筑公司　　　科目：6711 营业外支出　　　2016 年第 12 期至 2016 年第 12 期　　　单位：元

日　期	凭证字号	科目编码	科目名称	摘　要	借　方	贷　方	方向	余　额
2016-12-01		6711	营业外支出	期初余额			平	
2016-12-20	记-60	6711003	营业外支出——捐赠支出	捐款支出	20 000.00		借	20 000.00
2016-12-31	记-63	6711003	营业外支出——捐赠支出	结转成本类至本年利润		20 000.00	平	
2016-12-31		6711	营业外支出	本期合计	20 000.00	20 000.00	平	
2016-12-31		6711	营业外支出	本年累计	20 000.00	20 000.00	平	

表 8-54 所得税费用明细账

编制单位：ABC 建筑公司　　　科目：6801 所得税费用　　　2016 年第 12 期至 2016 年第 12 期　　　单位：元

日　期	凭证字号	科目编码	科目名称	摘　要	借　方	贷　方	方向	余　额
2016-12-01		6801	所得税费用	期初余额			平	
2016-12-31	记-64	6801	所得税费用	计算所得税	12 986.00		借	12 986.00
2016-12-31	记-65	6801	所得税费用	结转所得税费用		12 986.00	平	
2016-12-31		6801	所得税费用	本期合计	12 986.00	12 986.00	平	
2016-12-31		6801	所得税费用	本年累计	12 986.00	12 986.00	平	

表 8-55 工程施工（东光大学）明细账

编制单位：ABC 建筑公司　　　科目：5401 工程施工　　　2016 年第 12 期至 2016 年第 12 期　　　单位：元

日　期	凭证字号	科目编码	科目名称	摘　要	借　方	贷　方	方向	余　额
2016-12-01		5401	工程施工	期初余额			平	
2016-12-10	记-36	540100101	工程施工——合同成本——间接费用	支付水电费	1 500.00		借	1 500.00
2016-12-11	记-37	540100101	工程施工——合同成本——间接费用	购买办公用品	200.00		借	1 700.00

(续)

编制单位：ABC 建筑公司			科目：5401 工程施工		2016 年第 12 期至 2016 年第 12 期			单位：元
日期	凭证字号	科目编码	科目名称	摘要	借方	贷方	方向	余额
2016-12-20	记-42	540100101	工程施工——合同成本——间接费用	支付制作费	800.00		借	2 500.00
2016-12-31	记-43	540100101	工程施工——合同成本——间接费用	计提固定资产折旧	500.00		借	3 000.00
2016-12-31	记-44	540100102	工程施工——合同成本——宿舍楼	东光大学领用材料	312 000.00		借	315 000.00
2016-12-31	记-44	540100103	工程施工——合同成本——食堂	东光大学领用材料	213 000.00		借	528 000.00
2016-12-31	记-45	540100101	工程施工——合同成本——间接费用	分配职工工资	50 000.00		借	578 000.00
2016-12-31	记-45	540100102	工程施工——合同成本——宿舍楼	分配职工工资	200 000.00		借	778 000.00
2016-12-31	记-45	540100103	工程施工——合同成本——食堂	分配职工工资	150 000.00		借	928 000.00
2016-12-31	记-46	540100101	工程施工——合同成本——间接费用	计提三险一金	19 500.00		借	947 500.00
2016-12-31	记-46	540100102	工程施工——合同成本——宿舍楼	计提三险一金	78 000.00		借	1 025 500.00
2016-12-31	记-46	540100103	工程施工——合同成本——食堂	计提三险一金	58 500.00		借	1 084 000.00
2016-12-31	记-47	540100102	工程施工——合同成本——宿舍楼	支付租入机械租赁费	100 000.00		借	1 184 000.00
2016-12-31	记-47	540100103	工程施工——合同成本——食堂	支付租入机械租赁费	96 000.00		借	1 280 000.00
2016-12-31	记-48	540100102	工程施工——合同成本——宿舍楼	支付技术指导费	13 000.00		借	1 293 000.00
2016-12-31	记-48	540100103	工程施工——合同成本——食堂	支付技术指导费	7 000.00		借	1 300 000.00
2016-12-31	记-49	540100101	工程施工——合同成本——间接费用	分配间接费用		72 500.00	借	1 227 500.00
2016-12-31	记-49	540100102	工程施工——合同成本——宿舍楼	分配间接费用	41 420.00		借	1 268 920.00
2016-12-31	记-49	540100103	工程施工——合同成本——食堂	分配间接费用	31 080.00		借	1 300 000.00
2016-12-31	记-50	540100102	工程施工——合同成本——宿舍楼	工程完工，结转成本		744 420.00	借	555 580.00
2016-12-31	记-50	540100103	工程施工——合同成本——食堂	工程完工，结转成本		555 580.00	平	
2016-12-31	记-55	5401002	工程施工——合同毛利	确定合同成本、收入、毛利	200 000.00		借	200 000.00
2016-12-31	记-56	5401002	工程施工——合同毛利	结转合同毛利		200 000.00	平	
2016-12-31		5401	工程施工	本期合计	1 572 500.00	1 572 500.00	平	
2016-12-31		5401	工程施工	本年累计	1 572 500.00	1 572 500.00	平	

表 8-56　工程施工（东光大学）——合同毛利明细账

编制单位：ABC 建筑公司			科目：5401002 工程施工——合同毛利				2016 年第 12 期至 2016 年第 12 期		单位：元
日　　期	凭证字号	科目编码	科目名称	摘　　要	借　方	贷　方	方向	余　　额	
2016-12-01		5401002	工程施工——合同毛利	期初余额			平		
2016-12-31	记-55	5401002	工程施工——合同毛利	确定合同成本、收入、毛利	200 000.00		借	200 000.00	
2016-12-31	记-56	5401002	工程施工——合同毛利	结转合同毛利		200 000.00	平		
2016-12-31		5401002	工程施工——合同毛利	本期合计	200 000.00	200 000.00	平		
2016-12-31		5401002	工程施工——合同毛利	本年累计	200 000.00	200 000.00	平		

表 8-57　工程施工（东光大学）——合同成本明细账

编制单位：ABC 建筑公司			科目：5401001 工程施工——合同成本				2016 年第 12 期至 2016 年第 12 期		单位：元
日　　期	凭证字号	科目编码	科目名称	摘　　要	借　方	贷　方	方向	余　　额	
2016-12-01		5401001	工程施工——合同成本	期初余额			平		
2016-12-10	记-36	540100101	工程施工——合同成本——间接费	支付水电费	1 500.00		借	1 500.00	
2016-12-11	记-37	540100101	工程施工——合同成本——间接费	购买办公用品	200.00		借	1 700.00	
2016-12-20	记-42	540100101	工程施工——合同成本——间接费	支付制作费	800.00		借	2 500.00	
2016-12-31	记-43	540100101	工程施工——合同成本——间接费	计提固定资产	500.00		借	3 000.00	
2016-12-31	记-44	540100102	工程施工——合同成本——宿舍楼	东光大学领料	312 000.00		借	315 000.00	
2016-12-31	记-44	540100103	工程施工——合同成本——食堂	东光大学领料	213 000.00		借	528 000.00	
2016-12-31	记-45	540100101	工程施工——合同成本——间接费	分配职工工资	50 000.00		借	578 000.00	
2016-12-31	记-45	540100102	工程施工——合同成本——宿舍楼	分配职工工资	200 000.00		借	778 000.00	
2016-12-31	记-45	540100103	工程施工——合同成本——食堂	分配职工工资	150 000.00		借	928 000.00	
2016-12-31	记-46	540100101	工程施工——合同成本——间接费	计提三险一金	19 500.00		借	947 500.00	
2016-12-31	记-46	540100102	工程施工——合同成本——宿舍楼	计提三险一金	78 000.00		借	1 025 500.00	
2016-12-31	记-46	540100103	工程施工——合同成本——食堂	计提三险一金	58 500.00		借	1 084 000.00	
2016-12-31	记-47	540100102	工程施工——合同成本——宿舍楼	支付租入机械租赁	100 000.00		借	1 184 000.00	
2016-12-31	记-47	540100103	工程施工——合同成本——食堂	支付租入机械租赁	96 000.00		借	1 280 000.00	

（续）

编制单位：ABC 建筑公司			科目：5401001 工程施工——合同成本			2016 年第 12 期至 2016 年第 12 期			单位：元
日期	凭证字号	科目编码	科目名称	摘要	借方	贷方	方向	余额	
2016-12-31	记-48	540100102	工程施工——合同成本——宿舍楼	支付指导费	13 000.00		借	1 293 000.00	
2016-12-31	记-48	540100103	工程施工——合同成本——食堂	支付指导费	7 000.00		借	1 300 000.00	
2016-12-31	记-49	540100101	工程施工——合同成本——间接费	分配间接费用		72 500.00	借	1 227 500.00	
2016-12-31	记-49	540100102	工程施工——合同成本——宿舍楼	分配间接费用	41 420.00		借	1 268 920.00	
2016-12-31	记-49	540100103	工程施工——合同成本——食堂	分配间接费用	31 080.00		借	1 300 000.00	
2016-12-31	记-50	540100102	工程施工——合同成本——宿舍楼	工程完工，结转成本		744 420.00	借	555 580.00	
2016-12-31	记-50	540100103	工程施工——合同成本——食堂	工程完工，结转成本		555 580.00	平		
2016-12-31		5401001	工程施工——合同成本	本期合计	1 372 500.00	1 372 500.00	平		
2016-12-31		5401001	工程施工——合同成本	本年累计	1 372 500.00	1 372 500.00	平		

表 8-58　工程施工（东光大学）——间接费用明细账

编制单位：ABC 建筑公司			科目：540100101 工程施工——合同成本——间接费用			2016 年第 12 期至 2016 年第 12 期			单位：元
日期	凭证字号	科目编码	科目名称	摘要	借方	贷方	方向	余额	
2016-12-01		540100101	工程施工——合同成本——间接费用	期初余额			平		
2016-12-10	记-36	540100101	工程施工——合同成本——间接费用	支付水电费	1 500.00		借	1 500.00	
2016-12-11	记-37	540100101	工程施工——合同成本——间接费用	购买办公用品	200.00		借	1 700.00	
2016-12-20	记-42	540100101	工程施工——合同成本——间接费用	支付标牌制作费	800.00		借	2 500.00	
2016-12-31	记-43	540100101	工程施工——合同成本——间接费用	计提固定资产	500.00		借	3 000.00	
2016-12-31	记-45	540100101	工程施工——合同成本——间接费用	分配职工工资	50 000.00		借	53 000.00	
2016-12-31	记-46	540100101	工程施工——合同成本——间接费用	计提三险一金	19 500.00		借	72 500.00	
2016-12-31	记-49	540100101	工程施工——合同成本——间接费用	分配间接费用		72 500.00	平		
2016-12-31		540100101	工程施工——合同成本——间接费用	本期合计	72 500.00	72 500.00	平		
2016-12-31		540100101	工程施工——合同成本——间接费用	本年累计	72 500.00	72 500.00	平		

表8-59 （宿舍楼）工程施工明细卡

编制单位：ABC建筑公司			科目：540100102 工程施工——合同成本——宿舍楼				2016年第12期至2016年第12期		单位：元
日期	凭证字号	科目编码	科目名称	摘要	借方	贷方	方向	余额	
2016-12-01		540100102	工程施工——合同成本——宿舍楼	期初余额			平		
2016-12-31	记-44	540100102	工程施工——合同成本——宿舍楼	东光大学领料	312 000.00		借	312 000.00	
2016-12-31	记-45	540100102	工程施工——合同成本——宿舍楼	分配职工工资	200 000.00		借	512 000.00	
2016-12-31	记-46	540100102	工程施工——合同成本——宿舍楼	计提三险一金	78 000.00		借	590 000.00	
2016-12-31	记-47	540100102	工程施工——合同成本——宿舍楼	支付租入机械租赁费	100 000.00		借	690 000.00	
2016-12-31	记-48	540100102	工程施工——合同成本——宿舍楼	支付指导费	13 000.00		借	703 000.00	
2016-12-31	记-49	540100102	工程施工——合同成本——宿舍楼	分配间接费用	41 420.00		借	744 420.00	
2016-12-31	记-50	540100102	工程施工——合同成本——宿舍楼	工程完工，结转成本		744 420.00	平		
2016-12-31		540100102	工程施工——合同成本——宿舍楼	本期合计	744 420.00	744 420.00	平		
2016-12-31		540100102	工程施工——合同成本——宿舍楼	本年累计	744 420.00	744 420.00	平		

表8-60 （食堂）工程施工明细卡

编制单位：ABC建筑公司			科目：540100103 工程施工——合同成本——食堂				2016年第12期至2016年第12期		单位：元
日期	凭证字号	科目编码	科目名称	摘要	借方	贷方	方向	余额	
2016-12-01		540100103	工程施工——合同成本——食堂	期初余额			平		
2016-12-31	记-44	540100103	工程施工——合同成本——食堂	东光大学领料	213 000.00		借	213 000.00	
2016-12-31	记-45	540100103	工程施工——合同成本——食堂	分配职工工资	150 000.00		借	363 000.00	
2016-12-31	记-46	540100103	工程施工——合同成本——食堂	计提三险一金	58 500.00		借	421 500.00	
2016-12-31	记-47	540100103	工程施工——合同成本——食堂	支付租入机械租赁费	96 000.00		借	517 500.00	
2016-12-31	记-48	540100103	工程施工——合同成本——食堂	支付指导费	7 000.00		借	524 500.00	

(续)

编制单位：ABC 建筑公司			科目：540100103 工程施工——合同成本——食堂			2016 年第 12 期至 2016 年第 12 期			单位：元
日 期	凭证字号	科目编码	科目名称	摘 要	借 方	贷 方	方向	余 额	
2016-12-31	记-49	540100103	工程施工——合同成本——食堂	分配间接费用	31 080.00		借	555 580.00	
2016-12-31	记-50	540100103	工程施工——合同成本——食堂	工程完工，结转成本		555 580.00	平		
2016-12-31		540100103	工程施工——合同成本——食堂	本期合计	555 580.00	555 580.00	平		
2016-12-31		540100103	工程施工——合同成本——食堂	本年累计	555 580.00	555 580.00	平		

表 8-61　工程结算（东光大学）明细账

编制单位：ABC 建筑公司			科目：5402 工程结算			2016 年第 12 期至 2016 年第 12 期			单位：元
日 期	凭证字号	科目编码	科目名称	摘 要	借 方	贷 方	方向	余 额	
2016-12-01		5402	工程结算	期初余额			平		
2016-12-31	记-50	5402	工程结算	工程完工，结转成本	1 300 000.00		贷	-1 300 000.00	
2016-12-31	记-54	5402	工程结算	结算工程款		1 500 000.00	贷	200 000.00	
2016-12-31	记-56	5402	工程结算	结转合同毛利	200 000.00		平		
2016-12-31		5402	工程结算	本期合计	1 500 000.00	1 500 000.00	平		
2016-12-31		5402	工程结算	本年累计	1 500 000.00	1 500 000.00	平		

第三节　科目汇总表核算程序

一、科目汇总表核算程序的概念

科目汇总表核算程序又称为记账凭证汇总表核算程序，它是根据记账凭证定期编制科目汇总表，然后根据记账凭证登记现金日记账、银行存款日记账、明细分类账，根据定期编制的科目汇总表登记总分类账的一种账务处理程序。它的记账凭证的采用、账簿的设置与记账凭证核算程序相同。科目汇总表核算程序的步骤如下：

1）根据原始凭证编制汇总原始凭证。
2）根据原始凭证或汇总原始凭证，编制记账凭证（收款凭证、付款凭证和转账凭证）。
3）根据记账凭证逐笔登记现金日记账和银行存款日记账。
4）根据记账凭证逐笔登记各种明细分类账。
5）根据各种记账凭证编制科目汇总表。
6）根据科目汇总表登记总分类账。
7）期末，将现金日记账、银行存款日记账和明细分类账与有关总分类账的余额核对是否相符。

8）期末，根据总分类账和明细分类账余额编制会计报表。

科目汇总表核算程序如图 8-20 所示。

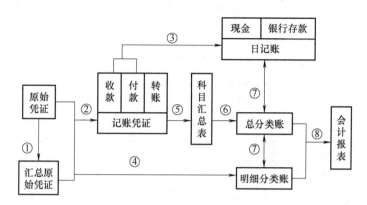

图 8-20　科目汇总表核算程序图

二、科目汇总表核算程序的特点

科目汇总表核算程序是根据定期编制的科目汇总表登记总分类账。由于不是根据记账凭证逐日逐笔登记到总分类账，而是将定期汇总的数据登记在总分类账中，从而大大减轻了登记总分类账的工作量。科目汇总表的编制不仅较为简便，易于掌握，而且在编制科目汇总表的同时，还可以进行试算平衡，便于发现会计核算工作中的记账差错。但由于总分类账是根据汇总数据登记的，这样无法详细具体地反映各项经济业务的来龙去脉，也无法反映各账户之间的对应关系，不便于核对账目。这种账务处理程序适用于生产规模大、经济业务量多的企业。

三、科目汇总表的编制

科目汇总表是按照总账科目，将一定时期的全部记账凭证进行归类汇总，计算出每一总账科目的本期借方发生额和贷方发生额，并据以登记总分类账的汇总表。

汇总的时间应根据企业业务量的大小而定，一般可 1 天、5 天、7 天、10 天或 15 天汇总一次。

以 ABC 建筑公司 2016 年 12 月份的经济业务为例（见第四章例 19～例 70），按照 10 天汇总一次编制科目汇总表，见表 8-62～表 8-64。

表 8-62　科目汇总表

2016 年 12 月 1 日至 10 日				汇字　第 1 号
会计科目	账　页	本期发生额		记账凭证起讫号数
		借　方	贷　方	
银行存款		1 400 000	1 351 300	
预付账款		60 000		

(续)

2016年12月1日至10日				汇字 第1号
会计科目	账 页	本期发生额		记账凭证起讫号数
		借 方	贷 方	
应收账款			200 000	
在途物资		400 000	400 000	
原材料		799 000		
固定资产		150 000		
无形资产		234 000		
短期借款			100 000	
预收账款			100 000	
长期借款			500 000	
应付账款			22 040	
应交税费		127 840		
应付职工薪酬		500 000		
实收资本			1 000 000	
管理费用		1 000		
工程施工——间接费用		1 500		
合计		3 673 340	3 673 340	

表8-63 科目汇总表

2016年12月11日至20日				汇字 第2号
会计科目	账 页	本期发生额		记账凭证起讫号数
		借 方	贷 方	
银行存款		158 200	243 340	
库存现金		700	1 500	
原材料			40 000	
其他应收款		1 000	1 000	
短期借款		200 000		
应付账款		22 040		
应交税费			7 200	
应付利息			1 020	
资本公积			100 000	
财务费用		1 020		
管理费用		1 100		
营业外支出		20 000		
其他业务成本		40 000		
其他业务收入			45 000	
营业外收入			6 000	
工程施工——间接费用		1 000		
合计		445 060	445 060	

表 8-64　科目汇总表

2016年12月21日至31日　　　　　　　　　　　　　　　　　　　　　　　　汇字　第3号

会计科目	账　页	本期发生额		记账凭证起讫号数
		借　方	贷　方	
银行存款		10 000	216 000	
原材料			525 000	
累计折旧			4 500	
应收账款		1 550 000		
预收账款		100 000		
应交税费		29 360	195 282	
应付职工薪酬			695 000	
应付股利			180 000	
盈余公积		100 000	40 000	
资本公积		200 000		
实收资本			300 000	
本年利润		1 922 042	1 561 000	
利润分配		220 000	400 000	
主营业务收入		1 500 000	1 500 000	
其他业务收入		45 000		
主营业务成本		1 300 000	1 300 000	
其他业务成本			40 000	
投资收益		10 000	10 000	
营业外收入		6 000		
营业外支出			20 000	
营业税金及附加		2 936	2 936	
财务费用			1 020	
管理费用		143 000	145 100	
所得税费用		12 986	12 986	
工程施工——间接费用		70 000	72 500	
工程施工		1 500 000	1500 000	
工程结算		1 500 000	1500 000	
合计		10 221 324	10 221 324	

四、登记总分类账和编制期末余额表

根据科目汇总表登记总分类账，仅登记"银行存款"和"实收资本"总账，见表 8-65 和表 8-66，其余略。根据总分类账编制"期末余额表"，见表 8-67，进行月末对账。

表8-65 银行存款（总账）

2016年		凭证号数	摘要	借方	贷方	借或贷	余额
月	日						
12	1		期初余额			借	9 000 000
	10	汇1	1~10日汇总过入	1 400 000	1 351 300	借	948 700
	20	汇2	11~20日汇总过入	158 200	243 340	借	863 560
	31	汇3	21~31日汇总过入	10 000	216 000	借	657 560
			本月合计	1 568 200	1 810 640	借	657 560

表8-66 实收资本（总账）

2016年		凭证号数	摘要	借方	贷方	借或贷	余额
月	日						
12	1		期初余额			贷	10 000 000
	10	汇1	1~10日汇总过入		1 000 000	贷	11 000 000
	31	汇3	21~31日汇总过入		300 000	贷	11 300 000
			本月合计			贷	11 300 000

表8-67 期末余额表

账户名称	期末余额	
	借方金额	贷方金额
库存现金	1 200	
银行存款	657 560	
库存材料	494 000	
预付账款	60 000	
应收账款	1 700 000	
无形资产	234 000	
固定资产	12 950 000	
累计折旧		2 004 500
应付账款		232 000
短期借款		100 000
长期借款		500 000
应付职工薪酬		195 000
应交税费		84 240
应付利息		1 020
应付股利		180 000
实收资本		11 300 000
资本公积		50 000
盈余公积		110 000
利润分配		1 340 000
合计	16 096 760	16 096 760

练一练：根据科目汇总表所给出的资料，在老师的指导下，登记"银行存款"和"实收资本"科目以外的其他会计科目的总账。

序号	内容
1	本章主要阐述了各类会计核算程序以及各类会计核算程序的特点和适用范围。会计核算程序是规定凭证、账簿的种类、格式和登记方法以及各种凭证之间、账簿之间、各种报表之间和凭证与账簿之间、各种账簿与报表之间的相互联系与编制的程序
2	在会计核算中常用的两种会计核算程序：记账凭证核算程序和科目汇总表核算程序
3	企业选择适合的会计核算程序对于科学有效地组织本单位的会计核算工作有着重要的意义

第九章 财务报表

> **本章学习要点：**
> 1. 了解财务报表的结构和概念。
> 2. 会编制简单的资产负债表、利润表。

第一节 财务报表概述

一、财务报表的概念

财务报表是反映企业某一特定日期的财务状况和某一会计期间的经营成果、现金流量等会计信息的文件，包括资产负债表、利润表、现金流量表、所有者权益变动表和附注。

资产负债表反映企业的财务状况，是企业经营活动的静态体现；利润表反映企业在一定会计期间的经营成果，是反映企业经营资金动态表现的报表；现金流量表是反映一定时期内企业现金（包括银行存款）增减变动情况的报表；所有者权益变动表是反映构成所有者权益的各组成部分当期的增减变动情况的报表；附注是对财务报表的补充说明，是财务会计报告体系的重要组成部分，是对在会计报表中列示项目所作的进一步说明，以及对未能在这些报表中列示项目的说明等。本书只介绍资产负债表和利润表的编制方法。

二、财务报表的编制要求

1. 数字真实

财务报表中的各项数据必须真实可靠，如实地反映企业的经营活动，这是对会计信息质量的基本要求。

2. 内容完整

财务报表应当全面反映企业的财务状况和经营成果，报表中包括的所有项目以及补充资料必须齐全。

3. 计算准确

财务报表中各项数据的计算应做到准确无误，这样才能提供准确的信息。

4. 报送及时

财务报表信息必须做到及时传递，才能成为决策的依据，所以必须按照规定的期限报送财务报表，使其使用价值得到最大程度的发挥。

三、财务报表的作用

财务报表所提供的会计信息具有重要作用，主要体现在以下几个方面：

1) 由于财务报表能够全面系统地揭示企业一定时期的财务状况、经营成果和现金流量，因此有利于管理者了解企业的经营情况，可以为企业的经营管理提供依据。

2) 为投资者、债权人和其他有关各方提供了解企业经营状况和资金运转状况的信息，使其能够更好地分析企业的盈利能力、偿债能力、发展前景等。

3) 为国家财政、税务、工商、审计等部门监督企业经营管理提供依据。

第二节 财务报表的编制

一、资产负债表

（一）资产负债表的概念

资产负债表是反映企业在某一特定日期财务状况的会计报表，是企业经营活动的静态体现。

反映企业财务状况的会计要素有三个，分别为资产、负债和所有者权益，且三者形成了"资产＝负债＋所有者权益"这一会计平衡公式，在这个公式的基础上，按照一定的排列标准，将某一特定日期的资产、负债、所有者权益的具体项目予以适当的排列，就形成了资产负债表。

（二）资产负债表的结构

资产负债表的结构有报告式和账户式两种，我国使用的是账户式资产负债表，采用左右结构，左边列示资产，右边列示负债和所有者权益，资产各项目的合计等于负债和所有者权益各项目的合计。

左方列示的资产各项目按其流动性强弱排列，流动资产排在前面，非流动资产排在后面；右边列示的负债和所有者权益各项目按偿还的先后顺序进行排列，流动负债排在前面，非流动负债排在中间，所有者权益项目排在后面。

根据书中例 70 题，我们可以得到资产负债表，见表 9-1。

（三）资产负债表的编制方法

资产负债表由"期末余额"和"年初余额"两个栏目组成，"年初余额"栏内的各项数字，应根据上年末资产负债表的"期末余额"栏内所列数字填列。"期末余额"栏的填列方法主要有以下两种。

(1) 直接根据总账科目余额填列的项目。如应收票据、应收利息、应收股利、其他应收款、长期股权投资、在建工程、短期借款、应付票据、应付职工薪酬、应交税费、应付利息、其他应付款、长期借款、应付债券、实收资本、资本公积、盈余公积等项目。

表 9-1 资产负债表

资产负债表

会企 01 表

编制单位： 2016-12-31 单位：元

资产	行次	期末余额	年初余额	负债和所有者权益	行次	期末余额	年初余额
流动资产：				流动负债：			
货币资金	1	658 760.00	902 000.00	短期借款	16	100 000.00	200 000.00
应收票据	2			应付票据	17		
应收账款	3	1 700 000.00	350 000.00	应付账款	18	232 000.00	232 000.00
预付账款	4	60 000.00		预收款项	19		
应收利息	5			应付职工薪酬	20	195 000.00	
应收股利	6			应交税费	21	84 240.00	38 958.00
其他应收款	7			应付利息	22	1 020.00	
存货	8	494 000.00	260 000.00	应付股利	23	180 000.00	
流动资产合计	9	2 912 760.00	1 512 000.00	其他应付款	24		
非流动资产：				流动负债合计	25	792 260.00	470 958.00
长期股权投资	10			非流动负债：			
固定资产	11	10 945 500.00	10 800 000.00	长期借款	26	500 000.00	
在建工程	12			应付债券	27		
无形资产	13	234 000.00		非流动负债合计	28	500 000.00	
非流动资产合计	14	11 179 500.00	10 800 000.00	负债合计	29	1 292 260.00	470 958.00
				所有者权益（或股东权益）			
				实收资本（或股本）	30	11 300 000.00	10 000 000.00
				资本公积	31	50 000.00	150 000.00
				盈余公积	32	110 000.00	170 000.00
				未分配利润	33	1 340 000.00	1 521 042.00
				所有者权益（或股东权益）合计	34	12 800 000.00	11 841 042.00
资产总计	15	14 092 260.00	12 312 000.00	负债和所有者权益（或股东权益）总计	35	14 092 260.00	12 312 000.00

（2）需经过分析计算后填列的项目。

1）根据几个总账科目的期末余额计算填列：货币资金项目，应根据库存现金、银行存款、其他货币资金三个总账科目的期末余额合计数填列。

2）根据明细科目余额计算填列：如应收账款项目，应根据应收账款和预收账款两个科目所属的有关明细科目的期末借方余额计算填列；应付账款项目，根据应付账款和预付账款科目所属相关明细科目的期末贷方余额计算填列。

3）根据科目余额减去其备抵项目后的净额填列：如无形资产项目，根据无形资产的期末余额，减去无形资产减值准备与累计摊销备抵科目余额后的净额填列。

二、利润表

(一) 利润表的概念

利润表，也被称为损益表，是反映企业在一定会计期间的经营成果的报表。它反映的是某一期间的情况，所以又被称为动态报表。

(二) 利润表的结构

利润表格式分为单步式和多步式两种，我国企业会计制度规定企业的利润表采用多步式，体现了"收入－费用＝利润"这一会计等式和收入与费用的配比原则。

利润表有两个栏目，分别为本年累计金额和本期金额。本期金额反映各项目的本月实际发生数，本年累计金额栏反映各项目自年初起至报告期末止的累计实际发生数。

根据第四章例题，得到如下损益类账户发生额，见表9-2。

表 9-2　损益类账户发生额

科目名称	损益类账户发生额 2016年12月 单位：元	
	期末余额	
	借　方	贷　方
主营业务收入		1 500 000
其他业务收入		45 000
主营业务成本	1 300 000	
其他业务成本	40 000	
税金及附加	2 936	
销售费用		
管理费用	145 100	
财务费用	1 020	
投资收益		10 000
营业外收入		6 000
营业外支出	20 000	
所得税费用	12 986	

根据以上表格，可以得到利润表，见表9-3。

(三) 利润表的编制方法

利润表栏内各项目一般根据账户的本期发生额填列。

1) 营业收入项目，反映企业销售产品和提供劳务所实现的收入总额。本项目应根据主营业务收入和其他业务收入账户的发生额合计填列。

2) 营业成本项目，反映企业销售产品和提供劳务的成本。本项目应根据主营业务成本和其他业务成本账户的发生额合计填列。

表 9-3 利润表

利润表

会企02表

编制单位：　　　　　　　　2016年第12期　　　　　　　　单位：元

项　　目	行次	本年累计金额	本期金额
一、营业收入	1		1 545 000.00
减：营业成本	2		1 340 000.00
税金及附加	3		2 936.00
销售费用	4		
管理费用	5		145 100.00
财务费用	6		1 020.00
加：投资收益（损失以"－"号填列）	7		10 000.00
二、营业利润（亏损以"－"号填列）	8		65 944.00
加：营业外收入	9		6 000.00
减：营业外支出	10		20 000.00
三、利润总额（亏损总额以"－"号填列）	11		51 944.00
减：所得税费用	12		12 986.00
四、净利润（净亏损以"－"号填列）	13		38 958.00

3）税金及附加项目，反映企业经营活动应负担的相关税费，包括消费税、城市维护建设税、教育费附加、资源税、房产税、城镇土地使用税、车船税、印花税等。本项目应根据税金及附加账户的发生额填列。

4）销售费用项目，反映企业在销售商品过程中发生的费用。本项目应根据销售费用账户的发生额填列。

5）管理费用项目，反映企业行政管理部门为组织和管理生产经营活动而发生的各种费用。本项目应根据管理费用账户的发生额填列。

6）财务费用项目，反映企业为筹集生产经营所需资金等而发生的费用。本项目应根据财务费用账户的发生额填列。

7）投资收益项目，反映企业以各种方式对外投资所取得的收益。本项目应根据投资收益账户的发生额填列；如为投资损失，以"－"号填列。

8）营业利润项目，应根据营业收入减去营业成本、税金及附加、销售费用、管理费用和财务费用，加上投资收益后的金额填列。如为亏损，以"－"号填列。

9）营业外收入项目，反映企业与生产经营过程无直接关系，应列入当期利润的收入。本项目应根据营业外收入账户的发生额填列。

10）营业外支出项目，反映企业发生的与其生产经营无直接关系的各项支出。本项目应根据营业外支出账户的发生额填列。

11）利润总额项目，应根据营业利润加上营业外收入减去营业外支出后的金额填列。如为亏损，以"－"号填列。

12）所得税费用项目，反映企业按规定从当期利润总额中扣除的所得税。本项目应根据所得税费用账户的发生额填列。

13）净利润项目，应根据利润总额减去所得税费用后的金额填列。如为净亏损，以"－"号填列。

本 章 小 结

序 号	内 容
1	本章介绍了财务报表的概念、种类和作用。财务报表是反映企业某一特定日期的财务状况和某一会计期间的经营成果、现金流量等会计信息的文件，包括资产负债表、利润表、现金流量表、所有者权益变动表和附注
2	资产负债表反映企业的财务状况，是企业经营活动的静态体现；利润表反映企业在一定会计期间的经营成果，是动态报表

参 考 文 献

[1] 中华人民共和国财政部. 企业会计准则［M］. 北京：经济科学出版社，2019.
[2] 张玉森，陈伟清. 基础会计［M］. 北京：高等教育出版社，2011.
[3] 单旭，黄雅平. 建筑施工企业会计［M］. 2版. 北京：机械工业出版社，2018.
[4] 马素华. 建筑企业会计［M］. 北京：机械工业出版社，2015.
[5] 徐泓. 基础会计［M］. 北京：中国人民大学出版社，2003.
[6] 全国一级建造师职业资格考试用书编写委员会. 建设工程经济［M］. 北京：中国建筑工业出版社，2018.
[7] 全国会计从业资格证考试辅导教材编写组. 会计基础［M］. 北京：经济科学出版社，2017.

附录　建筑企业基础会计习题册

第一章 概 述

一、名词解释

会计的概念、会计的职能、会计事项、会计的对象、会计假设、会计主体假设、持续经营假设、资金循环。

二、单项选择题

1. 会计的职能是( )。

   A. 核算与监督　　　　　　　　B. 进行经济管理活动

   C. 为企业管理提供会计信息　　D. 记账、算账、报账

2. 下面关于会计的表述，不正确的是( )。

   A. 会计的主要工作是核算和监督

   B. 货币是会计核算采用的唯一的计量单位

   C. 会计是一项经济管理活动

   D. 会计是适应经济的发展需要而产生的

3. 下列哪项不是会计监督的内容。( )

   A. 真实性　　　　　　　　　　B. 合法性

   C. 合理性（有效性）　　　　　D. 有用性

4. 下列哪项不是会计核算具有的特点。( )

   A. 以货币为主要计量单位　　　B. 连续性

   C. 系统性　　　　　　　　　　D. 真实性

5. 下列哪项是会计对象。( )

   A. 签订经济合同　　　　　　　B. 购买施工生产用水泥

   C. 进行商务谈判　　　　　　　D. 制订生产计划

三、多项选择题

1. 会计信息的使用者包括( )。

   A. 公司经理　　　　　　　　　B. 公司的债权人

   C. 公司的投资人　　　　　　　D. 社会公众

2. 会计的核算职能包括( )。

   A. 事前核算　　　　　　　　　B. 事后核算

   C. 事中核算　　　　　　　　　D. 事终核算

3. 下列哪些属于会计事项。( )

   A. 购买运输用汽车　　　　　　B. 给工人支付工资

   C. 施工生产领用钢材　　　　　D. 公司接待客户来访

4. 在生产经营过程中资金运动呈现出的形态有( )。

   A. 现金资金形态　　　　　　　B. 储备资金形态

   C. 生产资金形态　　　　　　　D. 成品资金形态

5. 会计核算要以凭证为依据，以保证会计记录和会计信息的( )。

   A. 真实性　　　　　　　　　　B. 系统性

C. 可靠性 D. 一致性

四、判断题

1. 会计是因经济发展的需要而产生的。（　　）
2. 会计是一种核算，不是经济管理活动的组成部分。（　　）
3. 将企业购买的机器确认为资产，属于会计确认。（　　）
4. 会计期间分为年度和中期，年度是指公历每年的 1 月 1 日至当年的 12 月 31 日。（　　）
5. 会计主体假设确定了会计核算的时间范围。（　　）
6. 会计信息的内部使用者包括企业经理、财务经理、企业职工和债权人。（　　）

五、思考与实践

1. 结合教材内容，谈谈会计的发展历程，说说你对会计的理解。

2. 根据会计的职能，如何理解会计监督？

第二章 会计记账基础知识

一、名词解释

会计要素、资产、负债、所有者权益、收入、费用、利润、会计的方法、会计的核算方法、会计信息、会计循环、会计平衡公式、经营成果等式、经济业务的四种类型。

二、单项选择题

1. 下列各项中，不属于企业拥有或控制的经济资源是(　　)。
   A. 预付分包单位的工程款
   B. 将闲置不用的模板经营租赁给 B 公司使用
   C. 融资租入一辆塔吊
   D. 临时租用一辆大型运输汽车

2. 下列关于所有者权益的表述中，正确的是(　　)。
   A. 所有者权益指企业投资者投入的资本，即实收资本
   B. 所有者权益通常划分为实收资本、资本公积和留存收益
   C. 所有者权益指企业资产扣除负债后由所有者享有的剩余权益
   D. 所有者权益的形成来源包括所有者投入的资本和资本公积

3. 反映企业一定会计期间经营成果的会计要素是(　　)。
   A. 收入　　　　　　　　　　B. 所有者权益
   C. 资本　　　　　　　　　　D. 收益

4. 下列关于负债的说法错误的是(　　)。
   A. 负债是企业欠别人的债务
   B. 负债指企业过去的交易或者事项形成的、预期会导致经济利益流出企业的现实义务
   C. 未来发生的交易或者事项形成的义务，应当确认为负债
   D. 负债是企业在现行条件下已承担的义务，将来要用库存现金、银行存款或商品等偿还或通过为债权人提供劳务来抵偿

5. 下列各项中，属于企业资产的是(　　)。
   A. 企业的办公楼
   B. 企业承建的工程项目租入的施工机械
   C. 企业购入材料应付的账款
   D. 所有者权益

三、多项选择题

1. 下列项目中，属于流动资产的有(　　)。
   A. 预付账款　　　　　　　　B. 应收账款
   C. 原材料　　　　　　　　　D. 预收账款

2. 下列表述中，属于负债的有(　　)。
   A. 应付账款　　　　　　　　B. 短期借款
   C. 预收账款　　　　　　　　D. 银行存款

3. 费用包括(　　)。

A. 从事经营业务发生的成本　　　　　B. 管理费用
C. 财务费用　　　　　　　　　　　　D. 销售费用

4. 下列表述中，正确的有(　　　　)。
A. 收入最终会导致所有者权益的增加
B. 费用最终会导致所有者权益的减少
C. 费用是在借款时形成的
D. 收入是在日常活动中形成的

5. 下列各项经济业务中，会导致资产与负债同时减少的有(　　　　)。
A. 用银行存款8 000元偿还以前所欠货款
B. 向银行借入长期借款10 000元存入企业银行基本结算账户
C. 用银行存款交纳税款9 000元
D. 接受某单位投入的资金50 000元

6. 下列关于会计等式的表述中，正确的有(　　　　)。
A. "资产＝负债＋所有者权益"恒等式是复式记账法的理论基础
B. "资产＝负债＋所有者权益"这一会计等式体现了企业在某时点的财务状况
C. "收入－费用＝利润"这一会计等式是企业资金运动的动态表现
D. "资产＝负债＋所有者权益"这一会计等式是编制财务报表的依据

7. 投资者投入资本的形式有(　　　　)。
A. 现金　　　　　　　　　　　　　　B. 银行存款
C. 原材料　　　　　　　　　　　　　D. 机器

8. 下列属于资产的有(　　　　)。
A. 材料　　　　　　　　　　　　　　B. 原材料
C. 利润　　　　　　　　　　　　　　D. 实收资本

9. 经济业务的类型有(　　　　)。
A. 资产与权益同时增加　　　　　　　B. 资产与权益同时减少
C. 资产之间有增有减　　　　　　　　D. 权益之间有增有减

10. 下列属于负债的有(　　　　)。
A. 应付账款　　　　　　　　　　　　B. 应收账款
C. 预收账款　　　　　　　　　　　　D. 短期借款

四、判断题

1. 会计要素是从会计核算的角度解释构成企业经济活动的必要因素，是对会计对象按经济内容的特点所作出的基本分类。(　　)

2. 资产作为一项资源，预期会给企业带来经济利益。(　　)

3. 负债是企业在现行条件下已承担的义务，将来要用库存现金、银行存款或商品等偿还或通过为债权人提供劳务来抵偿。(　　)

4. 会计等式是对各会计要素的内在经济关系利用数学公式所作出的概括性表达，反映企业在某一特定期间的财务状况，是企业财务状况的表达式。(　　)

5. 投资者不可以使用专利权对企业进行投资。(　　)

6. 资产是资金的占用形态，负债和所有者权益是与资产相对应的取得途径，它们是反映企业财务状况的会计要素。(　　)

7. 企业日常发生的多种多样的经济业务对会计等式没有影响。（　　）

8. 利润是收入与费用相抵减后的差额，属于所有者权益，会导致所有者权益增加。（　　）

9. 利润表是反映某一特定日期的经营成果的报表。（　　）

10. 费用是经济利益的总流出，是资产的耗用，是为了取得收入而发生的资产支出，是取得收入支付的代价。（　　）

五、思考与实践

1. 运用会计平衡式的原理，结合图 2-10 中经济业务对会计恒等式的影响，试从生活中列举出一些实例，并说出自己对经济业务的看法。

2. 假如毕业后，你和同学准备自己创业，创办一家建筑公司，你准备以什么资产形式投资呢？

3. 结合自己对会计工作的认识，试用图示描述一下会计循环的过程。

第三章 会计科目、账户和复式记账

一、名词解释

会计科目、账户、记账方法、借贷记账法、记账规则、会计分录、对应账户、试算平衡。

二、单项选择题

1. 账户是根据(　　)开设的。
   A. 会计要素　　　　　　　　B. 会计对象
   C. 经济业务　　　　　　　　D. 会计科目
2. (　　)记账法是一种科学的记账方法,广泛地采用这种记账法是现代会计的一个主要标志。
   A. 单式　　　　　　　　　　B. 多式
   C. 复式　　　　　　　　　　D. 借贷
3. 借贷记账法的记账规则是(　　)。
   A. 资产 = 权益　　　　　　　B. 借方登记增加,贷方登记减少
   C. 以"借""贷"作为记账符号　D. 有借必有贷,借贷必相等
4. 借贷记账法的借方表示(　　)。
   A. 资产增加,负债及所有者权益减少　B. 资产增加,负债及所有者权益增加
   C. 资产减少,负债及所有者权益增加　D. 资产减少,负债及所有者权益减少
5. 借贷记账法的贷方表示(　　)。
   A. 资产增加,负债及所有者权益减少　B. 资产增加,负债及所有者权益增加
   C. 资产减少,负债及所有者权益增加　D. 资产减少,负债及所有者权益减少
6. 下列选项中,与"固定资产"账户具有相同结构的账户是(　　)。
   A. 银行存款　　　　　　　　B. 短期借款
   C. 应付账款　　　　　　　　D. 累计折旧
7. 会计科目是根据会计要素的特点和具体内容,对会计要素作进一步(　　)。
   A. 分类　　　　　　　　　　B. 说明
   C. 解释　　　　　　　　　　D. 分项
8. 试算平衡的方法是(　　)。
   A. 总账与其所属明细账的余额平衡
   B. 账户借贷方的差额平衡
   C. 全部账户的借、贷方本期发生额相等、期末余额相等
   D. 所有资产类账户的余额和负债类账户的余额相等
9. 下列属于简单分录的是(　　)。
   A. 一借一贷　　　　　　　　B. 一借多贷
   C. 一贷多借　　　　　　　　D. 多借多贷
10. "银行存款"账户期初借方余额为 10 000 元,借方本期发生额 20 000 元,贷方本期发生额为 15 000 元,该账户期末余额为(　　)。

A. 借方余额 15 000 元　　　　　　　　B. 贷方余额 5 000 元
C. 借方余额 10 000 元　　　　　　　　D. 贷方余额 15 000 元

三、多项选择题

1. 经济业务的发生，必然会引起会计要素发生数量方面的(　　)变动。
   A. 增加　　　　　　　　　　　　　　B. 构成
   C. 减少　　　　　　　　　　　　　　D. 逐渐

2. 账户由账户的(　　)两部分组成。
   A. 账户的名称　　　　　　　　　　　B. 账户的结构
   C. 账户的借方　　　　　　　　　　　D. 账户的贷方

3. 下列选项中，与"银行存款"账户具有相同结构的账户有(　　)。
   A. 固定资产　　　　　　　　　　　　B. 无形资产
   C. 应收账款　　　　　　　　　　　　D. 累计折旧

4. 会计分录的三个要素是(　　)。
   A. 账户名称　　　　　　　　　　　　B. 账户的记账方向
   C. 确定应记的金额　　　　　　　　　D. 增减方向

5. 属于负债账户的有(　　)。
   A. 应付账款　　　　　　　　　　　　B. 应付职工薪酬
   C. 短期借款　　　　　　　　　　　　D. 预付账款

6. 下列属于复合分录的是(　　)。
   A. 一借一贷　　　　　　　　　　　　B. 一借多贷
   C. 一贷多借　　　　　　　　　　　　D. 多借多贷

7. 在借贷记账法下，账户的借方表示(　　)。
   A. 资产、费用的增加　　　　　　　　B. 负债及所有者权益减少
   C. 负债及所有者权益增加　　　　　　D. 资产减少

8. 在借贷记账法下，账户的贷方表示(　　)。
   A. 资产增加　　　　　　　　　　　　B. 负债及所有者权益减少
   C. 负债及所有者权益增加　　　　　　D. 资产、费用的减少

9. 为了满足经济管理对会计资料的不同要求，会计上同时设置(　　)。
   A. 资产类账户　　　　　　　　　　　B. 负债及所有者权益类账户
   C. 总分类账　　　　　　　　　　　　D. 明细分类账户

10. 下列属于损益类的账户有(　　)。
    A. 管理费用　　　　　　　　　　　　B. 财务费用
    C. 生产费用　　　　　　　　　　　　D. 所得税费用

四、判断题

1. 以"借"和"贷"作为记账符号，是借贷记账法的特点之一。(　　)
2. 借贷记账法就是以"借"和"贷"作为记账符号，"借"表示增加，"贷"表示减少。(　　)
3. 会计科目是对会计要素按照不同的经济内容和管理需要进行科学分类后所赋予的项目名称。(　　)
4. 账户既有名称，也有一定的结构。(　　)

5. 会计科目反映的内容与会计账户登记的内容可以是一致的，也可以是不一致的。（   ）

6. 会计分录就是一种确定某项经济业务应借应贷账户的名称及其金额的一种会计记录。（   ）

7. 会计科目的设置必须符合会计准则的规定，不必考虑本企业的管理需求与特点。（   ）

8. 根据试算平衡表检查账簿记录，只要借贷平衡就可以断定记账准确无误。（   ）

9. 为了满足经济管理对会计资料的不同要求，会计上同时设置总分类账户和明细分类账户。（   ）

10. 在借贷记账法下，一般各类账户的期末余额登记在本期增加额的一方。（   ）

11. 在借贷记账法下，一般资产类账户的余额在借方，权益类账户的余额在贷方。（   ）

五、思考与实践

1. 谈谈你对"借""贷"作为记账符号的认识及其含义。

2. 为什么说利用复式记账法的记账规则可以检查账户记录的错误？

3. 根据会计科目的设置原则，谈谈你对会计科目的设置有哪些不同的需要？

4. 账户的结构是什么？账户的各个金额之间的关系怎么样？

5. 试举例说明你对会计科目与账户的认识，指出二者的联系与区别？

6. 谈谈你对账户的平行登记对满足经济管理所需会计资料的重要意义？

第四章 建筑企业主要经济业务的核算

一、名词解释

费用、成本、未完工程、已完工程、工程成本、间接费用、工程施工、管理费用、成本核算对象。

二、单项选择题

1. 下列不可用于投资的是(　　)。
   A. 货币资金　　　　　　　　B. 原材料
   C. 机器　　　　　　　　　　D. 使用权

2. 用于核算计提的固定资产折旧费用账户是(　　)。
   A. 管理费用　　　　　　　　B. 工程施工
   C. 累计折旧　　　　　　　　D. 无形资产

3. 企业收到的投资人投入的资本时，应贷记(　　)账户。
   A. 实收资本　　　　　　　　B. 资本公积
   C. 盈余公积　　　　　　　　D. 投资收益

4. 施工企业购买的企业管理部门耗用的办公用品，应借记(　　)账户。
   A. 工程施工　　　　　　　　B. 管理费用
   C. 间接费用　　　　　　　　D. 其他直接费

5. 企业给职工发放工资，应借记(　　)账户。
   A. 应付职工薪酬　　　　　　B. 管理费用
   C. 间接费用　　　　　　　　D. 其他直接费

6. 企业购入材料应向卖方支付的增值税税额叫(　　)。
   A. 应交税额　　　　　　　　B. 进项税额
   C. 销项税额　　　　　　　　D. 财务费用

7. 采购员小张出差从公司财务部门预借现金 1 500 元，应借记(　　)账户，贷记"库存现金"账户。
   A. 应收账款　　　　　　　　B. 管理费用
   C. 其他应收款　　　　　　　D. 财务费用

8. 采购员小张出差回来报销差旅费，原借 1 500 元，实报 1 600 元，财务部门应补付小张 100 元。下列关于该项报销业务的会计分录中，正确的是(　　)。

   A. 借：管理费用　　　　　　　　　　　　　　　　　　　　　1 600
       贷：其他应收款　　　　　　　　　　　　　　　　　　　1 6000

   B. 借：管理费用　　　　　　　　　　　　　　　　　　　　　1 600
       贷：库存现金　　　　　　　　　　　　　　　　　　　　1 600

   C. 借：应收账款　　　　　　　　　　　　　　　　　　　　　1 600
       贷：其他应收款　　　　　　　　　　　　　　　　　　　1 600

D. 借：管理费用　　　　　　　　　　　　　　　　　1 600
　　贷：其他应收款　　　　　　　　　　　　　　　　　1 500
　　　　库存现金　　　　　　　　　　　　　　　　　　　100

9. 下列不能计入工程施工成本的是(　　)。
   A. 从事施工生产工人的工资
   B. 从事项目现场管理工程施工生产的项目经理的工资
   C. 公司总经理的工资
   D. 构成实体的钢材的采购成本

10. 所得税费用账户借方登记的是(　　)。
    A. 实际交纳的所得税税额
    B. 应由企业负担的税费
    C. 转入"本年利润"账户的所得税费用
    D. 转入"利润分配"账户的所得税费用

三、多项选择题

1. 施工企业的材料有(　　)
   A. 钢材　　　　　　　　　　B. 水泥
   C. 塔吊　　　　　　　　　　D. 混凝土

2. 可以计提折旧的是(　　)。
   A. 房屋　　　　　　　　　　B. 原材料
   C. 机器　　　　　　　　　　D. 无形资产

3. 材料的采购成本包括(　　)。
   A. 材料买价　　　　　　　　B. 材料的运输费用
   C. 材料的仓储费用　　　　　D. 入库前的挑选整理费

4. 属于期间费用的有(　　)。
   A. 管理费用　　　　　　　　B. 财务费用
   C. 生产费用　　　　　　　　D. 间接费用

5. 费用的划分标准有(　　)。
   A. 直接费用　　　　　　　　B. 间接费用
   C. 费用的经济性质　　　　　D. 费用的经济用途

6. 工资的分配按照其受益对象可以计入的账户有(　　)。
   A. 工程施工　　　　　　　　B. 管理费用
   C. 间接费用　　　　　　　　D. 机械作业

7. 计入工程施工账户借方的有(　　)项目。
   A. 材料费　　　　　　　　　B. 人工费
   C. 间接费用　　　　　　　　D. 机械作业费

8. 企业的利润总额由(　　)构成。
   A. 营业利润　　　　　　　　B. 营业外收入
   C. 营业外支出　　　　　　　D. 投资收益

9. 投资者投入企业的资本可以是(　　)。
   A. 原材料　　　　　　　　　B. 固定资产

C. 投资收益 D. 无形资产

10. 期末，转入"本年利润"账户贷方的有( )账户的余额。
A. 主营业务收入 B. 其他业务收入
C. 营业外收入 D. 投资收益

四、判断题

1. 实收资本账户属于所有者权益类账户，核算企业收到的投资人投入的资本的增减变动情况及其期末结余的数额。( )

2. 原材料的采购成本包括买价、运杂费、入库前的挑选整理费用以及所有的损耗。( )

3. 企业购入的材料可以不经过检验验收就可以投入施工生产使用。( )

4. 企业固定资产在计提折旧时，应借记"管理费用"等成本费用类账户，贷记"累计折旧"账户。( )

5. 工程施工的成本项目有人工费、材料费、机械使用费、管理费用、直接费用。( )

6. "应付职工薪酬"账户只核算企业从事施工生产的工人的工资。( )

7. "工程结算"账户核算是施工企业所特有的科目，用来核算施工企业根据建造合同约定向业主办理结算的累计金额，期末贷方余额反映企业尚未完工的建造合同已办理结算的累计金额。( )

8. 间接费用是施工企业项目部发生的现场管理经费，可以采用一定的分配方法计入受益的成本核算对象的成本。( )

9. 管理费用的发生额会直接影响企业当期的施工生产成本和当期的利润总额。( )

10. 工程成本的计算期与工程价款结算方式相一致。( )

五、思考与实践

1. 什么是投资？投资方式有哪几种？

2. 说出供应过程的主要经济业务有哪些？其核算程序是什么？

3. 说出施工生产过程的主要经济业务有哪些？其核算程序是什么？

4. 说出工程价款结算方式有哪些？什么是完工百分比法确认收入？

5. 谈谈你对费用与成本的认识？二者的区别与联系是什么？

6. 什么叫成本项目？说出工程成本的成本项目有哪几个？工程实际成本如何计算？

六、实训练习题
习题一
1. 目的
练习建造合同收入和建造合同成本的确认。
2. 资料
伟业建筑公司与宏达商务签订了一项总金额为 5 500 万元（含增值税为 500 万元，增值税税率为 10%）的固定造价合同承建一工程，合同完工进度按照累计实际发生的合同成本占合同预计总成本的比例确定。工程 2015 年 1 月开工，预计 2017 年 12 月完工。预计工程总成本为 4 500 万元。该建造合同的结果能够可靠估计，在资产负债表日，按完工百分比法确认合同收入与费用，其他有关资料见附表 1。

附表 1　建造合同相关资料表

项　　目	第　一　年	第　二　年	第　三　年
至目前为止已发生的成本	13 500 000	29 700 000	46 000 000
完成合同尚需的成本	31 500 000	15 300 000	
已结算的合同价款	15 000 000	18 000 000	17 000 000
实际收到的价款（含税款）	16 500 000	19 800 000	18 700 000

3. 要求

根据上面的资料，按照完工百分比法，做出该公司在建设期内连续三年的有关收入、费用、合同毛利与工程结算的会计分录。

习题二

1. 目的

练习工程实际成本的核算。

2. 资料

大业建筑公司第一项目部 2018 年 1 月新承建 A、B 两个单位工程，当月发生如下经济业务：

1）项目部购入办公用打印纸和油墨若干，共计 900 元，通过公司基本存款账户支付。

2）A 工程领用水泥，实际成本 50 000 元；B 工程领用水泥，实际成本 30 000 元。

3）A、B 两工程耗用钢材 200 吨，其中，A 工程领用 150 吨，B 工程领用 50 吨，钢材每吨单价 4 000 元。

4）通过公司基本存款账户支付塔吊起重机的租赁费 30 000 元，其中，A 工程使用 35 个台班，B 工程使用 45 个台班。

5）通过公司基本存款账户支付施工现场材料二次搬运费 10 000 元，其中 A 工程应负担 6 000 元，B 工程应负担 4 000 元。

6）计提本月固定资产折旧费 21 934 元，其中项目部现场管理计提数额为 6 934 元，公司管理部门计提数额为 15 000 元。

7）该项目部管理部门耗电 1 000 度，电费为 0.52 元/度；用水 10 吨，水费为 4.60 元/吨，以公司基本存款账户存款支付。

8）本月项目部人员的工资分配情况见附表 2。

附表 2　工资分配表

工资构成	金　　额
A 工程	100 000
B 工程	80 000
项目部管理人员	40 000
合计	220 000

9）按工资总额的 14% 计提福利费。

10）以两项工程的工资总额为依据分配间接费用。

11）月末，经现场盘点，A 工程未完工程成本见附表 3，B 工程全部完工。

附表3　未完工程成本计算表

工程项目	人工费	材料费	机械使用费	其他直接费	间接费用	合　　计
A 工程	13 000	100 000				
合计						

3. 要求

1）写出各项经济业务的会计分录。

2）登记 A、B 两工程成本明细卡。

3）假设 B 工程本月施工的分部分项工程全部完工，A 工程未完施工见附表4。试计算 A、B 两项工程的实际成本。

4）本项目实行按月结算，月末本企业开出工程价款结算账单，结算工程价款。结转工程成本。A、B 工程成本明细卡见附表4、附表5。

附表4　A 工程成本明细卡

年		凭证号数	摘要	借方						贷方	余额
月	日			人工费	材料费	机械使用费	其他直接费	间接费用	小计		
			……								
			合计								

附表5　B 工程成本明细卡

年		凭证号数	摘要	借方						贷方	余额
月	日			人工费	材料费	机械使用费	其他直接费	间接费用	小计		
			……								
			合计								

习题三

1. 目的

练习利润的计算与结转。

2. 资料

某建筑公司12月末有关损益类账户的期末余额见附表6。企业所得税税率为25%。

附表6　损益类账户余额表

会计科目	账户借方余额	账户贷方余额
主营业务收入		9 000 000
其他业务收入		100 000
投资收益		120 000

(续)

会 计 科 目	账户借方余额	账户贷方余额
营业外收入		60 000
主营业务成本	6 550 000	
其他业务成本	80 000	
营业税金及附加	100 000	
管理费用	150 000	
财务费用	30 000	
营业外支出	40 000	

3. 根据给出的资料，作结转各损益类账户的会计分录，计算营业利润、利润总额、所得税、净利润。

4. 作结转所得税费用至本年利润账户的会计分录。

习题四

1. 练习利润及利润分配的结转与核算。

2. 资料

根据习题三的资料，假设该公司12月末"利润分配"账户有贷方余额252 500元。年末，公司董事会决定利润分配方案：按当年税后净利润的10%提取法定盈余公积金，按60%向投资者分配利润。

3. 要求

1）结转"本年利润"账户余额至"利润分配——未分配利润"账户。

2）计算当年末可供分配利润、提取的法定盈余公积金和向投资者分配的利润数额，并做出有关利润分配的会计分录。计算当年年末"利润分配——未分配利润"账户余额。

第五章 会 计 凭 证

一、名词解释
会计凭证、原始凭证、记账凭证。

二、单项选择题
1. 填制会计凭证是( )的前提和依据。
   A. 登记账簿   B. 财产清查
   C. 编制财务报表   D. 设置账户
2. 会计凭证按照其填制程序和用途的不同,分为( )。
   A. 外来原始凭证和自制原始凭证   B. 收款凭证和付款凭证
   C. 一次原始凭证和累计原始凭证   D. 原始凭证和记账凭证
3. 下列属于累计原始凭证的是( )。
   A. 发票   B. 限额领料单
   C. 火车票   D. 差旅费报销单
4. 经济业务发生时直接取得或填制的凭证是( )。
   A. 付款凭证   B. 收款凭证
   C. 原始凭证   D. 记账凭证
5. 记账凭证与所附原始凭证的金额( )。
   A. 必须相等   B. 一定不相等
   C. 有时相等   D. 可能相等
6. 借记"银行存款",贷记"短期借款"的经济业务应填制( )。
   A. 收款凭证   B. 付款凭证
   C. 原始凭证   D. 汇总记账凭证
7. 关于"¥100 705.00"的大写金额表述中,正确的是( )。
   A. 人民币拾万零柒佰零伍元
   B. 人民币壹拾万零柒佰零伍元
   C. 人民币拾万零柒佰零伍元整
   D. 人民币壹拾万零柒佰零伍元整
8. ( )是一种适合所有经济业务的记账凭证,适用于经济业务简单的单位。
   A. 通用记账凭证   B. 收款凭证
   C. 付款凭证   D. 转账凭证

三、多项选择题
1. 下列属于自制原始凭证的有( )。
   A. 领料单   B. 发料单
   C. 差旅费报销单   D. 银行结算凭证
2. 原始凭证的基本内容包括( )。
   A. 原始凭证的名称及编号
   B. 接受原始凭证的单位名称或个人姓名

C. 经济业务的内容、单位、数量、单价和金额

D. 填制原始凭证的日期

3. 发料单是(　　　)。

　A. 外来原始凭证　　　　　　　　B. 自制原始凭证

　C. 一次原始凭证　　　　　　　　D. 累计原始凭证

4. 记账凭证审核的主要内容包括(　　　)。

　A. 内容是否真实

　B. 相关责任人签名或盖章是否齐全

　C. 记账凭证是否编号

　D. 经济业务摘要是否正确反映了经济业务的基本内容

四、判断题

1. 会计人员根据审核无误的原始凭证登记账簿。(　　)

2. 原始凭证必须连续编号，作废时应将作废凭证撕毁。(　　)

3. 按取得的来源渠道不同，可将原始凭证分成外来原始凭证和自制原始凭证两类。(　　)

4. 可以将不同内容和类别的原始凭证汇总填制在一张记账凭证上。(　　)

5. 所有记账凭证都必须附有原始凭证。(　　)

五、实训练习题

习题一：练习原始凭证和记账凭证的填制。

大业建筑公司 2018 年 12 月发生的部分经济业务如下，请根据有关资料填写相应的原始凭证和记账凭证（记账凭证由学生自备）。

1. 12 月 1 日，根据生产进度安排，管理部门向原材料仓库领用 A 材料 2 千克，经原材料仓库核定的 A 材料单价为每千克 1 000 元，填写领料单（附图 1）和记账凭证。

领　料　单　　　　　　　　　　字第1号

领料部门：

用　途：　　　　　　　　　　年　月　日　　　　　　　仓库：

品名	规格型号	单位	数量		单价	金额
			请领	实领		
物品号码						
备注						

领料部门负责人：　　　　领料人：　　　　会计：　　　　发料人：

附图 1　领料单

2. 12 月 5 日，开出现金支票，从银行提取现金 5 000 元备用，填制支票（附图 2）和记账凭证。

××银行现金支票存根	××银行　**现　金　支　票**　　　XII006510										
XII006510	出票日期(大写)　　年　月　日　开户行：										
附加信息＿＿＿＿	本支票付款期十天　收款人：　　签发人账号：206615368										
	人民币(大写)	千	百	十	万	千	百	十	元	角	分
签发日期　年　月　日	用途：＿＿＿＿										
收款人＿＿＿＿ 金　额＿＿＿＿ 用　途＿＿＿＿	上列款项从我账户内支付										
单位主管　会计	签发人盖章　　出纳复核　　记账复核										

附图 2　支票

习题二：练习记账凭证的填制。

根据教材第四章例 19 ~ 例 70 提供的经济业务资料填制记账凭证。

第六章 会计账簿

一、名词解释
账簿、现金日记账、总分类账、对账、结账。

二、单项选择题
1. ( )是登记账簿的依据。
   A. 会计凭证　　　　　　　　　B. 财务报表
   C. 经济合同　　　　　　　　　D. 政策法规
2. "原材料"明细账的格式一般采用( )。
   A. 数量金额式　　　　　　　　B. 多栏式
   C. 三栏式　　　　　　　　　　D. 横线登记式
3. 现金日记账和银行存款日记账应根据有关凭证( )。
   A. 逐日汇总登记　　　　　　　B. 定期汇总登记
   C. 逐日逐笔登记　　　　　　　D. 一次汇总登记
4. 固定资产明细账一般采用( )。
   A. 活页式账簿　　　　　　　　B. 卡片式账簿
   C. 订本式账簿　　　　　　　　D. 多栏式账簿
5. 账簿按用途可分为( )、分类账簿和备查账簿。
   A. 订本式账簿　　　　　　　　B. 活页式账簿
   C. 卡片式账簿　　　　　　　　D. 序时账簿

三、多项选择题
1. 账簿记录发生错误时,应根据具体情况,按规定的方法进行更正,不得( )。
   A. 涂改　　　　　　　　　　　B. 挖补
   C. 撕去错页重新抄写　　　　　D. 用药水消除字迹
2. 各单位应当定期对会计账簿记录的有关数字与库存实物、货币资金、有价证券、往来单位或者个人进行相互核对,保证( )。
   A. 账证相符　　　　　　　　　B. 账账相符
   C. 账实相符　　　　　　　　　D. 账票相符
3. 下列明细账中应采用多栏式账页的有( )。
   A. 库存商品——甲产品　　　　B. 管理费用
   C. 原材料——D材料　　　　　D. 生产成本——丙产品
4. 记账时,要用( )书写。
   A. 蓝黑墨水笔　　　　　　　　B. 碳素墨水笔
   C. 圆珠笔　　　　　　　　　　D. 铅笔
5. 数量金额式账簿的收入、发出、结存三栏内分设( )。
   A. 种类　　　　　　　　　　　B. 数量
   C. 单价　　　　　　　　　　　D. 金额

四、判断题

1. 活页式账簿适用于总分类账、现金日记账、银行存款日记账。（   ）

2. 账簿中书写的文字和数字上面要留有适当空格，不要写满格，一般应占格距的三分之一。（   ）

3. 在不设借贷栏的多栏式账页中，登记减少数，可以用红色墨水记账。（   ）

4. 多栏式账页适用于需要分项目具体反映金额的经济业务，如应收账款等。（   ）

5. 需要每日都进行结账的，应在每日终了时在摘要栏注明"本日合计"字样，计算出本日的发生额及余额。（   ）

五、实训练习题

1. 目的

练习银行存款日记账的登记方法。

2. 资料

某建筑公司开户银行为建行××支行，账号 12345678，2018 年 11 月 30 日银行存款日记账的余额为 300 000 元。2018 年 12 月发生以下和银行存款相关的经济业务：

1）2 日，从银行借入半年期借款 50 000 元存入银行。

2）2 日，购入材料 100 000 元入库，以银行存款支付材料款。

3）3 日，收回 A 公司以前欠本单位货款 60 000 元存入银行。

4）5 日，从银行提取现金 3 000 元。

5）7 日，开出转账支票支付管理部门设备修理费 7 000 元。

6）15 日，用银行存款上缴上月税费 2 500 元。

7）15 日，用银行存款支付前欠货款 50 000 元。

8）20 日，用银行存款支付职工工资 80 000 元。

3. 要求

1）填写上述经济业务的记账凭证（记账凭证自备）。

2）根据记账凭证登记银行存款日记账，见附表 7。

附表7 银行存款日记账

银 行 存 款 日 记 账

开户行名称																															
年		凭证编码		摘要	对方科目	借方										贷方									借或贷	余额							
月	日	字	号			千	百	十	万	千	百	十	元	角	分	千	百	十	万	千	百	十	元	角	分		千	百	十	万	千	百	十	元	角	分

第七章 财产清查

一、名词解释

财产清查、定期清查、不定期清查、未达账项。

二、单项选择题

1. 财产清查是对企业的货币资金、实物资产和往来款项进行实地盘点或核对账目，以确定其在（　　）的实存数与账存数是否相符，即账实是否相符的各种专门方法。

   A. 某一时点　　　　　　　　B. 某一时刻

   C. 某一年度　　　　　　　　D. 某一月份

2. 现金清查采用（　　）确定库存现金实际结存数，再与现金日记账账面余额数相核对，查明账实是否相符及长短款的情况。

   A. 实地盘点法　　　　　　　B. 账目核对法

   C. 发函　　　　　　　　　　D. 电询

3. 对于大量堆放、成堆堆放的沙石、土方等笨重的财产物资，难以逐一清点其数量，可以通过（　　）推算出财产物资实存数。

   A. 实地盘点法　　　　　　　B. 技术推算法

   C. 计量　　　　　　　　　　D. 过秤

4. 银行存款的清查是通过与企业开户银行的对账单进行（　　），查明企业银行存款实际结存数额。

   A. 实地盘点法　　　　　　　B. 核对

   C. 电询　　　　　　　　　　D. 发函

5. 局部清查是根据企业管理的需要或有关规定，对（　　）财产物资、应收应付款进行的盘点、核对。

   A. 全部　　　　　　　　　　B. 部分

   C. 贵重物品　　　　　　　　D. 货币资金

三、多项选择题

1. 全面清查是对属于本单位的（　　）进行全面、彻底的盘点、核对。

   A. 财产物资　　　　　　　　B. 货币资金

   C. 应收应付款　　　　　　　D. 无形资产

2. 不定期清查是指事先并无计划安排，根据实际情况需要进行的（　　）的清查。

   A. 临时性的　　　　　　　　B. 不确定性的

   C. 随机性的　　　　　　　　D. 抽查性的

3. 造成企业的"银行存款日记账"的余额与当期银行的"对账单"余额不相等的原因，可能是（　　）。

   A. 企业记账错误　　　　　　B. 双方记账错误

   C. 银行记账错误　　　　　　D. 由于"未达账项"的出现

4. 定期清查是一般定于（　　）结账之前进行。

   A. 月末　　　　　　　　　　B. 季末

C. 年末 　　　　　　　　　　D. 会计期末

5. 造成"未达账项"的出现的原因有(　　　　)。

A. 企业已收到入账，而银行尚未收款入账的款项。

B. 企业已付款入账，而银行尚未付款入账的款项。

C. 银行已收到入账，而企业尚未收款入账的款项。

D. 银行已付款入账，而企业尚未付款入账的款项。

四、判断题

1. 定期清查指按照预先计划安排好的具体时间，对财产物资、货币资金和应收应付款进行的清查。(　　)

2. 定期清查可以是全面清查，不可以是局部清查。(　　)

3. 局部清查的针对性强。(　　)

4. 现金清查通常采用实地盘点方法确定库存现金实际结存数。(　　)

5. 无论是盘盈还是盘亏，都必须进行账务处理，调整实存数，使账存数与实存数相一致，保证账实相符。(　　)

6. 企业的账簿记录与财产物资的实际结存数应保持一致。但是，在实际工作中，由于各种主客观原因往往会造成某些财产物资账存数与实存数不符的现象。(　　)

五、思考与实践

1. 说说你对财产清查重要性的认识。

2. 说说财产清查结果的处理方法。

第八章　会计核算程序

一、名词解释
会计核算程序、记账凭证核算程序、科目汇总表核算程序。

二、单项选择题
1. 记账凭证核算程序是直接根据(　　)登记总分类账的。
   A. 原始凭证　　　　　　　　B. 记账凭证
   C. 科目汇总表　　　　　　　D. 汇总原始凭证
2. 科目汇总表核算程序是根据(　　)登记总分类账的。
   A. 原始凭证　　　　　　　　B. 记账凭证
   C. 科目汇总表　　　　　　　D. 汇总原始凭证
3. 记账凭证核算程序登记总分类账的工作量(　　)。
   A. 较大　　　　　　　　　　B. 较小
   C. 适中　　　　　　　　　　D. 不加区分
4. 记账凭证核算程序适合生产规模(　　)、业务量较少的企业。
   A. 较大　　　　　　　　　　B. 较小
   C. 适中　　　　　　　　　　D. 不加区分
5. 科目汇总表记账程序是根据(　　)登记明细分类账。
   A. 原始凭证　　　　　　　　B. 记账凭证
   C. 科目汇总表　　　　　　　D. 汇总原始凭证

三、多项选择题
1. 常用的会计核算程序包括(　　)。
   A. 记账凭证核算程序　　　　B. 科目汇总表核算程序
   C. 原始凭证核算程序　　　　D. 汇总记账凭证核算程序
2. 会计核算程序指在会计核算中(　　)相结合的方式。
   A. 会计凭证　　　　　　　　B. 会计账簿
   C. 会计报表　　　　　　　　D. 科目汇总表
3. 记账凭证核算程序适合(　　)的企业。
   A. 经济业务量较少　　　　　B. 企业生产规模较小
   C. 会计工作质量要求高　　　D. 会计工作效率要求高
4. 科目汇总表核算程序要求设置(　　)和总分类账。
   A. 现金日记账　　　　　　　B. 银行存款日记账
   C. 各种明细分类账　　　　　D. 科目汇总表
5. 科目汇总表是将一定时期的全部记账凭证进行归类汇总,计算出每一总账科目的(　　),并据以登记总分类账的汇总表。
   A. 本期借方发生额　　　　　B. 本期贷方发生额
   C. 本期余额　　　　　　　　D. 本期明细账的借方发生额和贷方发生额

四、判断题

1. 记账凭证核算程序的特点是根据记账凭证逐笔登记总分类账。（　　）
2. 科目汇总表核算程序的特点是根据记账凭证逐笔登记总分类账。（　　）
3. 科目汇总表核算程序适用于生产规模大、经济业务量多的企业。（　　）
4. 科目汇总表是按照总账和明细账科目，将一定时期的全部记账凭证进行归类汇总，计算出每一总账科目的本期借方和贷方发生额，并据以登记总分类账的汇总表。（　　）
5. 科目汇总表是定期将所有的原始凭证汇总编制而成。（　　）

五、思考与实践

结合教材内容，谈谈记账凭证会计核算程序与科目汇总表会计核算程序的优缺点与适用范围。

第九章　财务报表

一、名词解释
财务报表、资产负债表、利润表。

二、单项选择题
1. 根据"资产＝负债＋所有者权益"这一平衡公式填列的报表是(　　)。
   A. 利润表　　　　　　　　　　　　B. 财务报表
   C. 现金流量表　　　　　　　　　　D. 资产负债表
2. 利润表反映企业的(　　)。
   A. 财务状况　　　　　　　　　　　B. 经营成果
   C. 现金流量　　　　　　　　　　　D. 资产状况
3. 利润表中的"净利润"是企业的利润总额扣除(　　)后的净额。
   A. 所得税费用　　　　　　　　　　B. 盈余公积
   C. 应付股利　　　　　　　　　　　D. 营业外支出
4. 长期借款属于资产负债表中的(　　)项目。
   A. 流动资产　　　　　　　　　　　B. 非流动资产
   C. 流动负债　　　　　　　　　　　D. 非流动负债
5. 资产负债表结构中左方反映的是(　　)。
   A. 流动资产和固定资产　　　　　　B. 流动资产和非流动资产
   C. 流动负债和非流动负债　　　　　D. 流动负债和所有者权益

三、多项选择题
1. 企业财务报表的使用者主要包括(　　)。
   A. 投资者　　　　　　　　　　　　B. 债权人
   C. 税务部门　　　　　　　　　　　D. 企业管理者
2. 资产负债表的基本要素有(　　)。
   A. 资产　　　　　　　　　　　　　B. 负债
   C. 所有者权益　　　　　　　　　　D. 收入、费用
3. 企业财务报表的编制要求是(　　)。
   A. 数字真实　　　　　　　　　　　B. 内容完整
   C. 报送及时　　　　　　　　　　　D. 计算准确
4. 利润表中"营业收入"项目，根据(　　)科目的发生额合计填列。
   A. 主营业务收入　　　　　　　　　B. 其他业务收入
   C. 营业外收入　　　　　　　　　　D. 投资收益
5. 利润表的基本要素有(　　)。
   A. 权益　　　　　　　　　　　　　B. 利润
   C. 收入　　　　　　　　　　　　　D. 费用

四、判断题
1. 利润表是反映企业在某一特定日期财务状况的报表。(　　)

2. 利润表有两个栏目，分别为"本年累计金额"和"本期金额"。（ ）
3. 资产负债表属于动态报表，利润表属于静态报表。（ ）
4. 我国使用的是账户式资产负债表，采用左右结构，左边列示负债和所有者权益，右边列示资产。（ ）
5. "货币资金"项目，应根据"库存现金""银行存款""其他货币资金"三个总账科目的期末余额合计数填列。（ ）

五、实训练习题

习题一

1. 目的

练习资产负债表的编制。

2. 资料

某公司 2018 年 11 月 30 日有关账户余额资料，见附表 8。

附表 8　总分类账户余额表

某公司总分类账户余额表

2018 年 11 月 30 日　　　　　　　　　　　　　　　单位：元

科目名称	期末余额	
	借　方	贷　方
库存现金	32 000	
银行存款	255 000	
应收账款	150 000	
原材料	63 000	
库存商品	195 000	
固定资产	227 000	
累计折旧		75 000
无形资产	100 000	
短期借款		47 000
应付账款		48 800
应付职工薪酬		50 000
应交税费		3200
应付股利		70 000
长期借款		10 000
实收资本		550 000
资本公积		85 000
盈余公积		18 000
利润分配		65 000

3. 要求

根据资料编制某公司 2018 年 11 月 30 日的资产负债表，见附表 9。

附表 9　资产负债表

2018 年 11 月 30 日　　　　　　　　　　　　　　　　　　　　　　　　单位：元

资　产	行次	期末余额	年初余额	负债和所有者权益	行次	期末余额	年初余额
流动资产：				流动负债：			
货币资金	1			短期借款	13		
应收账款	2			应付账款	14		
存货	3			应付职工薪酬	15		
流动资产合计	4			应交税费	16		
非流动资产：				应付股利	17		
长期股权投资	5			流动负债合计	18		
固定资产原价	6			非流动负债：			
减：累计折旧	7			长期借款	19		
固定资产账面价值	8			应付债券	20		
在建工程	9			非流动负债合计	21		
无形资产	10			负债合计	22		
非流动资产合计	11			所有者权益（或股东权益）：			
				实收资本（或股本）	23		
				资本公积	24		
				盈余公积	25		
				未分配利润	26		
				所有者权益（或股东权益）合计	27		
资产总计	12			负债和所有者权益（或股东权益）总计	28		

习题二

1. 目的

练习利润表的编制。

2. 资料

某公司 2018 年 11 月有关账户发生额资料，见附表 10。

附表 10　损益类账户发生额

损益类账户发生额

2018 年 11 月 30 日　　　　　　　　　　　　　　　　　　　　　　　　单位：元

科目名称	期末余额	
	借　方	贷　方
主营业务收入		320 000
其他业务收入		12 300
主营业务成本	185 000	

(续)

科目名称	期末余额	
	借方	贷方
其他业务成本	2 800	
税金及附加	2 200	
销售费用	36 000	
管理费用	46 600	
财务费用	2 000	
投资收益		
营业外收入		6 000
营业外支出	1 240	
所得税费用	15 615	

3. 要求

根据资料编制某公司2018年11月的利润表，见附表11。

附表11 利润表

2018年第11期 单位：元

项目	行次	本年累计金额	本期金额
一、营业收入	1		
减：营业成本	2		
税金及附加	3		
销售费用	4		
管理费用	5		
财务费用	6		
加：投资收益（损失以"－"号填列）	7		
二、营业利润（亏损以"－"号填列）	8		
加：营业外收入	9		
减：营业外支出	10		
三、利润总额（亏损总额以"－"号填列）	11		
减：所得税费用	12		
四、净利润（净亏损以"－"号填列）	13		